Carsharing und die Gesellschaft von Morgen

Sarah Witzke

Carsharing und die Gesellschaft von Morgen

Ein umweltbewusster Umgang mit Automobilität?

Mit einem Geleitwort von Prof. Dr. Martin Müller

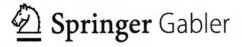

Springer Gabler

Sarah Witzke
Ulm, Deutschland

Dissertation Universität Ulm, 2015 u.d.T. Sarah Witzke: „Carsharing und die Gesellschaft von Morgen. Ein (umwelt-) bewusster Umgang mit Automobilität?"

ISBN 978-3-658-11840-2   ISBN 978-3-658-11841-9 (eBook)
DOI 10.1007/978-3-658-11841-9

Die Deutsche Nationalbibliothek verzeichnet diese Publikation in der Deutschen Nationalbibliografie; detaillierte bibliografische Daten sind im Internet über http://dnb.d-nb.de abrufbar.

Springer Gabler
© Springer Fachmedien Wiesbaden 2016

Gedruckt auf säurefreiem und chlorfrei gebleichtem Papier

Springer Fachmedien Wiesbaden ist Teil der Fachverlagsgruppe Springer Science+Business Media
(www.springer.com)

Geleitwort

Über das Mobilitätsverhalten von Jugendlichen wurde in der letzten Zeit oft in der Presse berichtet. Der Tenor dabei war, dass Jugendlichen der Besitz eines Autos weniger wichtig ist, vielmehr das Teilen an Bedeutung gewinnt. Die Grundlagen dieser Berichte sind dabei wissenschaftlich zumindest fragwürdig, so dass es das Ziel der Arbeit von Frau Witzke war, eine fundierte Studie über das Mobilitätsverhalten – genauer – die Nutzung bzw. Kenntnis von Cars-Sharing Angeboten von Jugendlichen anzufertigen. Denn bei diesem Konzept wird ein möglicher Einstellungswandel, weg vom Besitz eines eigenen PKW, am deutlichsten. Ist der Autobesitz – das Symbol für individuelle Freiheit – wirklich am Ende? Wenn ja, sind dafür gar ökologische oder ganz andere Gründe verantwortlich?

In einer breit angelegten quantitativen Befragung gelingt es Frau Witzke diese Forschungsfragen überzeugend zu beantworten. In der Analyse zeigt sich, dass der Besitz des Pkw-Führerscheins sowie eines eigenen Wagens durchaus eine bedeutende Rolle für die befragten Jugendlichen und jungen Erwachsenen spielt. Der Autonomieaspekt wird weiterhin als hoch eingeschätzt. Im Hinblick auf das Bewusstsein der umweltbelastenden Wirkung des motorisierten Individualverkehrs und einer entsprechenden Bereitschaft, umweltfreundlich mobil zu sein, zeigt sich eine negative Tendenz bei den Befragten. Insgesamt kann das in der öffentlichen Debatte dargestellte aktuell geringe Interesse von deutschen Jugendlichen und jungen Erwachsenen am Automobil und damit in Verbindung stehenden Themen demnach von Frau Witzke nicht bestätigt werden. Vor diesem Hintergrund müssen wohl einige sehr optimistische Prognosen zur Zukunft des Car-Sharings zumindest überdacht werden.

Es zeichnet die Arbeit besonders aus, wie gründlich die kritischen und theoriebezogenen Überlegungen mit der empirischen Untersuchung verknüpft sind. Dadurch gewinnt die Arbeit eine ausgezeichnete Fundierung und kann als Basis für weitere Forschung in diesem Bereich genutzt werden. Ich kann jedem Praktiker und Theoretiker, der sich mit dem Thema nachhaltige Mobilität bei Jugendlichen beschäftigt, die Lektüre der Dissertationsschrift von Frau Witzke nur wärmstens empfehlen.

Ulm im August 2015   Prof. Dr. Martin Müller

Vorwort

Carsharing stellt ein alternatives Mobilitätskonzept zum eigenen Pkw dar, das ein großes Potential im Hinblick auf das Erreichen einer langfristig nachhaltigeren Mobilität zeigt. Insbesondere die Einstellung und Nutzungsmotivation von Jugendlichen und jungen Erwachsenen hinsichtlich der Nutzung von Carsharing-Fahrzeugen ist hierbei interessant. Sie stellen die Erwachsenengeneration der Zukunft dar. Ihre individuelle Mobilitätsgestaltung kann demnach ein wichtiger Indikator dafür sein, wie sich Mobilitätsstrukturen zukünftig entwickeln werden. Es eröffnet sich somit ein innovatives Forschungsfeld mit ungeklärten Forschungsfragen, die es zu untersuchen gilt.

Ich möchte mich daher zunächst bei Herrn Prof. Dr. Müller bedanken, der mir durch seine Promotionsbetreuung die Möglichkeit gegeben hat, mich vertiefend mit diesem spannenden Themengebiet auseinander setzen und wertvolle Forschungserkenntnisse generieren zu können. Vielen Dank Martin für deine Unterstützung, die gemeinsamen Gespräche sowie das wertvolle Feedback zu meiner Forschungsarbeit!
An dieser Stelle möchte ich mich auch beim Zweitkorrektor meiner Dissertation, Herrn Prof. Dr. Smolny, für die fachliche Auseinandersetzung und Bewertung dieser Arbeit bedanken.

Vielen Dank auch an die zahlreichen Schulen und die Universität Ulm, die mir im Zuge der Datenerhebung meiner Arbeit die Möglichkeit geboten haben, Schülerinnen und Schüler sowie Studierende aus Baden-Württemberg zum Thema Carsharing zu befragen. Erst durch deren Unterstützung war ein wissenschaftlich fundierter Blick auf dieses Thema möglich.

Ebenso ein herzliches Dankeschön an meine Kolleginnen und Kollegen am Institut für Nachhaltige Unternehmensführung der Universität Ulm für eine entspannte Arbeitsatmosphäre, wertvolle Tipps und Hilfestellungen. Ganz besonders möchte ich mich an dieser Stelle bei Manuela bedanken, die mich durch ihr inhaltliches Feedback sowie freundschaftliche Ratschläge kontinuierlich in meiner Arbeit vorangebracht hat und insbesondere auch eine wertvolle Partnerin in gemeinsam durchgeführten Projekten war und ist.

Ein besonderer Dank gilt darüber hinaus Rainer und meiner Familie, die mich in den vergangenen Jahren kompromisslos in meinem Vorhaben unterstützt haben und stets an meiner Seite waren. Vielen Dank dafür!

Sarah Witzke

Inhaltsverzeichnis

Abbildungsverzeichnis

Tabellenverzeichnis

Abkürzungsverzeichnis

ANOVA	analysis of variance
AUT	Autonomie
aV	abhängige Variable
berufl.	beruflich
bspw.	beispielsweise
CO_2	Kohlenstoffdioxid
CS	Carsharing
d.h.	das heißt
EIN	Einstellungen
et al.	et alia
e.V.	eingetragener Verein
EZ	Einwohnerzahl
f.	folgende
ff.	fortfolgende
Hrsg.	Herausgeber
INT	Intention
KOS	Kosteneinsparung
KV	Kontrollvariablen
MAR	Missing At Random
MCAR	Missing Completely At Random
MNAR	Missing Not At Random
o.ä.	oder ähnliches
ÖV	Öffentlicher Verkehr
Pkw	Personenkraftwagen
PN	Persönliche Norm
S.	Seite

SN	Subjektive Norm
STA	Status
ToPB	Theory of Planned Behavior
u.a.	unter anderem
uV	unabhängige Variable
vgl.	vergleiche
WMV	weitere mobilitätsspezifische Variablen
WVEK	Wahrgenommene Verhaltenserleichterung durch Kontrollüberzeugungen
WVK	Wahrgenommene Verhaltenskontrolle
z.B.	zum Beispiel
ZWK	Zutreffenswahrscheinlichkeit von Kontrollüberzeugungen

1. Einleitung

1.1 Problemaufriss: Nachhaltigere Mobilität als Herausforderung der Zukunft

Die Weltkonferenz für Umwelt und Entwicklung in Rio de Janeiro aus dem Jahre 1992 stellt einen zentralen Meilenstein in der Geschichte der nachhaltigen Entwicklung dar. Die grundlegende Prämisse des Nachhaltigkeitsgedankens, dass „ die Bedürfnisse der Gegenwart befriedigt [werden], ohne zu riskieren, dass zukünftige Generationen ihre eigenen Bedürfnisse nicht befriedigen können" (Hauff 1987, S. 46), erfuhr hierdurch eine politische Manifestierung. Die an dieser Konferenz teilnehmenden Staaten verpflichteten sich damit, einen aktiven Beitrag zur Erreichung einer nachhaltigeren Entwicklung zu leisten.

Insbesondere die Eindämmung der im Zeitverlauf rasant angestiegenen CO_2-Emissionen stellt in diesem Zusammenhang eine zentrale Herausforderung dar. Der Bereich des Verkehrs, als bedeutsamer Verursacher von CO_2-Emissionen, muss bei diesem Unterfangen besondere Berücksichtigung finden. So zeigt sich für Deutschland, dass sich die durch den Verkehrssektor verursachten CO_2-Emissionen seit den 1960er Jahren mehr als verdoppelt haben. Vor allem der Straßenverkehr und insbesondere der Pkw spielen dabei eine nicht zu vernachlässigende Rolle. Zwar konnten durch technische Neuerungen im Automobilbereich in den vergangenen Jahren deutlich Emissionen pro Personenkilometer eingespart werden, durch die Zunahme im gesamten Verkehrsaufkommen und der ungebrochenen Beliebtheit von besonders leistungs- und verbrauchsstarken Fahrzeugen wurden diese Ersparnisse jedoch weitestgehend kompensiert (vgl. Öko Institut 2011, S. 8 f.; Rogall 2009, S. 478).

Neben der reinen CO_2-Problematik, welche der motorisierte Individualverkehr mit sich bringt, ergeben sich durch die stetige Zunahme an Personenkraftwagen zudem weitere Problemfelder, welche die Lebensqualität der Bevölkerung deutlich einschränken. So leiden insbesondere Ballungsräume unter einer weitreichenden Stauproblematik. Auch das Thema Parkraumnot, aufgrund einer Vielzahl an Personenkraftwagen, ist von großer Brisanz (vgl. Glotz-Richter 2012, S. 1455). Durch eine repräsentative Untersuchung des deutschen Umweltbundesamtes wurde deutlich, dass sich über die Hälfte der befragten Personen durch den auftretenden Straßenverkehr gestört und belästigt fühlt (vgl. Umweltbundesamt 2012, S. 52). Der Aspekt der Lärmbelästigung durch den motorisierten Individualverkehr muss demnach berücksichtigt werden.

Im Hinblick auf das so bedeutsame Ziel der Erreichung einer langfristig nachhaltigeren Entwicklung, insbesondere einer nachhaltigeren Mobilität, muss die Eindämmung des motorisierten Individualverkehrs somit als eine bedeutsame Herausforderung sowohl für die gegenwärtige Generation als auch für zukünftige Generationen angesehen werden. Wissenschaftliche Untersuchungen aus dem deutschen Raum zeigen jedoch sehr deutlich, dass gerade der Pkw für den Großteil der deutschen Bevölkerung noch immer das zentrale Fortbewegungsmittel darstellt (vgl. Umweltbundesamt 2013, S. 27). Prognosen für die Zukunft gehen zudem davon aus, dass diese Dominanz des Individualverkehrs auch weiterhin auf einem konstant hohen Niveau verbleiben wird (vgl. Öko Institut 2011, S. 9; Gipper 2008, S. 5). So geht die Verkehrsprognose der deutschen Bundesregierung für das Jahr 2030 davon aus, dass im Hinblick auf das

Verkehrsaufkommen der motorisierte Individualverkehr mit rund 83 Prozent den größten Anteil am gesamten Personenverkehr innehaben wird. Hier wird sogar ein kleiner Anstieg im Vergleich zum Basisjahr 2010 prognostiziert (vgl. Bundesministerium für Verkehr und digitale Infrastruktur 2014, S. 5). Es ist somit zu erwarten, dass der Pkw auch zukünftig eine nicht zu vernachlässigende Rolle im Alltag der deutschen Bevölkerung einnehmen wird.

Um die skizzierten Problematiken eindämmen zu können, werden im öffentlichen Diskurs eine Vielzahl von Lösungsansätzen diskutiert. Eine besonders große Hoffnung in diesem Zusammenhang gilt dem Entwicklungsbereich von Automobilen. Technische Neuerungen und insbesondere auch der Aspekt der Elektromobilität sind dabei zentrale Komponenten (vgl. Peters et al. 2012, S. 239). Eine primäre Fokussierung auf technische Verbesserungen zur Eindämmung der bestehenden Problematiken wird von verschiedenen Seiten jedoch als nicht zielführend erachtet (vgl. Götz 2011, S. 330; Rogall 2009, S. 482). So ist beispielsweise das Endprodukt Elektromobilität ökologisch sehr wertvoll. Betrachtet man jedoch die gesamte Ökobilanz eines Elektromobils, zeigt sich, dass dieses durchaus einen ‚ökologischen Rucksack' mit sich führt. So führt beispielsweise die Herstellung von Batterien für Elektromobile zu enormen Treibhausgasemissionen (vgl. Helms et al. 2012, S. 16 f.). Auch die Energieträger des Fahrzeugstroms zum Antrieb eines Elektroautos sind maßgeblich verantwortlich für dessen Klimaverträglichkeit. Diesbezüglich zeigt sich jedoch, dass zum jetzigen Zeitpunkt die Stromerzeugung durch regenerative Energien die geringste Rolle spielt (vgl. Öko Institut 2011, S. 28).

Diese und ähnliche Aspekte dürfen im Hinblick auf eine zukünftig nachhaltigere individuelle Mobilität somit nicht unbeachtet bleiben. Experten verweisen daher viel eher auf die Kombination mit weiteren Maßnahmen, beispielsweise der Erhöhung der Verkehrseffizienz oder auch alternativen Mobilitätskonzepten, um eine langfristig nachhaltigere Mobilität erreichen zu können. Die gemeinschaftliche Nutzung von Fahrzeugen durch das Mobilitätskonzept des Carsharings ist ein Beispiel in diesem Kontext. Kurz gesagt ermöglicht dieses Konzept individuelle motorisierte Mobilität, setzt dafür aber nicht den Besitz eines eigenen Pkws voraus.

Genau diesem Mobilitätskonzept wird sich die vorliegende Arbeit explizit widmen. Darüber hinaus soll die Personengruppe der heute Jugendlichen und jungen Erwachsenen im Fokus stehen. Der Grund hierfür ist, dass im öffentlichen Diskurs immer häufiger die Abkehr der jungen Generation vom Pkw proklamiert wird. In der Presse finden sich diesbezüglich Schlagzeilen wie beispielsweise „Das eigene Auto wird zum Auslaufmodell" (Krizak 2014) oder „Leihen ist das neue Kaufen" (Nefzger 2013). Carsharing wird in diesem Zusammenhang als eine Mobilitätsalternative zum Besitz eines eigenen Wagens angesehen, die gerade für jüngere Kohorten von Interesse ist. Folgt man diesem Diskurs, ist somit ein Wandel in der individuellen Mobilität zukünftiger Generationen zu vermuten. Der Besitz eines eigenen Autos verliert demnach an Bedeutungskraft und alternative Nutzungsstrategien, wie beispielsweise die gemeinschaftliche Nutzung von Automobilen, rücken in den Mobilitätsfokus. Wissenschaftlich belegte Untersuchungen zu solchen und ähnlichen Aussagen sind jedoch rar. Viel eher besteht in diesem Zusammenhang eine deutliche Forschungslücke.

Es stellt sich daher die Frage, wie populär das Konzept Carsharing bei der breiten Masse an Jugendlichen und jungen Erwachsenen tatsächlich ist und ob es auch langfristig gegenüber dem Besitz eines eigenen Wagens bestehen kann. Dies ist insbesondere unter der Annahme von Interesse, dass gerade die Ausgestaltung sowie die spezifischen Einstellungen von Jugendlichen und jungen Erwachsenen gegenüber der individuellen Mobilität wichtige Indikatoren dafür sein können, wie sich Mobilitätsstrukturen zukünftig entwickeln werden. Auch wird davon ein wichtiger Impuls ausgehen, ob sich eine nachhaltigere Mobilität langfristig tatsächlich etablieren kann. Eine genauere Betrachtung dieser Thematik ist somit sowohl wissenschaftlich als auch sozial von großer Bedeutung.

In der vorliegenden Arbeit soll daher grundlegend untersucht werden, wie Jugendliche und junge Erwachsene dem Besitz eines eigenen Wagens sowie der gemeinschaftlichen Autonutzung prinzipiell gegenüberstehen und wie diese von ihnen bewertet wird. Zudem ist von Interesse, ob die interessierende Personengruppe bereit ist, langfristig auf den Besitz eines eigenen Autos zu verzichten und viel eher ihr alltägliches Mobilitätsaufkommen, das einen Pkw verlangt, über Carsharing-Angebote abzudecken. Darauf aufbauend soll des Weiteren geklärt werden, welche zentralen Treiber für die Beteiligung an Carsharing-Angeboten für Jugendliche und junge Erwachsene von Bedeutung sind. Welche Rolle spielen diesbezüglich zum Beispiel positive oder negative Einstellungen gegenüber Carsharing? Übt der Statussymbol-Gedanke hinsichtlich des Autos einen Effekt aus? Sollen durch die Carsharing-Nutzung ganz gezielt Kosten eingespart werden? Oder handelt es sich um ein ganz bewusst ökologisch motiviertes Verhalten?

Läge Letzteres, also die Befürwortung und Nutzung von Carsharing aufgrund eines verstärkten Bewusstseins für die umweltbelastende Wirkung des motorisierten Individualverkehrs, als zentraler Treiber vor, könnte dies eine enorme Hebelfunktion bezüglich einer langfristig nachhaltigeren Mobilitätstruktur der zukünftigen Erwachsenengeneration mit sich bringen. Das Nutzungsmodell Carsharing könnte somit gerade durch die Kohorte der heute Jugendlichen und jungen Erwachsenen einen dauerhaft positiven Beitrag im Hinblick auf die Eindämmung der verkehrsbezogenen Umweltproblematiken leisten.

Im Rahmen der vorliegenden Arbeit sollen daher diese Überlegungen systematisch durch die nachfolgend präsentierten Forschungsfragen überprüft werden. Allgemein interessiert dabei die Frage, ob *für Jugendliche und junge Erwachsene die Nutzung des Carsharing-Angebots eine zukünftige Alternative zum Besitz eines eigenen Pkws darstellt.*

Zudem steht die Identifikation der zentralen Einflussfaktoren auf die Intention, zukünftig Carsharing-Fahrzeuge anstelle eines eigenen Pkws nutzen zu wollen, im Fokus. Die konkrete Forschungsfrage dazu lautet: *Was sind für Jugendliche und junge Erwachsene zentrale Einflussfaktoren im Hinblick auf die Intention, zukünftig Carsharing-Fahrzeuge anstelle eines eigenen Pkws nutzen zu wollen?*

Insbesondere interessiert hierbei der Einfluss des individuellen Bewusstseins hinsichtlich der umweltbelastenden Wirkung des motorisierten Individualverkehrs. Es stellt sich also die Frage, *welchen Einfluss das individuelle Bewusstsein um die umweltbe-*

lastende Wirkung des motorisierten Individualverkehrs auf die Nutzungsintention von Carsharing-Fahrzeugen anstelle eines eigenen Pkws ausübt?
Um eine Antwort auf diese Forschungsfragen finden zu können, steht ein quantitatives Fragebogendesign im Mittelpunkt der vorliegenden Arbeit.

1.2 Aufbau der Arbeit

In Kapitel 2 beschäftigt sich die vorliegende Arbeit zunächst mit dem Mobilitätsbegriff im Allgemeinen sowie damit in Verbindung stehenden Aspekten.
Das dritte Kapitel ist explizit dem interessierenden Mobilitätskonzept Carsharing gewidmet. In diesem Zusammenhang soll Carsharing näher definiert, seine Umweltwirkungen präsentiert sowie Nutzungsmotive und die Verbreitung von Carsharing dargestellt werden. Zudem wird auch auf das Konzept des gemeinschaftlichen Konsums im Allgemeinen eingegangen.
Im Kapitel 4 wird ausgeführt, was unter Jugendlichen und jungen Erwachsenen in der vorliegenden Arbeit verstanden wird.
Daran anschließend wird im Kapitel 5 der aktuelle, relevante Forschungstand zur interessierenden Thematik präsentiert. Hierbei werden in einzelnen Unterkapiteln die Themen Carsharing, Führerscheinbesitz und Autofahren, das Auto als Statussymbol, der Einfluss soziodemografischer Aspekte auf das Mobilitätsverhalten, der Einfluss bedeutsamer Dritter wie auch das Umweltbewusstsein im Hinblick auf die individuelle Mobilität betrachtet.
In Kapitel 6 folgt die genaue Darlegung der theoretischen Fundierung zu zukünftigen Mobilitätsvorstellungen von Jugendlichen und jungen Erwachsenen hinsichtlich der Nutzung von Carsharing-Fahrzeugen anstelle eines eigenen Wagens. Dabei wird ein erweitertes Modell der „Theorie des geplanten Verhaltens" nach Ajzen (1991) präsentiert.
In Kapitel 7 wird dieses Modell durch weitere Erklärungsvariablen ergänzt, welche sich im Zuge einer qualitativen Befragung von jungen Erwachsenen als bedeutsam herausgestellt haben.
Kapitel 8 stellt das gesamte Erklärungsmodell in zusammenfassender Form dar. Zudem werden an dieser Stelle die Forschungshypothesen der vorliegenden Arbeit präsentiert.
Das nachfolgende Kapitel 9 stellt die Operationalisierung der zuvor identifizierten Erklärungskonstrukte ausführlich dar.
Im zehnten Kapitel dieser Arbeit wird die eigene quantitative empirische Erhebung dargestellt und näher erläutert. Hierbei wird sowohl auf notwendige Vorarbeiten zur Erhebung, beispielsweise der Akquise der Studienteilnehmer/innen, dem Erhebungsdesign, der Erhebungsphase selbst, der Datenaufbereitung sowie auf die Präsentation der deskriptiven und multivariaten Ergebnisse eingegangen.
Das Kapitel 11 beschäftigt sich mit den Limitationen der vorliegenden Arbeit.
Ein abschließendes Fazit in Kapitel 12 fasst die zentralen Erkenntnisse der vorliegenden Arbeit nochmals zusammen und stellt diese den einleitend formulierten Forschungsfragen gegenüber. Zudem werden an dieser Stelle zukünftige Herausforderungen für die Forschung, die Wirtschaft als auch die Gesellschaft bezüglich der interessierenden Thematik diskutiert.

2. Mobilität, Verkehr und Nachhaltigkeit

Das zentrale Forschungsgebiet der vorliegenden Arbeit ist der Bereich der Jugendmobilität im Allgemeinen sowie das Mobilitätskonzept Carsharing im Speziellen. Bevor
im nachfolgenden Kapitel 3 näher auf dieses spezifische Mobilitätskonzept eingegangen wird, soll zunächst grundlegend geklärt werden, was unter dem Aspekt Mobilität
im Allgemeinen sowie den damit verbundenen Gesichtspunkten zu verstehen ist.
Mobilität[1] und Verkehr werden in der Öffentlichkeit häufig als synonyme Begrifflich-
keiten füreinander verwendet. Dies kann jedoch als nicht zielführend betrachtet werden, da beide Konstrukte zwar miteinander in Verbindung stehende, jedoch an sich
unterschiedliche Aspekte in sich vereinen. Der Begriff Mobilität leitet sich im ursprünglichen Sinne vom lateinischen Wort mobilitas ab, was so viel wie Beweglichkeit
bedeutet (vgl. Hillmann 2007, S. 578). Wie genau diese Beweglichkeit umgesetzt
wird, ist diesem Verständnis nach offen. Mobilität vollzieht sich demnach prinzipiell
als geistige Vorstellung (vgl. Canzler/Knie 1998, S. 30). Canzler und Knie (1998) begreifen Mobilität als geistige Beweglichkeit, welche von einem spezifischen Mobili-
tätsraum eingegrenzt wird. In diesem steckt das Individuum im Geiste ab, welche Mobilitätsmöglichkeiten für einen selbst umsetzbar sind. Außerhalb dieses Mobilitäts-
raumes ist keine Beweglichkeit vorstellbar (vgl. Canzler/Knie 1998, S. 30). Laut
Zimmermann (1998) ist räumliche Mobilität ganz allgemein „als Wechsel eines oder
mehrerer Individuen zwischen den (vorab) festgelegten Einheiten eines räumlichen
Systems" (Zimmermann 1998, S. 514) zu begreifen. Mobilität bezeichnet demnach die
individuelle Möglichkeit zur Fortbewegung an sich (vgl. Flade et al. 2001, S. 67).
Der Begriff Verkehr bezieht sich viel eher auf das konkret messbare Ausmaß an Fort-
bewegungen, welche innerhalb eines bestimmten Bereichs zu einer bestimmten Zeit
stattfinden. In diesem Zusammenhang ist beispielsweise die Mobilitätsrate (Wegan-
zahl) oder auch die Mobilitätsleistung (Weglänge) von Personen von zentralem Interesse (vgl. Tully/Baier 2006, S. 34; Flade et al. 2001, S. 67).
In der öffentlichen Wahrnehmung stellen die räumliche Mobilität von Personen auf
der einen sowie verschiedene Aspekte des Verkehrs auf der anderen Seite zudem teils
konträre Konstrukte dar. So ist die individuelle Mobilität an sich positiv konnotiert
und gilt als bedeutsam für den Einzelnen. Jedem Menschen soll demnach eine individuelle, grenzenlose Mobilität ermöglicht werden. Aspekte wie beispielsweise Parkraumnot oder Stauproblematiken, die durch den Verkehr an sich verursacht werden,
werden von der Öffentlichkeit hingegen kritisch betrachtet und gelten als reduktions-
würdig. Dies führt zur allgemeinen Haltung, dass der Verkehr in seiner heutigen Form
verändert und eingeschränkt werden muss (vgl. Flade et al. 2001, S. 67). Mobilität und
Verkehr stehen demnach in einer Beziehung zueinander, können sich allerdings durchaus in einem gewissen Spannungsfeld bewegen. Sie sollten daher nicht als Synonym
für dasselbe Phänomen betrachtet werden.
Das Konstrukt ‚nachhaltigere Mobilität' trägt einerseits diese Dualität von Mobilität
und Verkehr in sich und nimmt darüber hinaus den bereits einleitend formulierten allgemeinen Gedanken einer nachhaltigen Entwicklung mit auf. Das bedeutet, dass Mo-

---

[1] Im vorliegenden Kontext wird Mobilität in räumlicher Hinsicht verstanden. Ebenso lässt sich Mobilität jedoch auch sozial sowie informationell/virtuell begreifen (vgl. Tully/Baier 2006, S. 31 ff.).

bilität dabei prinzipiell auf hohem Niveau erhalten werden muss, die konkrete Ausgestaltung muss jedoch verkehrseffizient sein und heute existierende Verkehrsbelastungen müssen reduziert werden. Für die Zielverfolgung einer nachhaltigeren Mobilität ist zudem zentral, dass sowohl ökonomische, ökologische sowie soziale Aspekte Berücksichtigung finden. Die Kosten für Mobilität müssen sich demnach in einem monetär gerechtfertigten Rahmen bewegen. Die Umwelt muss geschont (bspw. im Hinblick auf die Schadstoffbelastung) und der Ressourcenverbrauch möglichst gering gehalten werden. Wichtig ist zudem, dass Mobilitätsansprüche sowohl heutiger als auch zukünftiger Generationen in diesem Prozess Berücksichtigung finden (vgl. Eckhardt 2006, S. 91; Bundesregierung 2004, S. 182; European Union Council of Ministers of Transport 2001).

Diesem Anspruch kann das im Fokus stehende Mobilitätskonzept Carsharing durchaus gerecht werden und ist daher insbesondere für die Entwicklung einer zukünftig nachhaltigeren Mobilität von zentralem Interesse. Um ein genaueres Verständnis für dieses Mobilitätskonzept zu bekommen, werden in diesem Zusammenhang bedeutsame Aspekt im nachfolgenden Kapitel 3 angeführt und näher erläutert.

3. Carsharing – ein klassisches Beispiel des gemeinschaftlichen Konsums

3.1 Die Sharing Economy

Der gemeinschaftliche Konsum von Gütern und Dienstleistungen, welcher im aktuellen Diskurs unter dem Schlagwort ‚Sharing-Economy' diskutiert wird, gewinnt im gesellschaftlichen Leben zunehmend an Bedeutung (vgl. bspw. Scholl et al. 2013, Heinrichs/Grunenberg 2012, Botsman Rachel/ Rogers 2010). Verschiedenste Personen nutzen dabei beispielsweise gemeinschaftlich Elektrogeräte, der eigene Wohnraum wird anderen Personen zur Verfügung gestellt oder auch Autos werden gemeinschaftlich genutzt (vgl. Botsman Rachel/ Rogers 2010, S. 71). Dieses Nutzungskonzept ist keineswegs eine reine Entwicklung der vergangenen Jahre (vgl. Scholl et al. 2013, S. 1; Hirschl et al. 2001, S. 16). Felson und Spaeth definierten den gemeinschaftlichen Konsum bereits 1978 als „events in which one or more persons consume economic goods or services in the process of engaging in joint activities with one or more others" (Felson/Spaeth 1978, S. 614). Auch die Verbraucherzentrale Baden-Württemberg beschäftigte sich schon 1996 mit dem Konzept ‚Nutzen statt Besitzen' und dessen möglichem Zukunftspotential (vgl. Ministerium für Umwelt und Verkehr Baden-Württemberg 1996). Vor allem die technischen Entwicklungen und die damit verbundenen Möglichkeiten sowie die zunehmende Internetverbreitung und -nutzung jüngerer Zeit haben jedoch dazu geführt, dass gemeinschaftlicher Konsum aktuell an Bedeutung in der Praxis gewinnt und für eine breitere Masse an Personen tatsächlich nutzbar wird (vgl. Scholl et al. 2013, S. 2; Shaheen et al. 2012, S. 72; Heinrichs/Grunenberg 2012, S. 4).

Gemeinschaftlicher Konsum kann dabei durch verschiedene alternative Nutzungsstrategien gestaltet werden. Für den in diesem Fall bedeutsamen Kontext der Automobilität sind jedoch eigentumsersetzende Nutzungsstrategien von zentralem Interesse. Man spricht hierbei häufig vom sogenannten ‚Nutzen statt Besitzen' von Gütern und Dienstleistungen (vgl. Scholl et al. 2013, S. 4). Der Grundgedanke des gemeinschaftlichen Konsums im Sinne des ‚Nutzen statt Besitzen' ist, dass spezifische Produkte durch den Konsumenten nicht direkt erworben werden und in dessen persönlichen Besitz übergehen, sondern dass dieser, im Normalfall gegen ein gewisses Entgelt, lediglich ein temporäres Nutzungsrecht für das Produkt erwirbt. Der Besitz eines bestimmten Gutes ist somit nicht die zwingende Voraussetzung, um dieses im Alltag nutzen zu können (vgl. Scholl et al. 2013, S. 4; Gossen 2012, S. 11; Heinrich Böll Stiftung 2012, S. 17; Shaheen et al. 2012, S. 72; Hirschl et al. 2001, S. 15).

Die zentrale Zielsetzung des Konzepts ist es, die Nutzungsphasen eines Produktes zu intensivieren sowie zu optimieren, um dadurch wertvolle Ressourcen einsparen zu können. Hirschl et al. (2001) führen in diesem Zusammenhang konkret das Schlagwort ‚Nutzungsintensivierung' von Produkten an. Dies soll zum Ziel haben, dass „die Produktivität des Einsatzes von natürlichen Ressourcen deutlich angehoben werden kann, man also mehr Wohlstand mit weniger Ressourcen oder den gleichen Wohlstand mit reduziertem Rohstoffverbrauch realisieren kann" (Hirschl et al. 2001, S. 15). Durch den gemeinschaftlichen Konsum von Produkten soll demnach primär ein positiver ökologischer Effekt erzielt werden (vgl. bspw. Heinrich Böll Stiftung 2012, S. 13; Scholl et al. 2010, S. 9). Konkret können solche positiven Umweltwirkungen z. B. durch eine Maximierung der Nutzungsdauer sowie Auslastung eines Gutes oder auch die Vermeidung von Fehlkäufen realisiert werden (vgl. Gossen 2012, S. 19; Scholl 2009, S. 72). Das Nutzungskonzept des gemeinschaftlichen Konsums bietet demnach ein weitreichendes Wirkungspotential hinsichtlich bestehender Umweltproblematiken und dem Anspruch der Einsparung an wertvollen Ressourcen.

Prinzipiell von rein ökologisch positiven Effekten durch die gemeinschaftliche Nutzung von Gütern und Dienstleistungen auszugehen, ist jedoch nicht realistisch und muss für jeden spezifischen Fall überprüft werden (vgl. Scholl 2009, S. 73). So kann die Nutzungsintensivierung eines Produkts im Negativfall z.B. zu einem erhöhten Verschleiß desselben führen. Zudem können durch den gemeinschaftlichen Konsum zusätzliche (Transport-) Wege anfallen, die beim persönlichen Besitz eines Produkts nicht notwendig wären. Erzeugte Nachfrageveränderungen können darüber hinaus dazu führen, dass durch den gemeinschaftlichen Konsum eingespartes Vermögen in anderen Konsumbereichen investiert wird und dort zu einer erhöhten Nachfrage führt. In der Summe kommt es somit nicht zur angestrebten Ressourceneinsparung. Ebenso kann durch die Beteiligung an diesem Nutzungskonzept bei Konsumenten der Wunsch nach spezifischem Eigentum erst erzeugt werden (vgl. Scholl 2009, S.72). Als grundlegende Regel kann in diesem Zusammenhang festgehalten werden, dass je häufiger ein gemeinschaftlich genutztes Produkt vom Einzelnen im Alltag tatsächlich verwendet wird, desto geringer fallen mögliche positive ökologische Effekte aus. Güter und Dienstleistungen, die in ihrer Nutzungshäufigkeit hingegen eher gering ausfallen und zudem in ihrer Anschaffung relativ teuer sind, eignen sich jedoch sehr gut für das Nutzungskonzept des gemeinschaftlichen Konsums (vgl. Heinrich Böll Stiftung 2012, S. 36 f.; Hirschl et al. 2001, S. 18; Ministerium für Umwelt und Verkehr Baden-Württemberg 1996, S. 279).

Ausgehend von diesen Überlegungen erscheint das Automobil geradezu prädestiniert für den gemeinschaftlichen Konsum. Ein Grund hierfür liegt in den häufig hohen ungenutzten Kapazitäten eines Pkws. Canzler und Knie (2006) konstatieren in diesem Zusammenhang, dass „im Durchschnitt (…) ein Automobil täglich weit unter zehn Prozent der tatsächlich möglichen Zeit – kaum mehr als eine Stunde – genutzt [wird]." (Canzler/Knie 2006, S. 9). Darüber hinaus fallen mit dem Besitz eines Pkws in der Regel hohe Anschaffungskosten sowie Kosten für dessen Unterhalt und Pflege an (z.B. Pkw-Steuer, Pkw-Versicherung, Kraftstoff, Reparaturen) (vgl. Ministerium für Umwelt und Verkehr Baden-Württemberg 1996, S. 214). Durch die gemeinschaftliche Nutzung eines Automobils kann demnach sowohl eine Nutzungsintensivierung als auch die Einsparung von individuellen Kosten erzielt werden. Konkret spricht man bei dieser Form des gemeinschaftlichen Konsums vom sogenannten Mobilitätskonzept Carsharing.

3.2 Was ist Carsharing?

Die gemeinschaftliche, kommerzielle Nutzung von Automobilen ist keine Erfindung neuerer Zeit, sondern wird bereits seit Mitte des 20. Jahrhunderts von spezifischen Personengruppen praktiziert. Die Anfänge des traditionellen Carsharings gehen dabei zurück auf das Jahr 1948. Aus rein ökonomischen Gründen schlossen sich damals Einwohner in Zürich zusammen, um gemeinschaftlich Autos zu nutzen. Im nordamerikanischen Raum liegen die ersten Anfänge des Carsharings in den frühen 1980er Jahren. In Deutschland wurde 1988 mit der Berliner StattAuto GmbH die erste deutsche Carsharing-Organisation gegründet (vgl. Shaheen/Cohen 2013, S. 7 f.; Loose 2010, S. 15; Ministerium für Umwelt und Verkehr Baden-Württemberg 1996, S. 23). Heute gibt es deutschlandweit bereits etwa 150 Carsharing-Organisationen. Laut Zahlen des Bundesverbands CarSharing e.V. waren zum 1. Januar 2015 rund 380.000 Mitglieder bei stationsbasierten Carsharing-Anbietern sowie 660.000 Mitglieder bei stationsunabhängigen Organisationen registriert. Diese Zahlen verzeichnen insbesondere im Verlauf der vergangenen Jahre einen deutlichen Anstieg. Vor allem das stationsunabhängige Carsharing-Angebot weist einen enormen Anteil an Neukunden pro Jahr auf (vgl. Bundesverband CarSharing 2015b). Die nachfolgende Abbildung 1 stellt diese Entwicklung grafisch dar.

Abbildung 1: Die Entwicklung des Carsharings von 1997 bis 2015 in Deutschland

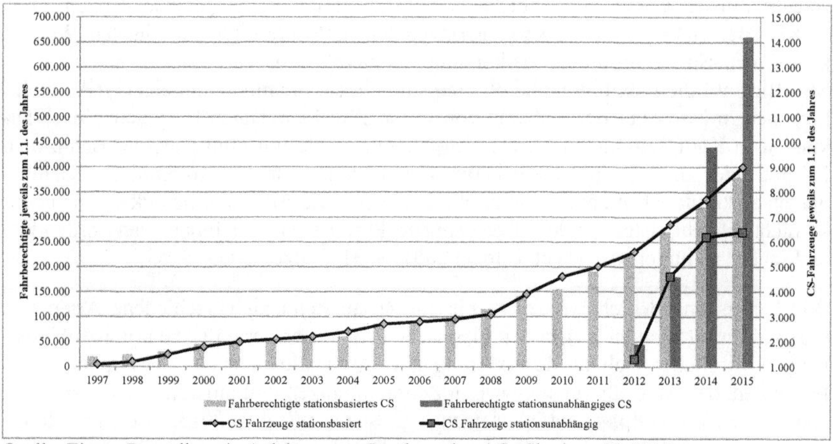

Fahrberechtigte stationsbasiertes CS   Fahrberechtigte stationsunabhängiges CS
CS Fahrzeuge stationsbasiert   CS Fahrzeuge stationsunabhängig

Quelle: Eigene Darstellung in Anlehnung an Bundesverband CarSharing e.V. 2015c

Insgesamt betrachtet liegt Deutschland hinsichtlich der Carsharing-Nutzung im internationalen Vergleich auf Platz 2 hinter den USA (vgl. Bundesverband CarSharing e.V. 2013, S. 1). Abgesehen von Afrika ist Carsharing auf allen Kontinente vertreten. Afrikanische Staaten haben jedoch vereinzelt erste Konzepte hierzu präsentiert (vgl. Shaheen/Cohen 2013, S. 10).

Der starke Anstieg an Carsharing-Nutzern in neuerer Zeit kann insbesondere auch als ein Ergebnis der Entwicklungen im technischen Bereich angesehen werden. Diese Entwicklungen brachten zum Beispiel vereinfachte Buchungsvorgänge für Carsharing-Fahrzeuge via Internet oder Smartphone hervor. Auch die Nutzung der Fahrzeuge an sich erleichterte sich beispielsweise durch sogenannte Smart Cards, die ein Öffnen und Fahren aller Fahrzeuge einer Carsharing-Flotte erlauben. Ebenso finden Abrechnungsvorgänge für getätigte Fahrten mittlerweile automatisiert statt (vgl. Kent/Dowling 2013, S. 88).

Wie bereits angeführt, ermöglicht Carsharing dem Kunden die Nutzung von beliebigen Fahrzeugen, ohne dass diese selbst gekauft und unterhalten werden müssen. Bezahlt wird nur für die jeweilige Nutzungsdauer und/oder die gefahrenen Kilometer. Je nach Situation können zudem unterschiedliche Fahrzeugtypen genutzt werden (vgl. Litman 2007, S. 33). Im Vergleich zur klassischen Autovermietung sind bei diesem System auch Kurzzeitmieten möglich (vgl. Katzev 2003, S. 67). Der einmalige Abschluss eines Rahmenvertrags berechtigt darüber hinaus die Fahrzeuge nach Bedarf zu nutzen, ohne vor jeder Fahrt entsprechende Formalitäten klären zu müssen (vgl. Bundesverband CarSharing 2015a). Besonders lohnenswert, hinsichtlich des Einsparpotentials von Kosten, erscheint Carsharing insbesondere dann, wenn pro Jahr nicht mehr als 10.000 bis 16.000 Kilometer mit einem Pkw zurückgelegt werden. Diese Zahl variiert, je nachdem wie sich die Bezahlstruktur der Carsharing-Anbieter konkret ausgestaltet (vgl. Shaheen/Cohen 2007, S. 82). Bei einer vergleichsweise geringen Nutzungsintensität des eigenen Wagens kann Carsharing somit durchaus ökonomisch sinnvoll sein. Mit Blick auf die Flexibilität und die Bequemlichkeit, die mit einem eigenen Auto einhergehen, müssen bei der Nutzung von Carsharing-Fahrzeugen hingegen Einschränkungen in Kauf genommen werden. Zusätzliche Wege mit dem Bus, der Bahn, dem Fahrrad oder zu Fuß sind möglicherweise notwendig, um ein Automobil tatsächlich nutzen zu können. Ein unmittelbarer und gesicherter Zugriff auf einen Pkw kann ebenso nicht gewehrleistet werden. Der genutzte Pkw ist darüber hinaus stets ordentlich und sauber zu hinterlassen (vgl. Litman 2007, S. 31; Katzev 2003, S. 83).

Wie bereits angedeutet, werden in diesem Zusammenhang verschiedene Arten von Carsharing unterschieden. Bei den klassischen stationsbasierten Carsharing-Anbietern können Mitglieder nach der Reservierung eines Autos dieses an einer bestimmten Stelle abholen, das Auto für einen gewissen Zeitraum nutzen und müssen es dann an einen entsprechenden Stellplatz zurückbringen (vgl. Shaheen/Cohen 2013, S. 6). Die Reservierung eines Fahrzeuges muss dabei in der Regel mindestens eine Stunde vor dem gewünschten Nutzungsbeginn erfolgen. Häufig muss auch bereits im Voraus die gewünschte Nutzungsdauer festgelegt werden (vgl. Harding 2013, S. 223). Neben den jeweiligen Nutzungskosten für Carsharing-Fahrzeuge, die sich aus den gefahrenen Kilometern und der Nutzungszeit zusammensetzen, fallen bei stationsbasierten Anbietern zudem häufig eine monatliche Grundgebühr sowie eine Kautionszahlung an. Viele Anbieter bieten ihren Kunden zudem die Möglichkeit zwischen verschiedenen Tarifmodellen auszuwählen. Klassische stationsbasierte Carsharing-Anbieter in Deutschland sind beispielsweise Flinkster (Angebot der Deutschen Bahn), Cambio oder auch teilAuto. Bei den sogenannten vollflexiblen (stationsunabhängigen) Carsharing-Systemen (Free-Floating Systeme), die insbesondere im Verlauf der letzten Jahren an Bedeutung gewonnen haben, sind die Fahrzeuge hingegen beliebig über ein entsprechendes Geschäftsgebiet auf öffentlichem Parkraum verteilt. Anders als im Falle des zuvor beschriebenen Systems bestehen somit keine festen Carsharing-Stationen für die Fahrzeuge. Mitglieder können ein freies Auto spontan, ohne vorherige Reservierung, nutzen und es dann an anderer Stelle im Geschäftsgebiet wieder abstellen. Beispielsweise auf einem nicht gebührenpflichtigen oder vom Anbieter reservierten Parkplatz. Bei der Nutzung dieses Carsharing-Systems sind also auch einfache Fahrten möglich, z.b. vom Arbeitsplatz zurück zum Wohnort (vgl. Firnkorn/Müller 2011, S. 1520). Da eine Fahrzeugreservierung beim vollflexiblen System jedoch lediglich kurz vor der gewünschten Nutzung möglich ist, besteht keine Garantie dafür, dass bei Bedarf ein Auto tatsächlich verfügbar ist (vgl. Ciari et al. 2014, S. 3). Anders als bei den stationsbasierten Anbietern ist in der Regel keine monatliche Grundgebühr zu entrichten. Nach Bezahlung einer einmaligen Registrierungsgebühr wird nutzungsorientiert abgerechnet. Als Berechnungsbasis dienen hierbei die gefahrenen Minuten (vgl. Firnkorn/Müller 2011, S. 1520). Als wichtige Vertreter der vollflexiblen Carsharing-Systeme in Deutschland können der Pionier car2go (Angebot des Autoherstellers Daimler und der Autovermietung Europcar) oder auch DriveNow (Angebot des Autoherstellers BMW und der Autovermietung Sixt) angesehen werden.

Auch privates Autoteilen, professionell organisiert über kommerzielle Anbieter, ist eine weitere Form des gemeinschaftlichen Autonutzens. Man spricht hierbei vom sogenannten Peer-to-Peer Carsharing. Privatpersonen stellen dabei ihr eigenes Auto gegen eine individuell definierte Nutzungsgebühr anderen Privatpersonen zur Verfügung. In Deutschland sind tamyca, Autonetzer, Rent-N-Roll sowie Nachbarschaftsauto die vier großen internetgestützten Anbieter für das private Autoteilen. Diese Form ist in seinem Beteiligungsausmaß bisher jedoch eher gering vertreten (vgl. Gossen 2012, S. 28 f.; Shaheen et al. 2012, S. 72). Shaheen et al. (2012) konnten durch ihre Untersuchung lediglich 33 Organisationen weltweit identifizieren, die dementsprechend operieren (vgl. Shaheen et al. 2012, S. 72).

Aufgrund der bisher eher geringen Verbreitung und auch geringen Bekanntheit des Peer-to-Peer Carsharings wird diese Form des Carsharings in der vorliegenden Arbeit nicht explizit berücksichtigt. Viel eher stehen das traditionelle stationsbasierte Carsharing sowie die vollflexiblen Carsharing-Organisationen im Interessenfokus.

3.3 Positive Umweltwirkungen von Carsharing

Im Hinblick auf die für den gemeinschaftlichen Konsum bedeutsamen positiven ökologischen Effekte, konnten wissenschaftliche Studien diese Auswirkungen für das Modell Carsharing eindeutig nachweisen (vgl. Shaheen/Cohen 2013, S. 8[2]).

So konnte allgemein festgestellt werden, dass durch Carsharing eine Reduktion in der Gesamtmenge der CO_2-Emissionen erreicht werden kann. Dies gilt sowohl für das klassische stationsbasierte als auch das vollflexible Carsharing (vgl. Baptista et al. 2014, S. 35; Firnkorn/Müller 2011, S. 1525; Haefeli et al. 2006, S. 21). Auch zeigen die Ergebnisse, dass der Konsum von Kraftstoffen sowie die zurückgelegten Fahr-

---

[2] Shaheen et al. 2012 bietet einen umfassenden Überblick zu den verschiedenen Auswirkungen von Carsharing (S. 72 f.).

zeugkilometer von Personen durch die Beteiligung am Carsharing zurückgehen (vgl. Shaheen/Cohen 2013, S. 9; Shaheen et al. 2009, S. 37).

Ein weiterer Punkt, der in diesem Zusammenhang Berücksichtigung finden muss, ist der Aspekt, dass verschiedene Carsharing-Anbieter (zum Teil in sehr großem Umfang) deutlich emissionsärmere Fahrzeuge in ihre Flotten integrieren (bspw. Hybrid- oder Elektrofahrzeuge bzw. Kleinwagen) (vgl. Baptista et al. 2014, S. 31; Shaheen/Cohen 2013, S. 9, Litmann 2007, S. 33). Der Free-Floating Anbieter car2go bietet beispielsweise am Großteil seiner Standorte lediglich den Kleinwagen Smart an[3]. An den Standorten Stuttgart, Amsterdam sowie San Diego sind dies ausschließlich Elektrofahrzeuge.

Anhand empirischer Untersuchungen konnte ebenso gezeigt werden, dass Carsharing einen Effekt auf den Besitz des eigenen Pkws ausübt. So verzeichnete die durchschnittliche Anzahl an Personenkraftwagen pro Haushalt im Falle der Carsharing-Mitgliedschaft einen Rückgang. Ein Teil der privaten Fahrzeuge werden demzufolge nach dem Beitritt zu einer Carsharing-Organisation abgeschafft (vgl. Baptista et al. 2014, S. 34; Shaheen/Cohen 2013, S. 8; Firnkorn/Müller 2012, S. 269; Glotz-Richter 2012, S. 1456; Martin et al. 2010, S. 15; Cooper et al. 2000, S. 20). Firnkorn/Müller (2015) konnten durch die Befragung von Kunden des vollflexiblen Carsharing-Anbieters car2go zudem feststellen, dass die Verzichtsbereitschaft auf einen eigenen Pkw höher ausfällt, wenn durch die Carsharing-Organisation Elektrofahrzeuge angeboten werden (vgl. Firnkorn/Müller, 2015, S. 34).

Carsharing kann ebenso dafür verantwortlich gemacht werden, dass Haushalte prinzipiell auf den Kauf eines Autos verzichten (vgl. Glotz-Richter 2012, S. 1456; Haefeli et al. 2006, S. 34; Cooper et al. 2000, S. 20) bzw. private Autos länger genutzt und nicht durch einen Neuwagen ersetzt werden (vgl. Firnkorn/Müller 2012, S. 269). Ein gewisser Anteil an Ressourcen, der für die Produktion von Neuwagen notwendig ist, kann demnach eingespart werden.

In diesem Zusammenhang steht ebenfalls die wissenschaftliche Erkenntnis, dass mit der Nutzung von Carsharing-Fahrzeugen und dem damit verbundenen Verzicht auf einen eigenen Wagen, ein Rückgang in der Nachfrage nach Parkraum einhergeht (vgl. Grischkat et al. 2014, S. 296; Stasko et al. 2013, S. 265, Shaheen et al. 2006, S. 116). Zudem ist durch die häufig eingesetzten Kleinwagenfahrzeuge beim Carsharing ein geringerer Flächenbedarf im Allgemeinen notwendig. So benötigen drei Fahrzeuge des Carsharing-Typs Smart von car2go in etwa dieselbe Abstellfläche wie zwei durchschnittliche Automobile (vgl. Firnkorn/Müller 2011, S. 1525). Die in diesem Zusammenhang freiwerdenden Flächen können beispielsweise dem Rad- und Fußgängerverkehr zugeführt oder als Grünflächen genutzt werden (vgl. Loose 2009, S. 142).

Im öffentlichen Diskurs wird häufig die Frage aufgeworfen, ob Carsharing tatsächlich ein ergänzendes nachhaltiges Verkehrsmittel zum umweltfreundlichen öffentlichen Verkehr (ÖV) darstellt oder viel eher als ein Substitut des ÖVs betrachtet werden muss (vgl. bspw. Völklein 2013). Die empirischen Ergebnisse zu diesem Diskurs sind dabei recht heterogen. Eine aktuelle Untersuchung des Verkehrsverhaltens von car2go Nut-

---

[3] In einigen deutschen Städten (Berlin, Frankfurt am Main, Köln, Hamburg, Stuttgart) ist mittlerweile das Angebot car2go black verfügbar. In diesen Städten werden neben dem Kleinwagen Smart weitere Modelle des Automobilherstellers Mercedes angeboten.

zern aus Amsterdam kommt zu dem Ergebnis, dass primär solche Fahrten mit den zur Verfügung gestellten Smarts gemacht werden, die vor dem Beitritt zum Carsharing mit dem öffentlichen Verkehr bewältigt worden wären (vgl. Suiker/ van den Elshout 2013, S. 6). Da das vollflexible Carsharing-Angebot von car2go vergleichsweise relativ neu ist, muss in diesem Zusammenhang jedoch der sogenannte ‚Lerneffekt' oder auch ‚Probiereffekt' berücksichtigt werden. Carsharing-Kunden nutzen das jeweilige Angebot demnach vor allem zu Beginn einer Mitgliedschaft vergleichsweise intensiv. Die Nutzungshäufigkeit nimmt im Zeitverlauf jedoch ab, da die Mitglieder erkennen, dass sie ihre alltägliche Mobilität gut ohne Pkw gestalten können und viel eher Mobilitätsalternativen zum Pkw in Betracht ziehen (vgl. Muheim 1998, S. 12). Weitere Studien, sowohl aus dem amerikanischen als auch europäischen Raum, kommen hingegen klar zu dem Ergebnis, dass Carsharer den ÖV ergänzend ebenfalls intensiv nutzen. So zeigen verschiedene Studien, dass nach Beitritt zum stationsbasierten Carsharing Personen stärker als zuvor auf das Angebot des öffentlichen Personennahverkehrs zurückgreifen (vgl. bspw. Glotz-Richter 2012, S. 1462; Krietemeyer 2003, S. 33; Cooper et al. 2000, S. 19; Krietemeyer 1997, S. 16) oder diesen zumindest in derselben Intensität wie vor dem Beitritt zum Carsharing nutzen (vgl. Witzke/ Meier-Berberich 2015, S. 13; Stasko et al. 2013, S. 267).

Ausgehend von diesen Aspekten wird demnach deutlich, dass das Mobilitätskonzept Carsharing ein enormes Wirkungspotential bietet, um verschiedenen bestehenden Problematiken, die der motorisierte Individualverkehr mit sich bringt, entgegenwirken zu können. Dies gilt insbesondere im Hinblick auf die einleitend dargestellte Problematik der CO_2-Emissionsbelastungen, aber auch für das hohe Verkehrsaufkommen von Pkws im Allgemeinen.

3.4 Nutzungsmotive und Hemmnisse von Carsharing

Die Beteiligung an Carsharing-Programmen wird bei der Bevölkerung durch ganz unterschiedliche Nutzungsmotive geprägt. Galt der umweltentlastende Aspekt des Carsharings in den Anfängen der gemeinschaftlichen Autonutzung als zentrales Motiv, verliert dieser zunehmend bei den Carsharing-Kunden an Bedeutungskraft (vgl. Loose 2010, S. 59 f.). So konnte beispielsweise Schaefers (2013) anhand einer qualitativen Untersuchung von amerikanischen Free-Floating-Kunden feststellen, dass das Motiv Umweltschutz zwar durchaus eine Rolle spielt, es jedoch nicht das zentrale Nutzungsmotiv der Befragten darstellt. Viel eher wird es als ein zusätzlicher positiver Nebeneffekt wahrgenommen (vgl. Schaefer 2013, S. 75). Die empirische Forschung zeigt in diesem Zusammenhang, dass viel eher andere Hauptmotive aktuell in den Vordergrund treten. Zentral sind hier insbesondere finanzielle Einsparmöglichkeiten durch die gemeinschaftliche Autonutzung oder auch die durch das Carsharing gebotene Möglichkeit, in den Fällen, in denen Nicht-Autobesitzer doch einen Pkw benötigen, auf diesen zurückgreifen zu können. Auch der Wegfall von Wartung und Pflege eines eigenen Wagens sowie zeitliche Aufwendungen (bspw. Parkplatzsuche, administrative Tätigkeiten) werden von Carsharing-Mitgliedern als Nutzungsmotive angeführt (vgl. Schaefer 2013, S. 73 f.; Loose 2010, S. 59 f.; Bundesverband CarSharing e.V. 2010, S. 59 f.; Harms 2003, S. 135 f.; Ministerium für Umwelt und Verkehr Baden-

Württemberg 1996, S. 99 f.). Darüber hinaus spielt der Lifestyle-Gedanke ebenfalls eine gewisse Rolle hinsichtlich der individuellen Motivation zur Nutzung von Carsharing-Fahrzeugen (vgl. Schaefer 2013, S. 74).

Obwohl das Modell Carsharing bereits seit vielen Jahren besteht und entsprechende, wissenschaftlich belegte, Umweltentlastungen mit sich bringt, ist dieses Mobilitätskonzept, trotz stetig steigender Nutzerzahlen, auch heute noch von vergleichsweise geringer Bedeutung im Hinblick auf das Mobilitätsverhalten der (deutschen) Gesamtbevölkerung (vgl. Umweltbundesamt 2012, S. 56). Es stellt sich daher die Frage, was mögliche Hemmnisse sind, die diese Entwicklung begünstigen.
Untersuchungen in diesem Zusammenhang zeigen, dass das Konzept Carsharing einem Großteil der deutschen Bevölkerung nicht bekannt ist (vgl. Umweltbundesamt 2013, S. 32; Loose 2010, S. 119; Steding et al. 2004, S. 107 f.). Zudem besteht häufig nur unzureichendes Wissen im Hinblick auf diese Mobilitätsalternative. So wird Carsharing teilweise mit dem privaten zur Verfügung stellen von Pkws durch Verwandte und Bekannte oder mit der klassischen Autovermietung gleichgesetzt (vgl. Loose 2010, S. 119). Unwissenheit stellt demnach ein zentrales Hemmnis hinsichtlich einer verstärkten Carsharing-Nutzung dar.
Dies gilt insbesondere auch im Hinblick auf unzureichendes oder falsches Wissen hinsichtlich der individuellen Kosten für den privaten Pkw. Mit Blick auf die laufenden Nutzungskosten eines Autos werden häufig lediglich die anfallenden Kraftstoffkosten berücksichtigt. Weitere nutzungsabhängige Kosten, wie beispielsweise Kraftfahrzeugsteuer, Versicherungsgebühren, Parkgebühren oder Verschleißkosten werden ausgeblendet. Auf Basis einer solchen unvollständigen Kostenbetrachtung schneidet Carsharing im Vergleich zu einem privaten Pkw letztlich ungerechtfertigt schlechter ab (vgl. Loose 2010, S. 121 f.).
Des Weiteren stellt Carsharing für viele Personen keine tatsächliche Alternative zum Besitz eines eigenen Pkws dar. Der Verzicht auf einen Zweit-oder Drittwagen ist hingegen für einige Personen vorstellbar (vgl. Steding et al. 2004, S. 108). In diesem Zusammenhang legen empirische Studien verschiedenste Begründung offen, die diese Haltung untermauern. Aspekte, wie beispielsweise eine unzureichende Autoverfügbarkeit, eine zu geringe Flexibilität sowie Spontanität oder auch zu hohe Mitgliedsgebühren werden dabei angeführt. Auch wird Carsharing primär als Mobilitätsoption für den urbanen Raum wahrgenommen (vgl. Steding et al. 2004, S. 107 f.). Insbesondere Personen ohne konkrete Carsharing-Erfahrung zeigen in diesem Kontext Vorurteile gegenüber der Carsharing-Nutzung (vgl. Loose 2010, S. 120).
Laut Loose (2010) muss die emotionale Verbundenheit der Bevölkerung mit dem eigenen Pkw ebenso als ein bedeutsames Nutzungshemmnis hinsichtlich des Carsharings angesehen werden. Über Jahre haben sich diesbezüglich Einstellungspräferenzen und Mobilitätsoptionen entwickelt, die konträr zur Idee des Carsharings stehen. Das Auto als Statussymbol spielt hierbei eine zentrale Rolle. Ebenso schätzt er die allgemein eher geringe Wertschätzung der Verkehrsmittel des Umweltverbundes – also öffentliche Verkehrsmittel, Fahrrad und Zufußgehen – in Deutschland als folgenreich ein. Die Bewältigung der alltäglichen Mobilität durch Carsharing ist, seiner Ansicht nach, vor allem dann effektiv und ökonomisch, wenn diese durch den Umweltverbund

komplettiert wird. Die allgemeine Wertschätzung der jeweiligen Verkehrsmöglichkeiten ist somit grundlegend für das Mobilitätskonzept Carsharing (vgl. Loose 2010, S. 120 ff.).

3.5 Charakteristika typischer Carsharing-Nutzer

Welcher Personenkreis ist bereits heute aktiver Nutzer des Mobilitätskonzepts Carsharing? Welche Personen können demnach als klassische Carsharer betrachtet werden? Empirische Forschungsergebnisse zu diesen Fragen zeigen, dass insbesondere Männer sowie Personen mit höherem Bildungsniveau und einer Vollzeitbeschäftigung typische Nutzer des Carsharing-Angebots sind (vgl. bspw. Witzke/ Meier-Berberich 2015, S. 13; Firnkorn/Müller 2012, S. 269; Krietemeyer 2012, S. 111 f.; Martin et al. 2010, S. 7; Burkhardt/Millard-Ball 2006, S. 100). Diese verfügen zudem über ein vergleichsweise höheres Einkommen und leben hauptsächlich in Zwei-Personen-Haushalten (vgl. Witzke/ Meier-Berberich 2015, S. 13; Krietemeyer 2012, S. 111 f.; Burkhardt/Millard-Ball 2006, S. 100).

Für Carsharing-Kunden von stationsbasierten Anbietern zeigt sich dabei eine lediglich geringe Besitzrate hinsichtlich eines eigenen Pkws (vgl. Burkhardt/Millard-Ball 2006, S. 100). Im Falle der Kunden von vollflexiblen Carsharing-Systemen ergibt sich hingegen eine Autobesitzrate bzw. die Möglichkeit zur Nutzung eines privaten Pkws von etwa 50 Prozent (bspw. durch die Nutzung der Pkws von Verwandten und Bekannten) (vgl. Witzke/ Meier-Berberich 2015, S. 13; Firnkorn/Müller 2012, S. 269).

Darüber hinaus gelten Carsharing-Kunden ebenso als vergleichsweise intensive Nutzer des öffentlichen Nahverkehrs. Viele Personen dieser Gruppe sind im Besitz von spezifischen Zeitkarten, z.B. Monatskarten oder Jahresabonnements (vgl. Witzke/ Meier-Berberich 2015, S. 13; Harding 2013, S. 224).

Gerade Jugendliche und junge Erwachsene gelten als bedeutsame Zielgruppe des ,Nutzen statt Besitzen' - Konzepts von Pkws (vgl. Scholl et al. 2010, S. 25; Umweltbundesamt 2010, S.20). Die gemeinschaftliche Autonutzung, sei es privat oder über kommerzielle Carsharing-Anbieter findet laut Forschungsergebnissen demnach vor allem bei jüngeren Kohorten einen vergleichsweise größeren Zuspruch (vgl. Schmöller/Bogenberger 2014, S. 16; Shaheen/Cohen 2013, S. 5; Burkhardt/Millard-Ball 2006, S. 100). Dies gilt insbesondere im Falle der vollflexiblen Carsharing-Systeme (vgl. Firnkorn/Müller 2011, S. 1524).

Wie bereits einleitend angeführt, stellt sich jedoch die Frage, ob die für das Carsharing so bedeutsamen jungen Kohorten der gemeinschaftlichen Autonutzung auch langfristig treu bleiben oder ob Carsharing für diese lediglich eine Mobilitätsoption auf Zeit darstellt und der Besitz eines eigenen Autos mittelfristig doch angestrebt wird. Carsharing würde in diesem Fall somit nicht zu einer langfristig nachhaltigeren Erwachsenengeneration führen, sondern den privaten Autobesitz lediglich im Lebensverlauf der Personen nach hinten verschieben.

Die vorliegende Arbeit will daher einerseits klären, wie Jugendliche und junge Erwachsene der gemeinschaftlichen Autonutzung prinzipiell gegenüber stehen. Andererseits soll herausgearbeitet werden, was als zentrale Treiber bzw. Hemmnisse für die

Nutzung von Carsharing als langfristige Mobilitätsalternative zum eigenen Pkw angesehen werden kann.

4. Jugendliche und junge Erwachsene – eine Begriffsdefinition

Wer genau soll jedoch im Folgenden als Jugendlicher bzw. junger Erwachsener gelten? Aus gesetzlicher Perspektive bestehen in diesem Zusammenhang eindeutige Altersabgrenzungen. Personen zwischen 14 und einschließlich 17 Jahren gelten demnach als Jugendliche, Personen ab 18 bis 27 Jahren werden hingegen als junge Volljährige bzw. junge Menschen angesehen (vgl. Bundesministerium für Justiz und Verbraucherschutz 1990).

Aus soziologischer Perspektive besteht hingegen keine allgemein gültige Definition, die in vergleichbarer Weise auf entsprechende Altersgrenzen oder ähnliches aufbaut. Viel eher wird in diesem Kontext davon ausgegangen, dass Jugendliche und junge Erwachsene lebensphasentypische Erfahrungen auf sich vereinen, welche ihre Zugehörigkeit zu dieser spezifischen Gruppe klar untermauern. So kann die Jugendphase beispielsweise primär als ein Lebensabschnitt verstanden werden, welcher durch (Aus)-Bildungsphasen geprägt wird. Die Ablösung vom Elternhaus sowie die Erfahrung erster Paarbeziehungen sind in diesem Zusammenhang ebenfalls von Bedeutung. Auch die Möglichkeit zur politischen Partizipation, die juristische Selbständigkeit sowie die Ausbildung einer ökonomischen Eigenständigkeit gelten als charakteristisch für Jugendliche und junge Erwachsene (vgl. Tully 2002, S. 19 f.). Nach Schäfers (1998) fallen all diese Ereignisse in der heutigen Zeit in den Altersabschnitt von etwa 13- bis 25-jährigen Personen. Mit Beginn der Pubertät bis zur Vollendung der Volljährigkeit spricht Schäfers (1998) daher in diesem Zusammenhang von Jugendlichen. Personen im Alter von 18 bis 21 Jahren definiert er als Heranwachsende. Ältere Personen bis 25 Jahre gelten hingegen als junge Erwachsene; der Begriff der Post-Adoleszenten ist dabei charakteristisch (vgl. Schäfers 1998, S. 21 ff.).

Im Falle der vorliegenden Arbeit sollen die Meinungen und Einstellungen von Personen im Alter von ungefähr 16 bis 29 Jahren im Fokus stehen. Die etwas höher angesetzte untere Altersgrenze von 16 Jahren für die interessierende Personengruppe ergibt sich hierbei durch die Überlegung, dass in Deutschland Jugendliche ab einem Alter von 17 Jahren die Möglichkeit besitzen einen Pkw-Führerschein zu erlangen. Bis zum 18. Lebensjahr ist dadurch das sogenannte begleitende Fahren möglich. Mit Erreichen der Volljährigkeit ist dann das eigenständige Fahren eines Pkws in Deutschland erlaubt. Man kann somit davon ausgehen, dass Jugendliche ab einem Alter von etwa 16 Jahren direkt von der Thematik Führerscheinerwerb, Automobilität usw. betroffen sind und sich daher sehr wahrscheinlich auch persönlich intensiver damit beschäftigen. Deutlich jüngere Personen, die der Gruppe der Jugendlichen nach Schäfers (1998) ebenfalls zuzuordnen sind, zur interessierenden Thematik zu befragen, wird in diesem Zusammenhang hingegen als nicht zielführend eingestuft. Die obere Altersgrenze orientiert sich, wie zuvor dargestellt, an allgemeinen gesetzlichen und sozialwissenschaftlichen Überlegungen hinsichtlich der Definition von jungen Erwachsenen. Diese getroffene Altersabgrenzung dient als Leitlinie für die durchzuführende quantitative Studie der vorliegenden Arbeit.

Bevor die theoretischen Grundlagen, welche dieser quantitativen Studie zugrunde liegen, ausgeführt werden, wird im folgenden Kapitel zunächst der aktuelle Forschungsstand zum Thema Automobilität und Carsharing im Hinblick auf die interessierende Gruppe der Jugendlichen und jungen Erwachsenen näher betrachtet. In diesem Zusammenhang wird auf unterschiedlichste Aspekte eingegangen.

5. Jugendmobilität - ein Blick auf die bestehende Forschungslandschaft

Wie genau gestalten sich nun das Mobilitätsverhalten sowie damit verbundene Aspekte von heute Jugendlichen und jungen Erwachsenen? Welche Rollte spielt in diesem Kontext das Mobilitätskonzept Carsharing? Diesen grundlegenden Fragen widmen sich die nachfolgenden Abschnitte.

5.1 Die Jugend und das Konzept Carsharing

Immer wieder werden im öffentlichen Diskurs Stimmen laut, die insbesondere der Gruppe der Jugendlichen und jungen Erwachsenen eine große Affinität hinsichtlich des Konzepts Carsharing zuschreiben. Der Besitz eines eigenen Autos verliert demnach zunehmend an Bedeutungskraft. Diese Ansicht gilt dabei vor allem für Jugendliche und jungen Erwachsene aus dem urbanen Raum (vgl. bspw. Krizak 2014, Nefzger 2013, Doll 2011).

Wie bereits bekannt, konnte insbesondere durch allgemeine Studien zum Thema Carsharing festgestellt werden, dass vor allem jüngere Kohorten dem Konzept der gemeinschaftlichen Autonutzung offener gegenüberstehen und dieses durchschnittlich häufiger nutzen als ältere Kohorten (vgl. Schmöller/Bogenberger 2014, S. 16; Shaheen/Cohen 2013, S. 5; Firnkorn/Müller 2011, S. 1524). Ein Blick auf die bestehende Forschungslandschaft zeigt jedoch auch, dass Studien, die sich explizit und in vertiefender Weise mit dem Thema Carsharing und der Gruppe der heute Jugendlichen und jungen Erwachsenen auseinandersetzen, rar sind. Im Vergleich zu anderen Forschungsbereichen hinsichtlich des Oberthemas Jugendmobilität liegen hierzu kaum wissenschaftlich fundierte Ergebnisse vor.

Lappe et al. (2000) führen in ihrer qualitativen Untersuchung, die sich mit Möglichkeiten für das ökologische Umsteuern im Automobilbereich beschäftigt, u.a. auch das Konzept Carsharing an. Im Zuge ihrer Befragung zeigte sich jedoch, dass zum damaligen Zeitpunkt, der großen Mehrheit der befragten 16- bis 22- Jährigen Carsharing nicht bekannt war. Die Thematik wurde in dieser Forschung daher nicht weitergehend vertieft (vgl. Lappe et al. 2000, S. 128).
Eine aktuelle Studie der Allianz Deutschland AG betrachtet das Mobilitätskonzept Carsharing ebenfalls nur am Rande. Den deutschen, österreichischen und schweizer Fragebogenteilnehmer/innen im Alter zwischen 18 und 24 Jahren (N=2200) wurde in diesem Zusammenhang lediglich die Frage gestellt, ob sie sich prinzipiell vorstellen können, Carsharing-Modelle bei Bedarf zu nutzen. Die Thematik an sich wurde allerdings nicht weitergehend vertieft. Die Ergebnisstruktur zu dieser Frage wurde lediglich grafisch im Anhang dieser Arbeit abgebildet. Die entsprechenden Antworten zu dieser Frage sind in der nachfolgenden Abbildung 2 dargestellt. Hierbei ergeben sich je nach Land leicht variierende Tendenzen. Zustimmende Haltungen zeigen sich jedoch allgemein betrachtet bei rund 30 Prozent der jungen Erwachsenen, etwa 20 Prozent lehnen die Nutzung von Carsharing hingegen ab. Weitere rund 20 Prozent der Befragten sehen Carsharing-Fahrzeuge lediglich als eine Ergänzung zum eigenen Wa-

gen. Die restlichen 30 Prozent fühlen sich zu gering über das Thema informiert, um eine differenzierte Meinung dazu einnehmen zu können (vgl. Kubitzki 2014, Anhang).

Abbildung 2: Ergebnisse zum Thema Carsharing aus der Studie der Allianz Deutschland AG (2014)

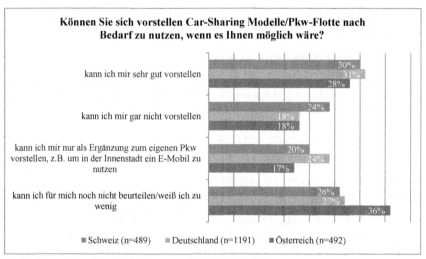

Quelle: Eigene Darstellung, in Anlehnung an Kubitzki 2014, Anhang

Bratzel et al. (2011) kommen in diesem Zusammenhang zu dem Ergebnis, dass sich junge Erwachsene dem Konzept Carsharing durchaus bewusst sind. Rund 2/3 der befragten 18 bis 25 Jährigen (N=1247) kennen Carsharing. Etwa die Hälfte derjenigen, denen Carsharing bekannt ist, kann sich darüber hinaus eine gelegentliche Nutzung von entsprechenden Fahrzeugen vorstellen. Ein vollständiger Verzicht auf einen eigenen Wagen schließt diese Personengruppe jedoch aus. 7 Prozent derjenigen, die Carsharing bereits kennen, können sich hingegen vorstellen vollständig auf ein eigenes Auto zu verzichten und viel eher Carsharing-Fahrzeuge zu nutzen (Bratzel et al. 2011, S. 34).

Diese Zurückhaltung gegenüber der zukünftigen Nutzung von Carsharing als vollständige Alternative zum eigenen Pkw zeigt sich beispielsweise auch in den Ergebnissen der Studie des TÜV Rheinlands. Diese kommt u.a. zu dem Schluss, dass junge Menschen weiterhin zum eigenen Auto tendieren, wenn auch zeitverzögert im Vergleich zu früheren Generationen (vgl. TÜVRheinland 2015, S. 6).

Efthymiou et al. (2013) beschäftigen sich im Vergleich zu den vorangehend skizzierten Studien in vertiefender Weise mit dem Thema Car- und Bikesharing sowie Jugendlichen und jungen Erwachsenen. Ihre Untersuchungseinheit setzt sich aus Griechinnen und Griechen im Alter zwischen 18 und 35 Jahren zusammen (N=233). Es wird hierbei untersucht, welche personenbezogenen und externen Faktoren einflussreich im Hinblick auf den Beitritt zu einer solchen Organisation sind. Da insbesondere Carsharing zum Zeitpunkt der Befragung in Griechenland nicht existent war, handelt es sich bei dieser Studie um ein primär hypothetisches Forschungsdesign (vgl. Efthymiou et al. 2013, S. 65). Durch die Untersuchung zeigt sich, dass Personen mit einem vergleichsweise niedrigen Haushaltseinkommen sowie jene, die täglich eine Fahrt von 100 bis 150 Kilometer bewältigen müssen, der zukünftigen Carsharing-Nutzung offener gegenüberstehen. Dasselbe gilt für Personen, die Wege zu sozialen Aktivitäten aktuell primär mit dem Taxi bewältigen. Das Alter der Befragten sowie das jeweilige Bildungsniveau stellen hingegen lediglich für das Konzept Bikesharing bedeutsame Einflussfaktoren hinsichtlich der zukünftig tatsächlichen Nutzung dar. Das individuelle Umweltbewusstsein erscheint laut den Forschungsergebnissen von Efthymiou et al. (2013) folgenreich. So zeigen Personen, die nach eigener Angabe ein vergleichsweise höheres Umweltbewusstsein aufweisen, ebenso eine höhere Bereitschaft, zukünftig dem Mobilitätskonzept Carsharing beitreten zu wollen. Darüber hinaus konnte die Studie feststellen, dass insbesondere die Distanz zwischen dem Zuhause bzw. dem Arbeitsplatz und der nächsten Carsharing-Station sowie die Möglichkeit das genutzte Fahrzeug an anderer Stelle wieder abgeben zu können, bedeutsame Einflussfaktoren für die Nutzung darstellen (vgl. Efthymiou et al. 2013, S. 71f).

Tiefergreifende Studien und Ergebnisse liegen meines Erachtens in diesem Zusammenhang bislang allerdings nicht vor. Aus der aktuellen Forschungslandschaft lässt sich somit nicht mehrheitlich ableiten, ob Carsharing für heute Jugendliche und junge Erwachsene tatsächlich eine dauerhafte Mobilitätsalternative zum eigenen Auto darstellt und insbesondere was zentrale Motivationen oder auch Hemmnisse für diese Gruppe sind, sich am Carsharing zu beteiligen. Weitere Forschungsbeiträge auf diesem Gebiet sind demnach zwingend notwendig. Die vorliegende Arbeit soll bezüglich dieser Forschungslücke einen entsprechenden Beitrag leisten.
Eine Betrachtung der aktuellen Forschungslandschaft zum Thema Jugendmobilität im Allgemeinen sowie Umweltbewusstsein von Jugendlichen und jungen Erwachsenen bietet sich darüber hinaus jedoch an, um trotz der bestehenden Forschungslücke einen vertiefenden Zugang zur interessierenden Thematik zu erhalten. Umfassend betrachtet zeigt sich hierbei ein recht heterogenes Gesamtbild bezüglich der verschiedenen Forschungsergebnisse. Vorliegende Studienergebnisse, die sich mit allgemeinen Tendenzen zum Thema Mobilität und Umweltbewusstsein von Jugendlichen und jungen Erwachsenen auseinander setzen, sollen, thematisch gegliedert, in den nachfolgenden Abschnitten näher beleuchtet werden. An dieser Stelle muss jedoch zunächst festgehalten werden, dass auch im Bereich der Mobilitätsforschung von Jugendlichen im Allgemeinen in den letzten zehn Jahren nur sehr geringe Forschungskapazitäten investiert wurden und daher auch in diesem Bereich eine enorme Forschungslücke besteht (vgl. Schönduwe et al. 2012, S. 32). Eine reine Fokussierung auf deutsche Studien bedeutet daher auch in diesem Zusammenhang eine sehr schwache Datenlage. Die nachfolgenden Abschnitte beziehen sich deshalb sowohl auf deutsche als auch internationale Empirie.

5.2 Führerscheinbesitz und Autofahren

Im Hinblick auf die Entwicklung der Führerscheinzahlen von Jugendlichen und jungen Erwachsenen zeigen sich Veränderungstendenzen. So stellen verschiedene Studien sowohl für den europäischen als auch den amerikanischen Raum rückläufige bzw. stagnierende Zahlen fest (vgl. bspw. Sivak/Schoettle 2013, Kuhnimhof et al. 2012, Schönduwe et al. 2012, Institut für Mobilitätsforschung 2011, Sivak/Schoettle 2011)[4]. Im Hinblick auf mögliche Gründe für diese Entwicklung führen beispielsweise Sivak/Schoettle (2013) für den amerikanischen Raum primär pragmatische Gründe an. Vielen Jugendlichen fehlt demnach schlichtweg die Zeit zur Erlangung eines Führerscheins. Auch die hohen Kosten für ein eigenes Auto stellen ein zentrales Hemmnis zum Erwerb des Führerscheins dar. Zudem ist für die alltägliche Mobilität vieler Jugendlicher der Führerschein nicht zwingend notwendig, da andere Personen beispielsweise Transportfahrten übernehmen (vgl. Sivak/Schoettle 2013, S. 4)[5]. Gerade für Deutschland muss in diesem Kontext jedoch hervorgehoben werden, dass sich die Führerscheinzahlen der interessierenden Gruppe trotz allem noch immer auf einem sehr hohen Niveau bewegen. Laut der Angaben des Instituts für Mobilitätsforschung besaßen im Jahr 2008 knapp 90 Prozent der 18- bis 29- Jährigen einen Führerschein (vgl. Institut für Mobilitätsforschung 2011, S. 8). Füssl et al. (2013) konnten durch die Befragung von 800 österreichischen Jugendlichen im Alter von 14 bis 19 Jahren zudem feststellen, dass der Besitz des Autoführerscheins für diese Altersgruppe auch aktuell von großer Bedeutung ist. Ein Großteil der Befragten sieht sich des Weiteren im Erwachsenenalter primär als Autofahrer (vgl. Füssl et al. 2013, S. 1216). Zu einem ähnlichen Ergebnis kommen auch Studien aus Großbritannien und Deutschland (vgl. bspw. Kubitzki 2014, Rust 2011, Line et al. 2010, Baslington 2008, Lappe et al. 2000, Groß 1999). Durch Gruppendiskussionen mit britischen 11-, 15- und 18- Jährigen stellen beispielsweise Line et al. (2010) fest, dass alle Diskussionsteilnehmer das Autofahren erlernen wollen bzw. auch zukünftig weiterhin mit dem Auto fahren möchten (vgl. Line et al. 2010, S. 240). Eine Studie der Allianz Deutschland AG zeigt, dass lediglich 7 Prozent aller 18- bis 24- jährigen Deutschen ohne Fahrerlaubnis diese auch zukünftig nicht erwerben wollen. Der entsprechende Anteil für Jugendliche und junge Erwachsene aus den deutschen Millionenstädten fällt mit 8 Prozent dabei nur marginal höher aus (vgl. Kubitzki 2014, S. 35). Ein ähnliches Bild zeigt sich im Hinblick auf die Anschaffung eines eigenen Autos. Nur 3 Prozent der deutschen 18- bis 24- Jährigen, die keinen eigenen Pkw besitzen, möchten auch zukünftig keinen anschaffen (vgl. Kubitzki 2014, S. 7).

Trotz sinkender Führerscheinzahlen insgesamt kann an dieser Stelle somit festgehalten werden, dass die Bedeutsamkeit des Führerscheinbesitzes und auch das Autofahren noch immer eine gewisse Persistenz für Jugendlichen und jungen Erwachsenen mit sich bringt. Dies gilt insbesondere für deutsche Jugendliche und junge Erwachsene.

5.3 Statussymbol Auto oder reine Funktionalität?

Im Verlauf des vergangenen Jahrhunderts hat sich das Automobil als bedeutsames Statussymbol für die Bevölkerung herauskristallisiert, insbesondere auch für Jugendliche und junge Erwachsene. Der Besitz eines eigenen Autos zeugte darüber hinaus von

---

[4] Zur Übersicht von weiteren Studien, die einen Rückgang in den Führerscheinzahlen feststellen konnten siehe Schönduwe et al. 2012, S. 18f..

[5] Siehe hierzu auch Schönduwe et al. 2012, S. 18.

Freiheit und Unabhängigkeit (vgl. bspw. Schönduwe et al. 2012, Götz 2011, Rust 2011, Institut für Mobilitätsforschung 2011). In jüngerer Zeit wird jedoch vor allem im öffentlichen Diskurs diskutiert, ob dieser Statussymbolgedanke hinsichtlich des Automobils auch heute noch in entsprechender Weise ausgeprägt ist. Insbesondere für jüngere Generationen wird in diesem Zusammenhang eine Abkehr von dieser Haltung vermutet.

Einige empirische Studien kommen tatsächlich zu dem Ergebnis, dass ein Paradigmenwechsel hinsichtlich dieses zentralen Leitbildes der Automobilität zu beobachten ist. Das Auto als Statussymbol verliert demnach zunehmend an Bedeutung, gerade bei der jungen Generation (vgl. bspw. Scholl 2012, Terporten et al. 2012, Progenium 2011, Bratzel/Lehman 2010). Bratzel und Lehman (2010) postulieren in diesem Zusammenhang beispielsweise eine ‚neue Rationalität' in Bezug auf das Auto. Etwa ein Viertel der in ihrer Untersuchung befragten rund 1000 Frauen und Männer im Alter von 18 bis 25 Jahren sehen das eigene Auto lediglich als ein funktionales Fortbewegungsmittel an, um von A nach B zu kommen (vgl. Bratzel/Lehman 2010, S. 41). Ein vergleichbares Ergebnis zeigt die Befragung von 1000 Autobesitzern durch die Unternehmensberatung PROGENIUM. Demnach stufen rund 41 Prozent der Befragten das eigene Auto als Funktion, 17 Prozent hingegen als Statussymbol ein. Die restlichen Personen begreifen das eigene Auto als einen Mix aus diesen beiden Aspekten. Konträr zur eigenen Haltung gehen jedoch 55 Prozent der Befragten davon aus, dass die Deutschen ihr Auto grundsätzlich als Statussymbol und nicht als Funktionalität begreifen. Hier zeigt sich demnach ein gewisser Widerspruch (vgl. Progenium 2010, S. 2 f.). Auch zeigt sich in einigen Befragungen, dass anderen Gütern und Dienstleistungen, wie beispielsweise dem Smartphone oder einer außergewöhnlichen Urlaubsreise, im Vergleich zum Pkw-Besitz ein höherer Stellenwert beigemessen wird (vgl. Scheer 2009, S. 3; Bratzel/Lehman 2010, S. 43). Eine Verschiebung des Statusaspekts weg vom eigenen Auto hin zu anderen Gütern und Dienstleistungen ist diesen Studienergebnissen folgend demnach aktuell zu beobachten.

Anhand dieser Datengrundlage kann somit durchaus davon ausgegangen werden, dass das Automobil zunehmend an Bedeutsamkeit bei der deutschen Bevölkerung im Allgemein sowie bei der Jugendgeneration im Speziellen einbüßt und seine Funktion als Statussymbol verliert. An dieser Stelle muss jedoch angemerkt werden, dass durchaus Kritik an solchen und ähnlichen, teils recht marketingorientierten Studien geübt wurde (vgl. Schönduwe et al. 2012, Rust 2011). Rust führt diesbezüglich beispielsweise an, dass „mit Hilfe anekdotischer Beobachtungen Bedrohungskulissen [inszeniert werden], vor deren Hintergrund simple empirische Daten sensationelle Bedeutung erlangen" (Rust 2011, S. 67). Zudem bemängelt er u.a. überstrapazierte Sample oder auch untaugliche Messindikatoren im Hinblick auf die jeweiligen Forschungsdesigns (vgl. Rust 2011, S. 67 ff.).

Solche Kontrastierungen müssen demnach bei der Interpretation entsprechender Studienergebnisse ebenfalls berücksichtigt werden. Weitere Forschungsbeiträge zu diesem Thema sind unbedingt notwendig - insbesondere im Längsschnitt - um eine differenzierte Aussage zum Thema Statussymbol-Verlust des Automobils treffen zu können.

5.4 Einfluss soziodemografischer Aspekt auf das Mobilitätsverhalten

Neben den bereits dargestellten Aspekten interessiert in diesem Zusammenhang ebenso, welche Einflussfaktoren bestehen, die einen Effekt auf das individuelle Mobilitätsverhalten von Jugendlichen und jungen Erwachsenen ausüben. Durch verschiedene Forschungsbeiträge konnte diesbezüglich gezeigt werden, dass insbesondere soziodemografische Aspekte hierbei bedeutsam sind (vgl. Kubitzki 2014, Füssl et al. 2013, Umweltbundesamt 2010, Klocke 2002, Klöckner 2002, Schulz 2002, Tully 1998). Das Wohnumfeld stellt dabei unter anderem solch einen bedeutsamen Einflussfaktor dar. Jugendliche aus dem ländlichen Raum nutzen private Pkws demnach deutlich intensiver als diejenigen, die in städtischer Umgebung leben (vgl. Schulz 2002, S. 106). Auch zeigt sich, dass mit zunehmender Einwohnerzahl der Wohnumgebung der Anteil der 18- bis 24- jährigen Besitzer eines eigenen Wagens sinkt. Demnach besitzen 73 Prozent der jungen Erwachsenen, die in Gemeinden bis zu 2000 Einwohnern leben, einen eigenen Pkw. In den deutschen Millionenstädten sind es hingegen nur 49 Prozent (vgl. Kubitzki 2014, S. 38). Eine schlechte Anbindung an den öffentlichen Verkehr ist dabei häufig ausschlaggebend für den Besitz eines eigenen Wagens sowie die intensivere Pkw-Nutzung der Jugendlichen und jungen Erwachsenen. Die reine Argumentation über die schlechtere ÖV-Anbindung im ländlichen Raum greift in diesem Zusammenhang jedoch zu kurz. Es gilt diesbezüglich auch zu berücksichtigen, dass der Besuch von Bildungsinstitutionen hauptsächlich im urbanen Raum erfolgt, z.B. der Besuch einer Universität. Insbesondere Personen, die sich in diesem Lebensabschnitt befinden, können über vergleichsweise weniger Einkommen verfügen als vollerwerbstätige Gleichaltrige. Die Anschaffung eines eigenen Wagens kann demnach als schwieriger angesehen werden bzw. es werden von diesen Personen andere Prioritäten gesetzt (vgl. Kubitzki 2014, S. 38). Auch dieser Aspekt stellt somit eine mögliche Erklärung für die geringere Besitzrate von Pkws der jungen Erwachsenen im urbanen Bereich dar. Das Bildungsniveau wird ebenso als wichtiger Einflussfaktor auf das Mobilitätsverhalten identifiziert. Die Bereitschaft, auf einen eigenen Pkw zu verzichten bzw. diesen weniger stark zu nutzen, fällt demnach bei Jugendlichen und jungen Autofahrern mit niedrigem formalen Bildungsniveau vergleichsweise geringer aus (vgl. Umweltbundesamt 2010, S. 16; Klocke 2002, S. 397). Auch das jeweilige Alter der Personen spielt eine Rolle. Insbesondere vor Vollendung des 18. Lebensjahrs bewegen sich Jugendliche vorwiegend mit umweltfreundlicheren Mobilitätsformen, wie dem Fahrrad oder dem öffentlichen Verkehr, fort. Durch die Möglichkeit des Führerscheinerwerbs oder anderen bedeutsamen Lebensereignissen (bspw. dem Erwerbseintritt oder der Familiengründung) verändert sich dieses Nutzungsverhalten im Lebensverlauf jedoch hin zu einer eher Pkw-orientierten Mobilität (vgl. Füssl et al. 2013, S. 1213). Andere Untersuchungsergebnisse zeigen jedoch auch, dass mit zunehmendem Alter junge Erwachsene eine stärkere Verpflichtung verspüren, sich im Hinblick auf das Mobilitätsverhalten umweltbewusster zur bewegen (vgl. Klöckner 2002, S. 134). Das Alter einer Person erscheint auf Basis der bestehenden Forschung somit als ein Einflussfaktor mit sowohl positiver als auch negativer Auswirkung auf die Nutzung von umweltfreundlichen Verkehrsmodi.

Neben den bereits angeführten Einflussfaktoren wird auch das Geschlecht einer Person in der Literatur als bedeutsam hervorgehoben. Junge Frauen sind demzufolge eher bereit, anstelle eines Pkws Verkehrsmittel des öffentlichen Verkehrs zu nutzen (vgl. Klocke 2002, S. 395). Auch spritsparendes Autofahren zum Schutze der Umwelt wird stärker von jungen Frauen als jungen Männern praktiziert (vgl. Umweltbundesamt 2010, S. 16). Für junge Frauen stellt der Pkw darüber hinaus viel eher ein Mittel zum Zweck dar, junge Männer verbinden mit ihm hingegen ein Erlebnis an sich (vgl. Tully 1998, S. 171).

Sowohl die Wohnumgebung einer Person, das Bildungsniveau, das Alter als auch das Geschlecht sind demnach für das Mobilitätsverhalten von Jugendlichen und jungen Erwachsenen bedeutsam. Je nach spezifischer Ausprägung ergeben sich dabei entsprechende Unterschiede.

5.5 Einfluss Dritter auf das Mobilitätsverhalten

Die Einflussfunktion von bedeutsamen Dritten auf allgemeine Mobilitätsvorstellungen sowie konkretes Mobilitätsverhalten von Jugendlichen und jungen Erwachsenen konnte durch verschiedene empirische Studien ebenfalls bestätigt werden. Insbesondere der Sozialisationsprozess durch Eltern, Gleichaltrige aber auch die Medien spielt dabei eine herausragende Rolle (vgl. bspw. Bastian 2010, Haustein et al. 2009, Baslington 2008, Sandqvist 2002, Cahill et al. 1996). Baslington (2008) betrachtet zwar keine Jugendlichen sondern eine Stichprobe von Kindern im Alter von neun bis elf Jahren, sie kann aber durch Ihre Untersuchung eindeutig zeigen, dass, je mehr Autos dem Haushalt eines Kindes zur Verfügung stehen, umso weniger können sich diese vorstellen zukünftig auf das Automobil zu verzichten (vgl. Baslington 2008, S. 101). In Einklang mit diesem Ergebnis stellt Sandqvist (2002) fest, dass Jugendliche, die eine Kindheit ohne Familienauto erfahren haben, dem Besitz von Pkws kritischer gegenüber stehen als diejenigen, die mit einem Familienauto aufgewachsen sind (vgl. Sandqvist 2002, S.17). Die qualitative Studie von Rust (2011) kommt u.a. zu dem Ergebnis, dass die Mehrheit der befragten Jugendlichen im Alter zwischen 16 und 20 Jahren nicht davon ausgeht, die eigene Mobilität grundlegend anders zu gestalten, als es die eigenen Eltern getan haben (vgl. Rust 2011, S. 151).

Ein weiterer Aspekt in diesem Zusammenhang verdeutlicht die Arbeit von Haustein et al. (2009). Die Untersuchung von Personen im Alter von 21 bis 25 Jahren zeigt klar, dass junge Erwachsene, die in ihrem Freundeskreis offen über verschiedene Verkehrsmodi diskutieren, eine stärkere soziale wie auch persönliche Norm empfinden, alternative Fortbewegungsmittel zum Auto zu nutzen (vgl. Haustein et al. 2009, S. 175). Die eigene Nutzungsintensität von Automobilien scheint somit bereits durch Erfahrungen im Kindes- und Jugendalter eine feste Verankerung zu erfahren. Bedeutsame Dritte, wie Eltern oder Freunde, spielen demnach eine wichtige Rolle hinsichtlich der Ausbildung von Mobilitätseinstellungen sowie Mobilitätsverhaltensweisen von Jugendlichen und jungen Erwachsenen.

5.6 Umweltwissen, Umweltbewusstsein und Umwelthandeln

Wie bereits einleitend deutlich wurde, interessiert in der vorliegenden Arbeit insbesondere der Einfluss des individuellen Umweltbewusstseins auf das jeweilige Mobilitätsverhalten. Insbesondere das allgemeine Umweltwissen und das Umweltbewusstsein, aber auch der spezifische Aspekt von Umwelt und motorisiertem Verkehr, wurde in der empirischen Jugendforschung bereits betrachtet (vgl. bspw. Füssl et al. 2013, Shell Deutschland Holding 2011, Line et al. 2010, Umweltbundesamt 2010, Thomas 2007, Tully/Baier 2006, Hunecke et al. 2002, Lappe et al. 2000, Tully/Wahler 1999, Szagun et al. 1994, Holtappels et al. 1990).

Im Hinblick auf den Bereich des Wirkungszusammenhangs von Verkehrsmobilität und Umweltbelastungen konnte in diesem Zusammenhang bei Jugendlichen und jungen Erwachsenen durchaus ein spezifisches Problembewusstsein festgestellt werden (vgl. bspw. Füssl et al. 2013, S. 1215; Lappe et al. 2000, S. 204). So findet beispielsweise die Aussage „damit die Umwelt geschützt wird, wäre es wichtig, dass man, so gut es geht, auf Fahrten mit dem Auto/Moped/Motorrad verzichtet und stattdessen öV oder Rad nutzt/zu Fuß geht" (Füssl et al. 2013, S. 1215) bei 67 Prozent der befragten österreichischen Jugendlichen im Alter von 14 bis 19 Jahren Zustimmung (vgl. Füssl et al. 2013, S. 1215). Anhand einer qualitativen, kanadischen Datenbasis kommt Thomas (2007) des Weiteren zu dem Schluss, dass den befragten 17- bis 25- Jährigen die mit dem Automobil verbundenen Umweltbelastungen durchaus bewusst sind. Viele von ihnen nutzen den öffentlichen Nahverkehr zur Bewältigung ihrer alltäglichen Mobilität und zeigen sich zurückhaltend hinsichtlich des Kaufs und der Nutzung von Pkws (vgl. Thomas 2007, S. 55). Die Ergebnisse der Shell Jugendstudie 2010 zum Aspekt ‚Maßnahmen gegen den Klimawandel' zeigen zudem, dass 44 Prozent der Befragten über 18 Jahren versuchen, häufiger mit dem Fahrrad anstelle dem Auto zu fahren. Darüber hinaus wollen 39 Prozent der über 18 Jährigen aus Klimaschutzgründen auf kleinere Autos, die weniger Treibstoff verbrauchen, zurückgreifen (vgl. Shell Deutschland Holding 2011, S. 183).

Konträr zu diesen Ergebnissen kommen jedoch weitere Studien zu dem Schluss, dass im Hinblick auf den Zusammenhang von Mobilität und der Entwicklung von CO_2-Emissionen bzw. dem Klimawandel im Allgemeinen ein Verständnis-Defizit bei den befragten Jugendlichen und jungen Erwachsenen vorliegt (vgl. Rust 2010, S. 152; Line et al. 2010, S. 242). Vermeintlich umweltfreundliches Mobilitätsverhalten, z. B. das Fahrradfahren oder Laufen zur Schule, erfolgt darüber hinaus häufig nicht aus Rücksicht auf die Umwelt, sondern ist in vielen Fällen hauptsächlich der aktuellen Lebenssituation der Jugendlichen und jungen Erwachsenen geschuldet (vgl. Kubitzki 2014, S. 71; Line et al. 2010, S. 242). Rust (2011) verdeutlicht durch die Ergebnisse einer qualitativen Befragung, dass ökologisch angemessenes Verhalten, wie die Reduktion von Pkw-Fahrten, primär aus Kostengründen und nicht zum Schutze der Umwelt vollzogen wird (vgl. Rust 2011, S. 152).

Das zentrale Forschungsergebnis in diesem Kontext ist jedoch, dass die bereits 1998 durch Tully formulierte ‚Inkonsistenzthese' weiterhin Bestand hat. Das Wissen und das entsprechende Bewusstsein über den negativen Zusammenhang von motorisiertem Verkehr und den damit verbundenen Umweltbelastungen führen demnach nicht zwingend bei der Mehrheit zu einer deckungsgleichen Handlung (vgl. Tully 1998, S. 21). Dies gilt insbesondere im Falle von Jugendlichen und jungen Erwachsenen. Verschiedenste empirische Forschungen konnten diesen Aspekt eindrücklich bestätigen (vgl. bspw. Line et al. 2010, Umweltbundesamt 2010, Tully/Baier 2006, Hunecke et al. 2002). Schönduwe et al. (2012) konstatieren in ihrer literaturbasierten Studie beispielsweise, dass „empirische Hinweise für einen (…) steigenden Anteil junger Menschen, die ihr Verkehrsverhalten an Nachhaltigkeitsaspekten ausrichten, fehlen" (Schönduwe et al. 2012, S. 27). Die britische Studie von Line et al. (2010) stellt fest, dass Jugendliche ihre Mobilitätsabsichten auch vor dem Hintergrund des Klimawandels zukünftig nicht verändern wollen (vgl. Line et al. 2010, S. 242). Durch die bestehende Forschungslandschaft zeigt sich zudem, dass ein aktives Handeln bzw. eine persönliche Einschränkung von Jugendlichen und jungen Erwachsenen häufig abgelehnt wird. Viel eher sehen Jugendliche Lösungsansätze für die bestehenden Problematiken in der Entwicklung von technischen Innovationen (vgl. Rust 2011, S. 152; Umweltbundesamt 2010, S. 17; Lappe et al. 2000, S. 122 f.; Tully 1998, S. 147). Auch eine Strukturverbesserung des öffentlichen Nahverkehrs wird durch Jugendliche und junge Erwachsene als eine Strategie des Umsteuerns angeführt. Der öffentlichen Nahverkehr wird jedoch nur als eine tatsächliche Alternative zum motorisierten Individualverkehr wahrgenommen, wenn die entsprechende Kosten-Nutzen-Relation im Falle des öffentlichen Nahverkehr vorteilhafter ist (vgl. Hunecke et al. 2002, S. 213, Lappe et al. 2000, S. 128).

Wie bereits einleitend in diesem Kapitel angeführt, zeigt sich eine gewisse Heterogenität im Hinblick auf die in diesem Kontext interessierenden Aspekte der Jugendmobilitätsforschung. Die spezifische Auseinandersetzung mit dem Thema Carsharing bezüglich der Gruppe der Jugendlichen und jungen Erwachsenen wurde dabei lediglich marginal berücksichtigt. Hier besteht eindeutig Forschungsbedarf. Auf Basis eines theoretischen Erklärungsmodells wird daher in den nachfolgenden Teilen der vorliegenden Arbeit die Intention von Jugendlichen und jungen Erwachsenen, zukünftig Carsharing-Fahrzeuge anstelle eines eigenen Autos nutzen zu wollen, näher beleuchtet. Neben einer kurzen Betrachtung einiger ausgewählter Theoriemodelle zur Erklärung von Mobilitätsverhalten wird im nachfolgenden Kapitel das für diese Arbeit zentrale Erklärungsmodell schrittweise entwickelt.

6. Theoretische Erklärungsmodelle zur Verkehrsmittelwahl

In der bestehenden wissenschaftlichen Forschungslandschaft finden sich verschiedenste theoretische Ansätze zur Erklärung des Mobilitätsverhaltens und der Verkehrsmittelwahl von Personen. Dabei wird sowohl über die Makro- als auch die Mikroebene argumentiert. Nachfolgend werden zunächst einige exemplarisch ausgewählte, zentrale theoretische Erklärungsmodelle ausgeführt[6]. Daran anschließend folgt die Darstellung der für den interessierenden Kontext besonders bedeutsamen Theorie des geplanten Verhaltens nach Ajzen (1991). Auf Basis dieser wird eine erweiterte Version der Theorie entwickelt und näher erläutert. Diese soll der vorliegenden Arbeit als zentrales Erklärungsmodell dienen.

6.1 Erklärungsansätze zum Mobilitätsverhalten

Wie bereits im vorausgehenden Abschnitt deutlich wurde, wird im Hinblick auf die Wahl von Verkehrsmitteln beispielsweise dem Sozialisationsprozess von Personen eine bedeutsame Rolle zugewiesen. Folgt man hierbei den grundlegenden Annahmen der ‚Sozialen Lerntheorie' Banduras (1977) ist prinzipiell davon auszugehen, dass sich Menschen in ihren Vorstellungen und ihrem Verhalten nicht nur an eigenen Handlungen und daraus resultierenden Ergebnissen orientieren, sondern durch die Beobachtung anderer nötige Schlüsse ziehen und eigene Handlungsstrategien ableiten. Das ‚Lernen am Modell' ist demnach dafür verantwortlich, dass Individuen durch den Einfluss ihres jeweiligen sozialen Kontextes spezifische Einstellungen und Verhaltensmuster an den Tag legen (vgl. Bandura 1977, S. 24)[7]. Dem Beobachtungslernen im Kindesalter kommt nach Ansicht des wissenschaftlichen Diskurses dabei eine besondere Bedeutung zu. Vor allem die eigenen Eltern, aber auch die Schule, Freunde sowie die Medien, gelten in diesem Zusammenhang als einflussreich. Durch sie beobachtet und erlernt das Kind spezifische Einstellungstendenzen und Handlungsmuster, die zu einem späteren Zeitpunkt in identischer bzw. ähnlicher Art und Weise im eigenen Denken und Handeln umgesetzt werden können. Im Hinblick auf den Mobilitätsbereich spiegeln sich diese allgemeinen Überlegungen beispielsweise in Baslingtons (2008) ‚Social Theory of Travel Mode Behavior' wider. Kinder erlernen spezifisches Verhalten sowie Einstellungen gegenüber verschiedenen Mobilitätsalternativen demnach durch für sie wichtige Sozialisationsagenten. Die Präferenz für eine bestimmte Mobilitätsalternative kann diesem Verständnis nach somit als sozial vererbt betrachtet werden (vgl. Baslington 2008, S. 93; Tully/Baier 2006, S.83)[8].

---

[6] Für eine Übersicht zu verschiedenen theoretischen Erklärungsmodellen zur Verkehrsmittelwahl siehe auch Flade/Wullkopf (2002).

[7] Das ‚Lernen am Modell' darf allerdings nicht als ein reiner Imitationsprozess des Beobachteten verstanden werden. Zusätzlich Faktoren, wie beispielsweise die Angemessenheit je nach Situation oder zu erwartende Konsequenzen, haben einen Einfluss auf die individuelle Übernahme von beobachteten Einstellungen und Verhalten (vgl. Trautner 1992).

[8] Entsprechende empirische Belege für diesen theoretischen Ansatz wurden bereits im vorangehenden Kapitel zum aktuellen Forschungsstand präsentiert.

Auch das Lebensstil-Konzept wird in der wissenschaftlichen Forschung zur Erklärung des Mobilitätsverhaltens und der Verkehrsmittelwahl herangezogen[9]. Allgemein versucht diese Konzeption ihren Erklärungsbeitrag sowohl über individuelle Faktoren, wie persönliche Einstellungen und Werte, aber auch übergeordnete sozial-strukturelle Faktoren, beispielsweise den beruflichen Status oder den geografischen Lebensraum, zu leisten (vgl. Tully/Baier 2006, S. 84). Ausgehend von diesen Überlegungen haben sich in der Literatur, abhängig vom jeweiligen Kontext, verschiedenste Lebensstil-Typologien entwickelt. Im Hinblick auf den Mobilitätsaspekt differenzieren beispielsweise Götz et al. (2003) fünf Lebensstile. Personen werden in diesem Zusammenhang zum Beispiel der Gruppe der ‚Modern-Exklusiven‘, welche eine sehr hohe Mobilität aufweisen und diese insbesondere mit dem Pkw bewältigen, oder den ‚Traditionell-Häuslichen‘, welche eher weniger mobil sind und sehr häufig nichtmotorisierte Verkehrsmittel nutzen, zugeordnet. Auch die bereits angesprochenen sozial-strukturelle Faktoren dienen in diesem Zusammenhang der Typisierung (vgl. Götz et al. 2003, S. 72 ff.). Spezifisches Mobilitätsverhalten wird im Verständnis des Lebensstil-Konzepts demnach dadurch erklärt, dass mit bestimmten sozialen Situationen entsprechende Lebensstile einhergehen, die wiederum ein entsprechendes Mobilitätsverhalten mit sich bringen (vgl. Tully/Baier 2006, S. 85).

Verfechter der ökonomischen Tradition greifen zur Erklärung des Mobilitätsverhaltens und der Verkehrsmittelwahl hingegen auf den in diesem Kontext prominenten Rational-Choice-Ansatz zurück (vgl. bspw. Franzen 1997). Zentral ist in diesem Zusammenhang das Abwägen zwischen anfallenden Kosten und dem zu erwartenden Nutzen von verschiedenen Mobilitätsalternativen für den Einzelnen. Als direkte Kosten müssen hierbei beispielsweise der Benzin- oder Fahrscheinpreis im Abwägungsprozess berücksichtigt werden. Zudem gilt es, indirekte Kosten, sogenannte Opportunitätskosten, einzubeziehen. Vor allem der Faktor Zeit spielt dabei eine zentrale Rolle. So ziehen beispielsweise Personen eine Autofahrt der Zugnutzung vor, da eine bestimmte Distanz in einem kürzeren Zeitraum zurückgelegt werden kann und somit Zeit für weitere Aktivitäten bleibt. Andere präferieren hingegen die Nutzung des öffentlichen Verkehrs, da diese ihnen zum Beispiel gleichzeitiges Lesen oder Arbeiten ermöglicht (vgl. Tully/ Baier 2006, S. 81; Scholl 2002, S. 177).
Im Zuge eines rationalen Abwägungsprozesses zwischen Kosten und Nutzen wird, laut des Rational-Choice-Ansatzes, durch das egoistische und vollkommen informierte Individuum letztlich jene Mobilitätsalternative gewählt, welche den individuellen Nutzen maximal werden lässt. Die beschränkten individuellen Zeit-und Geldressourcen werden demnach optimal eingesetzt. Weitere mögliche Einflussfaktoren, wie zum Beispiel spezifische Einstellungen von Personen oder auch der Einfluss wichtiger Bezugspersonen, finden in diesem Abwägungsprozess hingegen keine Berücksichtigung (vgl. Bamberg et al. 2008, S. 143 f.; Tully/ Baier 2006, S. 81; Scholl 2002, S. 177; Hunecke 2000b, S. 30).

Ähnlich zum Rational-Choice-Ansatz argumentieren Verstärkungstheorien des Lernens. Zentrale Entscheidungskomponenten für die Wahl einer spezifischen Mobilitäts-

---

[9] Eine exemplarische Übersicht dazu bietet Hunecke 2002, S. 32 ff..

alternative sind in diesem Zusammenhang entsprechende Belohnungen (Nutzen) sowie Bestrafungen (Kosten). Neben dem rein effizienten Einsatz von Zeit- und Geldressourcen spielen daher ergänzende Motive, wie beispielsweise das positive Erleben der Natur bei der Bewältigung eines Weges mit dem Fahrrad oder das negative Erlebnis eines Verkehrsstaus bei der Nutzung des Pkws, ausschlaggebende Faktoren hinsichtlich der Verkehrsmittelwahl (vgl. Scholl 2002, S. 178).

Als Kritik auf den bereits dargestellten Rational-Choice Ansatz wurde das sogenannte Constraint-Modell entwickelt. Dieses betont den Aspekt, dass Handlungsspielräume von Individuen durchaus begrenzt sein können. Diese Begrenzungen können dabei zum Beispiel sowohl räumlicher (in fußläufiger Umgebung gibt es keine Bushaltestelle) als auch geistiger Natur (es fehlt an Wissen zum städtischen Buslininennetz) sein. Eine konkrete Handlung durchzuführen hängt demnach nicht nur vom Ergebnis eines nutzenmaximierenden Aushandlungsprozesses und dem damit einhergehenden Wollen bzw. Sollen ab, sondern wird durch das tatsächliche Können beeinflusst (vgl. Flade/Wullkopf 2002, S. 26 f.).

Diese exemplarisch dargestellten theoretischen Ansätze zur Erklärung des Mobilitätsverhaltens und der Verkehrsmittelwahl von Personen haben durch wissenschaftliche Studienarbeiten jeweils empirische Evidenz erfahren. Für die Betrachtung der Intention von Jugendlichen und jungen Erwachsenen, zukünftig Carsharing-Fahrzeuge anstelle eines eigenen Wagens nutzen zu wollen, greifen die einzelnen theoretischen Ansätze jedoch zu kurz. So soll beispielsweise der Einfluss von bedeutenden Dritten, spezifische Einstellungen, individuelle Faktoren oder auch mögliche verhaltenseinschränkende Komponenten nicht als alleinige Einflussfaktoren der interessierenden Intention betrachtet werden. Diese sollen viel eher integriert in einem Theoriemodell zur Erklärung herangezogen werden.

Zur Erfüllung dieses Anspruches stellt die Theorie des geplanten Verhaltens nach Ajzen (1991) eine geeignete theoretische Ausgangsbasis dar. Diese soll jedoch um einige weitere bedeutsame Erklärungskomponenten ergänzt werden. Allgemein stellt die Theorie des geplanten Verhaltens sowie erweiterte Versionen dieser, eine in verschiedensten Kontexten verwendete Theoriebasis mit hoher Erklärungskraft dar. Insbesondere auch im Hinblick auf den Bereich der Verkehrsmittelwahl konte durch Forschungsbeiträge ihre empirische Evidenz bestätigt werden[10].

In den folgenden Abschnitten wird nun das für diesen Kontext relevante Erklärungsmodell entwickelt und näher erläutert.

6.2 Die Theorie des geplanten Verhaltens

Die „Theorie des geplanten Verhaltens" (Theory of Planned Behavior, ToPB) nach Ajzen (1991) stellt eine Erweiterung der „Theorie des überlegten Handelns" (Theory

---

[10] Exemplarisch siehe beispielsweise Bamberg et al. 2007, Haustein/Hunecke 2007, Bamberg/Schmidt 2003, Heath/Gifford 2002.

of Reasoned Action) (Ajzen/Fishbein 1980)[11] dar und gilt als eine sozial-psychologische Verhaltenstheorie. Sie vertritt den Anspruch, zum Verständnis von menschlichem Verhalten beizutragen, dessen Vorhersage zu ermöglichen sowie den Wandel darin zu erklären. Auch in diesem Kontext spielt rationales Verhalten eine gewisse Rolle, da dabei prinzipiell davon ausgegangenen wird, dass letztlich diejenige Handlung durchgeführt wird, die subjektiv betrachtet den höchsten Nutzen erzielt. Anders als im Falle des Rational-Choice-Ansatzes werden jedoch individuelle Einstellungen, soziale Erwartungen wie auch die bereits im Constraint-Modell angesprochenen möglichen Handlungsbeschränkungen zur Erklärung von individuellem Verhalten herangezogen.

Die nachfolgende Abbildung 3 stellt die zentralen Erklärungszusammenhänge der ToPB grafisch dar. Diese werden im Folgenden näher erläutert.

Abbildung 3: Theorie des geplanten Verhaltens

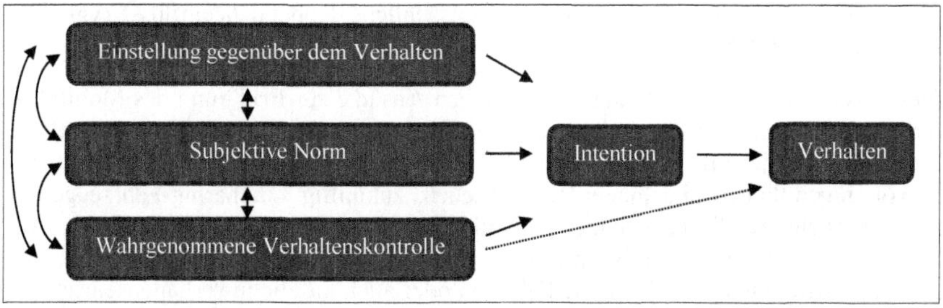

Quelle: Eigene Darstellung

Es wird deutlich deutlich, dass das Verhalten zum einen direkt durch die jeweilige Intention, ein spezifisches Verhalten tatsächlich ausführen bzw. nicht ausführen zu wollen, bedingt wird. Ajzen definiert Intentionen dabei als „indications of how hard people are willing to try, of how much of an effort they are planning to exert, in order to perform the behavior" (Ajzen 1991, S. 181). Dabei gilt die allgemeine Regel, dass, je stärker eine positive Intention gegenüber einem Verhalten ausgebildet ist, desto wahrscheinlich auch seine tatsächliche Ausführung ist (vgl. Ajzen 1991, S. 181). Die Intention selbst wird in diesem Zusammenhang ebenfalls durch drei Erklärungsgrößen beeinflusst, wobei diese ebenso in einer jeweiligen Beziehung zueinander stehen.

Hierbei handelt es sich zunächst um die jeweilige subjektive Einstellung gegenüber dem Verhalten. Je nach Individuum kann diese sowohl positiv als auch negativ ausgeprägt sein. Auch die subjektive Norm stellt eine Einflussgröße der Intention dar. Hierunter wird der Erwartungsdruck verstanden, welchen das Individuum durch bedeutsame Dritte erfährt, dass das jeweilige Verhalten ausgeführt bzw. nicht ausgeführt werden sollte. Die dritte Einflussgröße, die wahrgenommene Verhaltenskontrolle, bezieht sich auf die subjektive Einschätzung des Individuums, wie leicht oder schwierig ein

---

[11] Im Falle der Theory of Reasoned Action wird das Konstrukt ‚wahrgenommene Verhaltenskontrolle‘ (vgl. Abbildung 3, S. 40) nicht zur Erklärung von Intention und Verhalten herangezogen. Dieses wird erst durch Ajzens (1991) Weiterentwicklung der Theorie in das Erklärungsmodell integriert.

Verhalten in der Realität umgesetzt werden kann. In dieser Einflussgröße spiegeln sich somit bereits gemachte Erfahrungen hinsichtlich des spezifischen Verhaltens sowie zu erwartende Hindernisse diesbezüglich wider(vgl. Hunecke 2006, S. 32; Ajzen 1991, S. 188).

Diese drei Erklärungskomponenten der Intention bzw. des Verhaltens werden selbst durch sogenannte *salient beliefs* bedingt. In diesem Kontext wird davon ausgegangen, dass Individuen eine Vielzahl von verschiedenen Überzeugungen gegenüber einer Verhaltensweise ausbilden, letztlich jedoch nur einige wenige von tatsächlicher Relevanz sind. Genau diese werden als *salient beliefs* bezeichnet und gelten als die dominierenden Determinanten der Intention bzw. dem Verhalten via Einstellungen, subjektiver Norm und wahrgenommener Verhaltenskontrolle (vgl. Ajzen 1992, S. 189).

Einstellungen gegenüber dem Verhalten werden demnach durch Verhaltensüberzeugungen *(behavioral beliefs)* bedingt. Ajzen geht in diesem Zusammenhang davon aus, dass diese Überzeugungen aufgrund von Attributen ausgebildet werden, die mit dem jeweiligen Verhalten assoziiert werden (z.b.: Die Nutzung des Pkws ist: gut-schlecht/ angenehm-unangenehm) sowie der subjektiven Evaluation dieser Überzeugungsattribute (z.b.: Die Nutzung des Pkws ist angenehm: unwichtig - ... - wichtig). Durch die Multiplikation und das Aufsummieren der entsprechenden Ausprägungen dieser Komponenten kann letztlich die (eher) positive oder (eher) negative Einstellung gegenüber dem Verhalten repräsentiert werden (vgl. Ajzen 1991, S. 191).

Im Falle der subjektiven Norm wird Bezug genommen auf normative Überzeugungen *(normative beliefs)*. Diese bilden sich, wie bereits angeführt, aus den Überzeugungen zu den wahrgenommenen Erwartungen bedeutsamer Dritter hinsichtlich eines spezifischen Verhaltens sowie der Bereitschaft des Individuums, diesen Erwartungen auch tatsächlich entsprechen zu wollen, heraus. Auch hier wird über Multiplikation und Aufsummierung beider Komponenten das Endkonstrukt der subjektive Norm dargestellt (vgl. Ajzen 1991, S. 195).

Kontrollüberzeugungen *(control beliefs)* stellen diesem Verständnis nach die Grundlage der wahrgenommenen Verhaltenskontrolle dar. Hierbei sind zum einen die Kontrollüberzeugungen an sich relevant, zum anderen werden Überzeugungen berücksichtigt, die deutlich machen, von welchen vorhandenen Ressourcen (bspw. Wissen, Zeit oder Geld) das Individuum ausgeht, die ihm die Durchführung eines Verhaltens erleichtern bzw. erschweren können (vgl. Ajzen 1991, S. 197).

Allgemein kann davon ausgegangen werden, dass wenn eine überwiegend positive Einstellung gegenüber einem spezifischen Verhalten besteht, der Erwartungsdruck durch Dritte als stark sowie die wahrgenommene Verhaltenskontrolle als hoch empfunden wird, eine positive Intention zur Verhaltensdurchführung höher ausfällt und somit auch die tatsächliche Durchführung des Verhaltens wahrscheinlicher ist. Ajzen formuliert in diesem Zusammenhang: „the more favorable the attitude and the subjective norm with respect to a behavior, and the greater the perceived behavioral control, the stronger should be an individual's intention to perform the behavior under consideration" (Ajzen 1991, S. 188). Welche Erklärungskraft die einzelnen Einflussgrößen hinsichtlich des Verhaltens innehaben, kann dabei je nach Kontext variieren. Spezifische empirische Überprüfungen sind daher für jeden Einzelfall notwendig (vgl. Ajzen 1991, S. 188)[12].

Da sich die vorliegende Arbeit zum einen mit der Frage auseinandersetzt, ob Carsharing für Jugendliche und junge Erwachsene eine zukünftige Alternative zum Besitz eines eigenen Pkws darstellt und zum anderen analysiert werden soll, was zentrale Treiber zur Nutzung dieses Mobilitätskonzeptes darstellen, bietet sich die ToPB als Untersuchungsbasis dieser Forschungsfragen an. Verschiedene direkte Einflussfaktoren auf die Verhaltensintention einer Person können durch dieses Modell überprüft werden.

Von zentralem Interesse ist in diesem Kontext somit lediglich die Untersuchungseinheit der Intention zur zukünftigen Nutzung von Carsharing anstelle eines eigenen Pkws sowie deren Prädiktoren. Dabei interessieren jeweils die direkten Verbindungen zwischen Erklärungskonstrukt und Intention. Die tatsächliche Umsetzung der Intention wird in diesem Zusammenhang hingegen nicht betrachtet.

Diese Vorgehensweise ist nicht unüblich. Verschiedene empirische Studien haben ebenfalls auf Basis der ToPB lediglich die Intention und ihre Prädiktoren und nicht das tatsächliche Verhalten betrachtet (vgl. bspw. Heesup et al. 2010, Giles et al. 2004, Otis et al. 1996, Parker et al. 1992).

Die nachfolgende Abbildung 4 stellt die für die vorliegende Arbeit bedeutsamen Erklärungsaspekte und dessen interessierende Zusammenhänge noch einmal grafisch dar.

Abbildung 4: Theoretisches Erklärungsmodell zur CS-Intention – allgemein

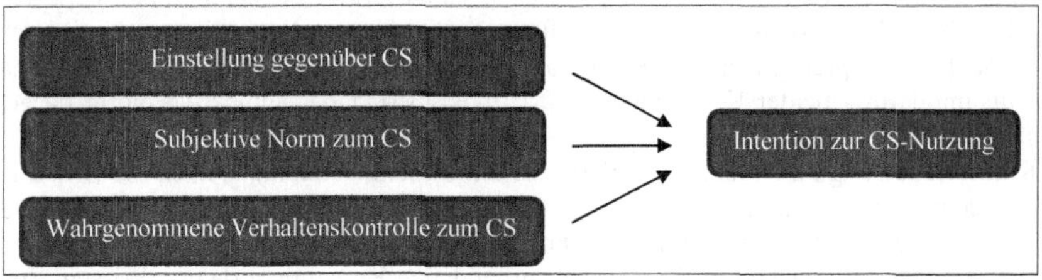

Quelle: Eigene Darstellung

Da insbesondere das Bewusstsein für die umweltbelastende Wirkung des motorisierten Individualverkehrs als ein weiterer möglicher zentraler Treiber für die Intention, zukünftig Carsharing anstelle eines eigenen Pkws nutzen zu wollen, in der vorliegenden Arbeit betrachtet werden soll, reicht das Grundmodell der ToPB jedoch nicht als Er-

---

[12] Die Abbildung 3 macht auch deutlich, dass die ToPB davon ausgeht, dass die wahrgenommene Verhaltenskontrolle nicht nur einen indirekten Erklärungsbeitrag über die Intention im Hinblick auf das Verhalten leistet, sondern ebenfalls eine direkte Verbindung besteht. Dies ist dann der Fall, wenn die wahrgenommene Verhaltenskontrolle und die tatsächlich vorliegende Verhaltenskontrolle eng miteinander einhergehen (vgl. Ajzen 1991, S. 185). Da im vorliegenden Kontext lediglich die Intention an sich erklärt werden soll, ist dieser Aspekt im vorliegenden Zusammenhang jedoch irrelevant.

klärungsbasis aus. Wie bereits angedeutet, gilt es daher weitere bedeutsame Erklärungsfaktoren in das dargestellte Grundmodell zu integrieren[13].

6.3 Ergänzung 1: Persönliche Norm

Im Hinblick auf die Modellintegration des Bewusstseins für die umweltbelastende Wirkung des motorisierten Individualverkehrs und der Bereitschaft, entsprechend ökologische Verantwortung zu übernehmen, bietet sich das Konstrukt „Persönliche Norm" nach Schwartz (1977) an. Dieses Konstrukt ist Bestandteil der Norm-Aktivations-Theorie (vgl. Schwartz 1977). Ursprünglich wurde diese Theorie zur Erklärung von altruistischem Verhalten[14] hinsichtlich Hilfe- und Unterstützungsleistungen ohne direkten Gegenwert entwickelt. Normorientiertes Handeln stellt dabei den zentralen Erklärungsbeitrag dar. Anders als die subjektive Norm im Falle der ToPB, welche den Erwartungsdruck bedeutsamer Dritter und somit lediglich deren normative Vorstellungen widerspiegelt, bezieht sich die persönliche Norm auf eine intrinsische moralische Verpflichtung des Einzelnen, sich entsprechend der geltenden Moral korrekt zu verhalten.

Die Übertragung dieses theoretischen Ansatzes auf den Mobilitätsbereich und das Thema Umweltbelastungen und Umweltschutz wurde bereits von verschiedenen Autoren vollzogen (vgl. bspw. Haustein et al. 2009, Hunecke et al. 2007, Heath/Gifford 2002). Hunecke (1999) definiert in diesem Zusammenhang eine persönlichen Norm, die „eine moralische Qualität [besitzt] und die innere Überzeugung, einen persönlichen Beitrag zum Umweltschutz leisten zu müssen [repräsentiert]. In der Entscheidungssituation erzeugt die Aktivierung der ökologischen Norm ein moralisches Verpflichtungsgefühl, das nicht direkt durch die normativen Erwartungen anderer Personen bedingt wird, sondern durch die normativen Ansprüche an die eigene Person" (Hunecke et al. 1999, S. 13). Die Verknüpfung der persönlichen Norm mit den Erklärungsvariablen der ToPB war dabei ebenfalls ein zentrales Anliegen früherer Studien. Es konnte durchaus empirische Evidenz diesbezüglich festgestellt werden (vgl. bspw. Haustein et al. 2009, Hunecke et al. 2007, Heath/Gifford 2002, Hunecke et al. 2001)[15].

---

[13] Diese Vorgehensweise ist durchaus üblich. Prinzipiell zeigt sich die ToPB offen gegenüber der Erweiterung um Prädikatoren zur Erklärung von Intention und Verhalten (vgl. Ajzen 1991, S. 199).

[14] Nach Schwartz (1977) handeln Personen immer dann altruistisch, wenn ein Bewusstsein über die negativen Folgen für Dritte vorhanden und die Bereitschaft zur Verantwortungsübernahme der Fall ist.

[15] Auch in anderen thematischen Bereichen wurden die klassischen Konstrukte der ToPB in Ergänzung mit der persönlichen Norm erfolgreich als Intentionsprädiktoren angewendet, siehe beispielsweise Beck/Ajzen 1991.

Abbildung 5: Theoretisches Erklärungsmodell zur CS-Intention – Ergänzung 1

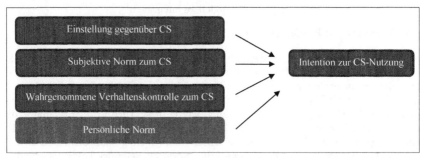

Quelle: Eigene Darstellung

Die persönliche Norm leistet demnach neben den ToPB-Konstrukten ebenfalls einen Erklärungsbeitrag hinsichtlich der Verkehrsmittelwahl sowie der in diesem Kontext interessierenden Intention. Die Berücksichtigung der persönlichen Norm stellt somit nachweisbar eine gute Möglichkeit dar, den interessierenden, umweltbezogenen Treiber zur zukünftigen Beteiligung am Carsharing darzustellen. Sie wird daher neben den Konstrukten der ToPB ebenso als zentrale Erklärungsvariable in das theoretische Modell aufgenommen (vgl. Abbildung 5).

6.4 Ergänzung 2: Weitere mobilitätsbezogene Einstellungen

Ausgehend von den Überlegungen der ToPB wurden Einstellungen im Hinblick auf die in diesem Fall relevante Intention im zugrunde liegenden Erklärungsmodell bereits berücksichtigt. Neben diesem eher instrumentell geprägten Einstellungsfaktor, welcher sich direkt auf den Aspekt Carsharing bezieht, ist in der vorliegenden Arbeit jedoch auch der Einfluss von symbolisch-affektiven Komponenten[16] hinsichtlich des Automobils an sich von Interesse.

Der Grund hierfür ist, dass durch empirische Forschungsbeiträge die Integration solcher symbolisch-affektiven Komponenten, anstelle einer ausschließlichen Betrachtung von instrumentellen Aspekten als Einflussfaktor auf die Intention (bzw. das Verhalten), bereits als bedeutsam bestätigt werden konnte (vgl. Steg et al. 2001, Steg 2005, Hunecke et al. 2007). Dabei konnte insbesondere im Falle von jungen Autonutzern gezeigt werden, dass symbolisch-affektive Motive einflussreich im Hinblick auf die Verkehrsmittelwahl sind (vgl. Steg 2005, S. 153). Hunecke (2000a) hat in diesem Zusammenhang vier grundlegende symbolische Dimensionen hinsichtlich der Mobilität definiert. Diese stellen eine Möglichkeit dar, um die relevanten symbolisch-affektiven Dimensionen in zusammenfassender Form darstellen und messbar machen zu können.

---

[16] Steg (2005) definiert die symbolisch-affektiven Komponenten des Automobils wie folgt: „Symbolic or social motives refer to the fact that people can express themselves and their social position by means of (the use of) their car, they can compare their (use of the) car with others and the social norms. Affective motives refer to emotions evoked by driving a car, i.e., driving may potentially affect people's mood and they may anticipate these feelings when making travel choices." (Steg 2005, S. 149 f.).

Konkret handelt es sich dabei um die Aspekte Autonomie, Status, Erlebnis sowie Privatheit (vgl. Hunecke 2000a, S. 127 ff., Hunecke et al. 2005, S. 27). Für den vorliegenden Kontext sind dabei insbesondere die Punkte Autonomie und Status von Interesse. Autonomie ist relevant, da hierunter Gefühlszustände wie Flexibilität, Individualität, Selbstbestimmung und Freiheit subsummiert werden. Dies sind alles Aspekte, die im Vergleich zur Nutzung eines eigenen Wagens im Falle eines Carsharing-Fahrzeuges in unterschiedlicher Weise aufgefasst und bewertet werden können. Durch die Dimension Status kann zudem abgebildet werden, welche soziale Anerkennung mit dem Besitz und der Nutzung eines eigenen Pkws einhergeht.

Im Hinblick auf den Aspekt, dass das Auto von Jugendlichen und jungen Erwachsenen als Möglichkeit zur Autonomieerreichung sowie als ein Statussymbol betrachtet wird, könnte sich ein entsprechender Effekt hinsichtlich der Intention, zukünftig ein Carsharing-Fahrzeug anstelle eines eigenen Wagens nutzen zu wollen, zeigen. Der Besitz eines eigenen Autos verkörpert in diesem Fall schließlich weit mehr als ein reines Fortbewegungsmittel. Um die Einflussfunktion dieser weiteren mobilitätsbezogenen Einstellungen, Autonomie und Status, im Hinblick auf die Wahl eines Verkehrsmittels erfassen zu können, werden diese ebenfalls als mögliche Determinanten der Intention, später Carsharing nutzen zu wollen, in das zugrunde liegende Erklärungsmodell aufgenommen (vgl. Abbildung 6).

Abbildung 6: Theoretisches Erklärungsmodell zur CS-Intention – Ergänzung 2

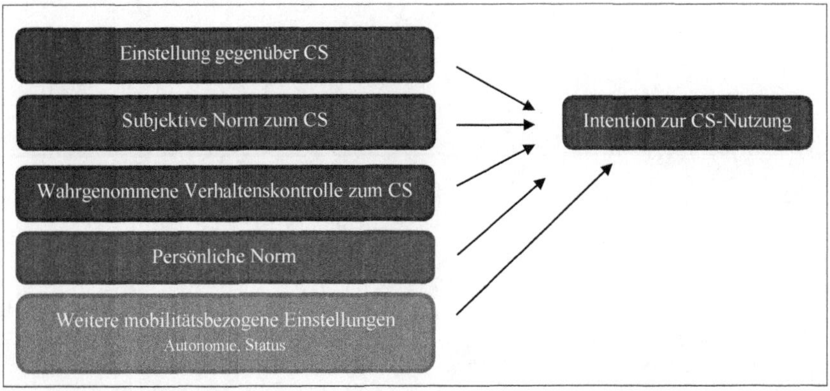

Quelle: Eigene Darstellung

Die durch Hunecke definierten Punkte Erlebnis und Privatheit[17] werden in der vorliegenden Arbeit hingegen nicht berücksichtigt. Der Grund hierfür ist, dass diese in ihrem inhaltlichen Verständnis stark auf eine Situation fokussieren, in welcher tatsächlich ein eigenes Auto zur Verfügung steht. Da davon auszugehen ist, dass dies nicht für alle

---

[17] Der Gesichtspunkt Erlebnis erfasst Gefühle, die durch die Nutzung von Mobilität an sich erzeugt werden, bspw. Spaß. Privatheit bezieht sich auf die Erhaltung der Privatsphäre bei der Nutzung von Verkehrsmitteln und der Möglichkeit der Vermeidung von unerwünschten Kontakten mit Dritten (vgl. Hunecke 2000a, S. 127 ff., Hunecke et al. 2005, S. 27).

Jugendlichen und jungen Erwachsenen der zu erhebenden Stichprobe der Fall sein wird, ist eine Integration dieser Konstrukte wenig zielführend. Zudem verkörpern die Punkte Erlebnis und Privatheit u.a. Aspekte wie der zu erlangende Spaß durch das Autofahren oder die Möglichkeit der Auswahl der Mitfahrer bei der Pkw-Nutzung. Diese sind nicht exklusiv für den Fall der Nutzung eines eigenen Autos, sondern prinzipiell auch durch die Nutzung eines Carsharing-Fahrzeuges zu erreichen.

7. Ergebnisse einer qualitativen Untersuchung - Kostenaspekte und Soziodemografie als weitere Einflussfaktoren

Anhand der zentralen Annahmen der Theorie des geplanten Verhaltens nach Ajzen (1991), sowie einer Erweiterung um den Aspekt der persönlichen Norm (vgl. Schwartz 1977, Hunecke 2002) und der symbolisch-affektiven Dimensionen der Autonomie und des Status (vgl. Hunecke 2000a) konnte das in Abbildung 6 präsentierte Modell zur Erklärung der Intention von Jugendlichen und jungen Erwachsenen, zukünftig Carsharing-Fahrzeuge anstelle eines eigenen Wagens nutzen zu wollen, entwickelt werden. Um einen verbesserten Eindruck zum Thema gemeinschaftlicher Konsum im Allgemeinen sowie Carsharing im Speziellen zu erhalten und darüber hinaus das zu diesem Zeitpunkt entwickelte Erklärungsmodell einer ersten Validierung zu unterziehen, wurden neben der reinen literaturbezogenen Analyse Gruppendiskussionen mit jungen Erwachsenen durchgeführt. Diese Gruppendiskussionen dienen dabei ebenfalls dazu, neben den theoretisch abgeleiteten Einflussfaktoren auf die Intention, weitere Einflussfaktoren zu identifizieren, die in diesem Kontext von Bedeutung sein könnten. Es handelt sich somit primär um ein heuristisches Instrument. Es sollen dabei keine direkten Antworten auf zentrale Forschungsfragen gefunden oder Hypothesen überprüft werden (vgl. Przyborski/Wohlrab-Sahr 2008, S.101).

In diesem Zusammenhang wurden im Dezember 2013 und Januar 2014 drei Gruppendiskussionen mit jungen Erwachsenen im Alter zwischen 20 und 29 Jahren durchgeführt[18]. Insgesamt waren 18 Personen an diesen Diskussionsrunden beteiligt. Hierbei handelte es sich sowohl um Studierende verschiedener Fachrichtungen als auch bereits berufstätige Personen. Die Diskussionsteilnehmer wurden dabei zum einen über das persönliche Umfeld akquiriert, zum anderen wurden spezielle Diskussionsaufrufe über Plakate und Flyer durchgeführt. In den jeweils rund eineinhalb stündigen Diskussionsrunden wurden dabei Aspekte zum Thema Führerschein- und Autobesitz, Carsharing sowie mobilitätsbezogenes Umweltbewusstsein diskutiert[19]. Um die Auswertung der Daten zu erleichtern, wurden die entsprechenden Diskussionsrunden aufgezeichnet und anschließend transkribiert. Darüber hinaus wurde ein Auswertungsraster erstellt, welches alle relevanten Aspekte und Themengebiete beinhaltet. Anhand dieses Rasters wurden die jeweiligen Transkriptionen bearbeitet. Ähnliche Aussagen wurden dabei unter dem entsprechenden Schlagwort gesammelt und in ihrer inhaltlichen Aussage verdichtet. Hierbei konnten verschiedene Erkenntnisse hinsichtlich der im Fokus stehenden Thematik gewonnen und in die Ausarbeitung des theoretischen Erklärungsmodells miteingearbeitet werden. Die zentralen Erkenntnisse aus den Gruppendiskussionen werden in den nachfolgenden Abschnitten näher ausgeführt.

---

[18] Eine Diskussionsrunde mit ebenfalls jüngeren Personen konnte aufgrund fehlender positiver Resonanz leider nicht realisiert werden.

[19] Der Diskussionsleitfaden befindet sich im Anhang 1.

7.1 Allgemeine Erkenntnisse aus den Gruppendiskussionen

Wie bereits angeführt, wurden drei Gruppendiskussionen mit insgesamt 18 Personen (11 Frauen, 7 Männer) im Alter zwischen 20 und 29 Jahren durchgeführt. Alle diese Personen besitzen einen Pkw-Führerschein. Eine tatsächliche Auseinandersetzung mit der Frage, ob man den Führerschein erwirbt oder nicht, war bei keinem der Fall. Mit Erreichen der Volljährigkeit gehörte der Erwerb des Führerscheins nach Ansicht der Teilnehmer/innen ‚einfach dazu'. Fünf Personen besitzen darüber hinaus einen eigenen Pkw. Vier der Pkw-Besitzer leben in eher ländlichen Gebieten und betonen, dass das Auto unerlässlich zur Bewältigung der eigenen Mobilität ist. Diejenigen Personen, die zum Zeitpunkt der Befragung keinen eigenen Pkw besitzen, geben an, dass sie den Großteil ihrer Wege mit dem öffentlichen Verkehr bewältigen und mit diesem Angebot recht zufrieden sind. Darüber hinaus haben alle dieser Personen die Möglichkeit, einen Wagen von Verwandten (hauptsächlich den Eltern) oder Bekannten nach Absprache zu nutzen. Es wird von vielen betont, dass in der aktuellen Lebenssituation der Besitz eines eigenen Autos keinen Sinn macht, da die individuellen Mobilitätsbedürfnisse durch die Nutzung von Alternativen befriedigt werden können. Mit Blick auf die Zukunft wird von den Teilnehmer/innen jedoch davon ausgegangen, dass man sich mittelfristig einen eigenen Wagen anschaffen wird.

Allgemein betrachtet schätzen sich alle Diskussionsteilnehmer/innen in gewisser Weise als umweltbewusst ein. Im Hinblick auf den Mobilitätsbereich fällt es vielen jedoch schwer, sich selbst als umweltbewusst zu bezeichnen. Es wird angemerkt, dass die Nutzung des umweltfreundlichen öffentlichen Verkehrs zur Bewältigung der alltäglichen Mobilität häufig dadurch motiviert wird, dass es in der aktuellen Lebensphase für einen selbst die beste Alternative darstellt. Der persönliche Beitrag zum Umweltschutz wird dabei viel eher als eine positive Nebenwirkung betrachtet. Im Hinblick auf die Nutzung des Autos spielt der Umweltaspekt für die Diskussionsteilnehmer/innen somit eine eher untergeordnete Rolle. Hierbei fallen viel eher Aspekte wie Bequemlichkeit und Flexibilität ins Gewicht. Auch Kostenaspekte sind ausschlaggebend dafür, ob man ein Auto oder den öffentliche Verkehr nutzt. Das nachfolgende Zitat verdeutlicht recht eindrücklich die Haltung vieler Diskussionsteilnehmer/innen:

> *„Aber ich denk (...) das Umweltbewusstsein würde leiden, wenn ich zum Beispiel Bequemlichkeit oder Kosten sparen könnte. Wenn ich mit dem Auto kostengünstiger von A nach B komme, dann nehme ich das Auto anstatt den Zug."*
> *(ID 014)*

Der Einfluss einer konkreten persönlichen Norm, die sich dem umweltbelastenden Effekt des motorisierten Individualverkehrs bewusst ist, erscheint im Falle der Diskussionsteilnehmer/innen somit viel eher durch andere Aspekte wie die eigene Flexibilität oder Kostenersparnisse überlagert zu werden.

Die Aspekte der Autonomie und des Status eines Pkws werden ebenfalls in den Diskussionsrunden thematisiert. Dabei zeigt sich, dass beiden Dimensionen eine gewisse Daseinsberechtigung zugeschrieben wird. Den Statusaspekt eines Pkws sehen die Diskussionsteilnehmer/innen bei sich selbst jedoch eher nicht als stark ausgeprägt. Für sie überwiegt in diesem Fall der Gedanke des Automobils als Mittel zum Zweck. Es wird jedoch angeführt, dass im Falle anderer Personen die Darstellung des individuellen Status über ein Auto durchaus bereits beobachtet wurde. Dabei wird insbesondere Bezug genommen auf bildungsferne Schichten sowie Topverdiener. Diesen wird eine Betonung des Pkws als Statussymbol zugeschrieben.

Das im Fokus stehende Mobilitätskonzept Carsharing ist allen Teilnehmer/innen bekannt. Zwei Teilnehmerinnen sind zudem Mitglied bei der Carsharing-Organisation car2go, nutzen das Angebot jedoch sehr selten. Eine weitere Person war ehemals Mitglied bei car2go. Eigene Erfahrungen mit dem Konzept Carsharing liegen demnach nur begrenzt vor. Teilweise sind jedoch Erfahrungsberichte von Dritten bekannt.

Im Hinblick auf das Thema gemeinschaftlicher Konsum im Allgemeinen sowie Carsharing im Speziellen zeigen sich sowohl positive als auch negative Einstellungstendenzen. Gemeinschaftlicher Konsum bietet sich, nach Ansicht der Diskussionsteilnehmer/innen, insbesondere bei Gütern an, die man selten benötigt. Es wird jedoch auch mehrfach angeführt, dass der gemeinschaftliche Konsum das Individuum in seiner Flexibilität einschränkt:

> „Ich habe ein Bild gekauft und will es jetzt aufhängen und dann will ich nicht morgen deswegen noch eine Bohrmaschine ausleihen müssen, sondern ich möchte das auch mal machen, wenn es mir gerade rein läuft." (ID 01).

Im Hinblick auf die gemeinschaftliche Nutzung von Autos wird das vollflexible Konzept positiver bewertet als das stationsbasierte Carsharing. Ein Diskussionsteilnehmer merkt in diesem Zusammenhang an:

> „Ich finde dem Ersteren[20], dem hängt so ein bisschen der Mief der Sozialromantik an. Nach dem Motto, ich bin gegen die bösen Autos, aber wenn es unbedingt mal sein muss, dann nehme ich halt eins, aber während ich das mache rege ich mich darüber auf, dass ich es tue. Im übertriebenen Sinne, aber so ein bisschen." (ID 04)

Mit Bezug auf das theoretische Konstrukt der subjektiven Norm wurde im Verlauf der Diskussionsrunden ebenso die Frage aufgeworfen, ob die Meinung bedeutsamer Dritter die eigene Intention zur Carsharing-Nutzung beeinflussen könnte. Auch hier zeigen sich konträre Haltungen. Einige Diskussionsteilnehmer/innen betonen, dass die Haltung anderer Personen für die eigene Entscheidung keine Rolle spielt. Andere führen hingegen an, dass insbesondere die Meinung von solchen Personen, die bereits Erfahrungen mit dem Konzept Carsharing gesammelt haben, durchaus von Bedeutung für die eigene Intentionsausbildung sein kann.

Anhand der Diskussionsrunden lässt sich somit eine erste Evidenz für die Konstrukte erkennen, welche anhand theoretischer Überlegungen als bedeutsam zur Erklärung der Intention von Jugendlichen und jungen Erwachsenen, zukünftig Carsharing anstelle

---

[20] Gemeint ist das Konzept des stationsbasierten Carsharings.

eines eigenen Wagens nutzen zu wollen, eingestuft wurden. Darüber hinaus zeigt sich durch die Diskussionsrunden jedoch ebenso empirische Evidenz für zwei weitere Aspekte, die im Hinblick auf das theoretische Erklärungsmodell bisher unberücksichtigt geblieben sind. Diese sollen im Folgenden herausgearbeitet werden.

7.2 Kosteneinsparungen als Einflussfaktor

Im Verlauf aller geführten Gruppendiskussionen zeigt sich recht eindrücklich, dass Mobilitätskosten einen nicht zu vernachlässigenden Aspekt im Hinblick auf die Verkehrsmittelwahl und das Mobilitätsverhalten darstellen. So berichtet beispielsweise eine Autobesitzerin, dass sie bei längeren Fahrten häufig das Konzept der Mitfahrgelegenheit anbietet, um ihre individuellen Kosten dadurch besser abdecken zu können. Einige Diskussionsteilnehmer, die selbst keinen Pkw besitzen, nutzen solche Angebote ebenfalls häufig und gerne, da der zu bezahlende Preis meist günstiger als eine Zugfahrkarte ist.

Im Hinblick auf das Konzept Carsharing und dabei anfallende Kosten zeigt sich ein ambivalentes Bild. Als positiv wird angeführt, dass durch die Nutzung von Carsharing-Angeboten individuelle Zahlungen, wie beispielsweise Versicherungsgebühren, wegfallen. Auch wird von einigen Diskussionsteilnehmern darauf verwiesen, dass z.b. bei car2go günstig gelegene Parkplätze in Parkhäusern oder Parkplätzen durch den Anbieter bereitgestellt werden und man daher anfallende Parkgebühren nicht selbst bezahlen muss. Andere Diskussionsteilnehmer/innen fühlen sich hingegen durch entsprechende Anmeldegebühren vom Konzept abgeschreckt. Eine Diskussionsteilnehmerin, die bereits Mitglied bei der Carsharing-Organisation car2go ist, berichtet von ihrer letzten Fahrt mit dem Anbieter und den daraus, aus ihrer Sicht, resultierenden hohen Kosten:

> „Also ich habe letzte Woche am Montag seit langem mal wieder car2go genutzt, einfach weil, es war abends um acht, da sind die Busse nicht mehr so regelmäßig hier hoch gefahren und ich habe 20 Minuten gebraucht und habe 6 Euro 20 gezahlt und da dachte ich mir, ok, das mache ich dann doch nicht mehr. Das ist klar, es war praktisch, da die Bushaltestelle einen Kilometer weit weg war, wo ich eigentlich hin musste, daher war es dann schon ok, aber so auf die Dauer ist es mir persönlich zu teuer." (ID 013)

In dieser Aussage spiegelt sich ebenso eine weitere Meinung einiger Diskussionsteilnehmer/innen wider. Insbesondere in städtischen Bereichen wird das Angebot des öffentlichen Personennahverkehrs als zufriedenstellend und durch entsprechende Angebote wie Semestertickets oder Monatskarten vergleichsweise günstiger als vollflexible Carsharing-Systeme eingestuft.

Persönliche Erfahrungen mit stationsbasierten Carsharing-Systemen liegen zwar nur bei einem Diskussionsteilnehmer vor, dieser sieht das Konzept jedoch als kostengünstige Alternative zum eigenen Auto an. Ein weiterer Teilnehmer kann sich durchaus vorstellen, dass man aufgrund von geringeren Kosten Einbußen in der Flexibilität hinnimmt:

„ Mit car2go ist man halt flexibler, dass man eben von Punkt A zu Punkt B fährt und nicht zurückbringen muss. Wenn jetzt aber diese stationären Carsharing-Anbieter vielleicht irgendwie preislich darunter liegen, sagt man vielleicht auch, man nimmt den Rückweg von 10 Minuten, eben wo man da hinlaufen muss, in Kauf und bezahlt dafür eben die fünf Euro weniger. " (ID 018)

Ein weiterer Aspekt hinsichtlich der Kosten spiegelt sich durch die zwei folgenden Aussagen wider:

„Ich glaube bis zu einem gewissen Budget geht man da rational vor[21] (...), aber wenn man dann Geld verdient oder Ähnliches, dass es dann irrational ist. " (ID 01)

„ Wenn du jetzt mal richtig Geld hast, da würde ich mir schon ein geiles Auto kaufen. " (ID 08)

Sind die vorhandenen Geldressourcen begrenzt bzw. fest für bestimmt Dinge einkalkuliert, sehen die Diskussionsteilnehmer/innen das Carsharing als eine Alternative zum Besitz eines eigenen Autos an. Besitzt man jedoch ausreichend Geld, um sich ein gewünschtes Auto leisten zu können, kann die Entscheidung auch für ein eigenes Auto ausfallen, obwohl es für die Bewältigung der individuellen Wege nicht zwingend erforderlich wäre.

Mit Bezug auf irrationales Handeln wird von einigen Diskussionsteilnehmern/innen ebenso angeführt, dass in bestimmten Situationen die Bequemlichkeit höher als der Kostenfaktor gewertet werden kann und somit dann der Besitz eines eigenen Autos positiver bewertet wird.

Die obigen Ausführungen zeigen demnach recht deutlich, dass der Aspekt der Kosten einen nicht zu vernachlässigenden Einflussfaktor hinsichtlich des Mobilitätsverhaltens darstellt. Die Möglichkeit der Kosteneinsparung im Hinblick auf die Entscheidung für ein spezifisches Verkehrsmittel erscheint demzufolge durchaus als bedeutsam. Diese Erkenntnis, zum bisher vernachlässigten Aspekt der Kosten, stärkt somit die Haltung der Verfechter der ökonomisch orientierten Erklärungstheorien in diesem Kontext (vgl. bspw. Franzen 1997). Es wird jedoch auch angeführt, dass ab einem bestimmten monetären Budget Mobilitätsentscheidungen irrational getroffen werden können. Da davon auszugehen ist, dass insbesondere Jugendliche und junge Erwachsene zum Großteil über ein eher beschränktes Mobilitätsbudget verfügen können, kann der Aspekt der Kosteneinsparung durch die Nutzung von Carsharing-Fahrzeugen durchaus als bedeutsam im Hinblick auf die interessierende Intention eingestuft werden. Der Aspekt der Kosteneinsparung soll daher ebenso als Erklärungsvariable in das Erklärungsmodell zur Carsharing-Intention integriert werden.

---

[21] Gemeint ist die Auswahl einer Mobilitätsart aus verschiedenen Mobilitätsalternativen.

7.3 Soziodemografie als Einflussfaktor

Auch verschiedene soziodemografische Aspekte kristallisieren sich durch die Gruppendiskussionen als bedeutsam, hinsichtlich der Intention Carsharing-Fahrzeuge, anstelle eines eigenen Wagens nutzen zu wollen, heraus. So zeigt sich durch die Diskussionsbeiträge, wie bereits angedeutet, dass die jeweilige Wohnumgebung von zentraler Bedeutung ist. Eine weibliche Diskussionsteilnehmerin, die aktuell in einer deutschen Großstadt lebt, ist beispielsweise der folgenden Meinung:

„Hier[22] gibt es ja keine Infrastruktur, die dir erlauben könnte, hier kein Auto zu besitzen. Aber in der Stadt merkt man, das Angebot wird extrem wahrgenommen." (ID 03)

Bezogen auf die eigene, zukünftige Lebenssituation kommt ein männlicher Diskussionsteilnehmer, der aktuell Besitzer eines eigenen Pkws ist, zudem zum Schluss:

„Wenn ich jetzt zum Beispiel in der Stadt wohnen würde und wie gesagt eigentlich eine gute Anbindung hätte und Carsharing als Option nur zwei oder drei Mal die Woche brauchen würde, wäre es vielleicht eine Alternative." (ID 018)

Das Leben im urbanen Raum stellt demnach für den Großteil der Diskussionsteilnehmer/innen eine zentrale Voraussetzung dafür dar, dass Carsharing als eine tatsächliche Mobilitätsalternative zum eigenen Pkw eingestuft werden kann.

Auch der Aspekt des Bildungsniveaus und des Geschlechts wird im Zuge der Diskussionsrunden, hinsichtlich der Bedeutsamkeit des Besitzes eines eigenen Autos, angeführt:

„Ich hab halt schon manchmal das Gefühl, dass gerade wenn man in männlichen Kreisen ist, die labern da über Autos, sagen 15.000 Zahlen, Buchstaben. Da hat man schon das Gefühl, dass sie es als Status sehen. Hab ich auch schon so ein bisschen beobachtet. Das soll jetzt auch nicht irgendwie dämlich klingen, aber ich hab schon das Gefühl, dass in den etwas unteren Bildungsschichten das Statussymbol Auto schon stärker vertreten ist." (ID 010)

Einige Diskussionsteilnehmer/innen vermuten somit, dass vor allem in formal niedrigen Bildungsschichten der Besitz eines Pkws, insbesondere auch als Statussymbol, vergleichsweise bedeutsamer ist. Personen aus mittleren Bildungsschichten sehen das Automobil, nach Meinung der Diskussionsteilnehmer/innen, hingegen eher als ‚Mittel zum Zweck'. Der Mobilitätsaspekt des von A nach B Kommens steht für diese demnach im Vordergrund.

Neben einem Bildungseffekt wird zudem der Migrationshintergrund als ein Einflussfaktor genannt. Ein Diskussionsteilnehmer berichtet in diesem Zusammenhang:

---

[22] Gemeint ist die Ortschaft und ländliche Umgebung, in der die entsprechende Diskussionsrunde stattgefunden hat.

„Ich war vor einer Woche bei einer Fortbildung und das war, das ist jetzt blöd, aber das war mit Türken und die haben dann so das ‚typisch Mann, typisch Frau'- Bild machen müssen und die Männer haben einfach immer 3er BMW draufgeschrieben. In jeder Gruppe." (ID 011).

Nach Meinung einiger Diskussionsteilnehmer/innen erscheint insbesondere für junge Männer (mit Migrationshintergrund) der Besitz eines eigenen Autos durchaus als bedeutsames Eigentum, welchem ein hoher Stellenwert eingeräumt wird. Durch die Gruppendiskussionen zeigt sich ebenso, dass das jeweilige Alter bzw. der jeweilige Lebensabschnitt von Personen hinsichtlich der Nutzung von Carsharing Berücksichtigung finden muss. Insbesondere die bereits älteren Teilnehmer/innen der Gruppendiskussionen können sich eher nicht vorstellen, zukünftig vollständig auf einen eigenen Pkw zu verzichten. In diesem Kontext wird häufig darauf hingewiesen, dass, sobald man eigene Kinder hat, der Besitz eines Autos, beispielsweise aus Gründen der Flexibilität, unerlässlich erscheint:

„Es kommt drauf an für wen[23]. Für die Familie, die die Kinder zum Schwimmen, zur Schule und was weiß ich wohin fahren muss nicht. Wo so ganz flexibel sein müssen." (ID 05)

Einige Diskussionsteilnehmer/innen führen jedoch auch an, dass der Zweitwagen einer Familie oder innerhalb einer Partnerschaft hingegen sehr gut durch das Konzept des Carsharings kompensiert werden könnte.

Die Analyse der Redebeiträge aus den Gruppendiskussionen zeigt, dass die soziodemografischen Faktoren Wohnumgebung, Bildungsniveau, Alter, Geschlecht und Migrationshintergrund durchaus als bedeutsame Einflussfaktoren hinsichtlich der Carsharing-Intention betrachtet werden können. Diese Erkenntnis deckt sich mit den Ergebnissen der allgemeinen Mobilitätsliteratur. Hier wird insbesondere der Wohnumgebung, dem Bildungsniveau, dem Alter und dem Geschlecht eine einflussreiche Rolle hinsichtlich des Mobilitätsverhaltens von Jugendlichen und jungen Erwachsenen zugeschrieben (vgl. Abschnitt 5.4). Insbesondere soziodemografische Gesichtspunkte wurden in der empirischen Forschung bisher jedoch eher selten gemeinsam mit den zuvor dargestellten theoretisch abgeleiteten Einflussfaktoren kombiniert und überprüft (vgl. Hunecke et al. 2007, S. 278). Im Falle des vorliegenden Erklärungsmodells sollen diese hingegen explizit Berücksichtigung finden. Sie werden daher als Kontrollvariablen in das Modell integriert.

---

[23] Gemeint ist, für wen Carsharing lohnenswert erscheint.

8. Carsharing als zukünftige Mobilitätsalternative?

8.1 Ein Erklärungsmodell

Die nachfolgende Abbildung 7 gibt noch einmal einen Überblick über das für diesen Kontext relevante Gesamterklärungsmodell. Die Intention von Jugendlichen und jungen Erwachsenen, zukünftig Carsharing-Fahrzeuge, anstelle eines eigenen Pkws nutzen zu wollen, soll demnach einerseits über die theoriegeleiteten klassischen Konstrukte der ToPB und der persönlichen Norm nach Schwartz (1977) sowie der Aspekte Autonomie und Status, als weitere mobilitätsbezogene Einstellungen (vgl. Hunecke 2000a), erklärt werden. Andererseits gilt es den Aspekt der Kosteneinsparung und verschiedene soziodemografische Kontrollvariablen im Zuge des Erklärungsmodells zu berücksichtigen.

Abbildung 7: Theoretisches Erklärungsmodell zur CS-Intention – gesamt

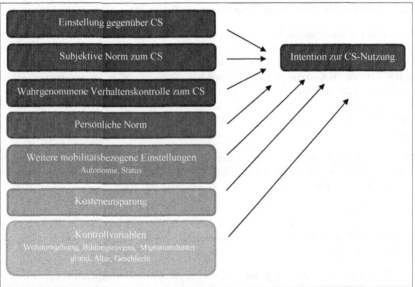

Quelle: Eigene Darstellung

Im Hinblick auf das gewohnheitsmäßige Handeln von Personen, dem sogenannten *Habit*[24], finden sich theoretische Überlegungen, die dessen Einbezug in die Erklärung von (Verkehrs-) Verhalten ebenso für bedeutsam erachten (vgl. bspw. Verplanken et al. 1997, Anable 2005). In der vorliegenden Arbeit wird dieser Einflussfaktor jedoch

---

[24] Definition des Konstrukts Habit nach Verplanken et al. (1997): „learned sequences of acts that b come automatic responses to specific situations, which may be functional in obtaining certain goals or end states" (Verplanken et al. 1997, S. 540).

nicht berücksichtigt. Der Grund hierfür ist, dass vor allem etablierte Handlungen als habituell beeinflusst angesehen werden. Neue bzw. eher unbekanntere Handlungen gelten hingegen viel eher durch Verhaltensintentionen geprägt. Dies zeigt sich beispielsweise durch die Arbeit von Verplanken et al. (1998) S. 113), welche in diesem Zusammenhang das Konstrukt *Habit* und die drei klassischen ToPB-Konstrukte als Erklärungsmechanismen für die Autonutzung direkt gegenüber stellen. Dabei kommen sie zu dem Ergebnis, dass die ToPB-Konstrukte insbesondere bei schwacher *Habit*-Ausprägung von größerer Erklärungskraft sind (vgl. Verplanken et al. 1998, S. 113). Gerade bei Jugendlichen und jungen Erwachsenen kann die eigenständige Nutzung des Pkws sowie insbesondere die Nutzung von Carsharing-Fahrzeugen als eine habituell eher geringfügig ausgeprägte Handlung eingestuft werden. Gewohnheitsmäßige Muster im Hinblick auf die Nutzung des motorisierten Individualverkehrs müssen in diesem Alter erst noch entwickelt werden. Das Konstrukt *Habit* bleibt in der vorliegenden Arbeit daher außen vor.

8.2 Ableitung der Forschungshypothesen

Das vorangehend entwickelte und präsentierte Erklärungsmodell (vgl. Abbildung 7) hat bereits an einigen Stellen deutlich gemacht, welche Beziehungen zwischen den einzelnen Konstrukten und der Intention von Jugendlichen und jungen Erwachsenen, sich zukünftig am Konzept des Carsharings beteiligen zu wollen, zu erwarten sind. Für die Überprüfung der spezifischen Forschungshypothesen sind dabei jeweils die direkten Verbindungen zwischen Erklärungskonstrukt und Intention von Interesse. Diese sollen anhand von empirisch erhobenen Daten durch eine lineare Regression getestet werden.

Die konkret empirisch zu überprüfenden Hypothesen im Hinblick auf die Intention von Jugendlichen und jungen Erwachsenen, zukünftig Carsharing-Fahrzeuge anstelle eines eigenen Wagens nutzen zu wollen, lauten dabei wie folgt:

*H1: Je positiver die **Einstellung** gegenüber der Nutzung von Carsharing-Fahrzeugen anstelle eines eigenen Wagens ist, desto stärker fällt die Intention von Jugendlichen und jungen Erwachsenen aus, zukünftig Carsharing-Fahrzeuge anstelle eines eigenen Autos nutzen zu wollen.*

*H2: Je stärker die **Nutzung von Carsharing anstelle eines eigenen Wagens durch bedeutsame Dritte befürwortet** wird, desto stärker fällt die Intention von Jugendlichen und jungen Erwachsenen aus, zukünftig Carsharing-Fahrzeuge anstelle eines eigenen Autos nutzen zu wollen.*

*H3: Je größer die **wahrgenommene Verhaltenskontrolle für die eigene Nutzung von Carsharing** wahrgenommen wird, desto stärker fällt die Intention von Jugendlichen und jungen Erwachsenen aus, zukünftig Carsharing-Fahrzeuge anstelle eines eigenen Autos nutzen zu wollen.*

*H4: Je stärker das **Bewusstsein für die umweltbelastende Wirkung des motorisierten Individualverkehrs** ausgeprägt ist, desto stärker fällt die Intention von Ju-*

gendlichen und jungen Erwachsenen aus, zukünftig Carsharing-Fahrzeuge anstelle eines eigenen Autos nutzen zu wollen.

*H5: Je stärker ein privater Pkw mit der Möglichkeit zur **Autonomie** verknüpft wird, desto geringer fällt die Intention von Jugendlichen und jungen Erwachsenen aus, zukünftig Carsharing-Fahrzeuge anstelle eines eigenen Autos nutzen zu wollen.*

*H6: Je stärker ein privater Pkw als Repräsentant des eigenen **sozialen Status** verstanden wird, desto geringer fällt die Intention von Jugendlichen und jungen Erwachsenen aus, zukünftig Carsharing-Fahrzeuge anstelle eines eigenen Autos nutzen zu wollen.*

*H7: Je stärker die Nutzung von Carsharing-Fahrzeugen anstelle eines eigenen Wagens als eine Option zum **Einsparen von Kosten** wahrgenommen wird, desto stärker fällt die Intention von Jugendlichen und jungen Erwachsenen aus, zukünftig Carsharing-Fahrzeuge anstelle eines eigenen Autos nutzen zu wollen.*

Den Einstellungen gegenüber der Carsharing-Nutzung anstelle eines eigenen Wagens, dem Einfluss der subjektiven Norm durch bedeutsame Dritte, der wahrgenommenen Verhaltenskontrolle sowie dem Aspekt der Kosteneinsparung werden laut der Forschungshypothesen somit positive Effekte hinsichtlich der individuellen Intention zur Carsharing-Nutzung zugesprochen. Der Aspekt der Autonomie sowie der Statusgedanke eines Pkws werden hingegen als negative Einflussfaktoren auf die Intention eingestuft.

Die dargestellten Hypothesen sollen im weiteren Verlauf der Arbeit durch die Auswertung eigener empirisch erhobener Daten zum interessierenden Themenkomplex überprüft werden. Um eine empirische Datenerhebung durchführen zu können, ist jedoch zunächst eine entsprechende Operationalisierung der einzelnen Erklärungskonstrukte bzw. der jeweiligen Bestandteile der Hypothesen von Nöten. Sie ermöglicht die quantitative Messbarkeit der einzelnen interessierenden Konstrukte. Diese Operationalisierung wird im folgenden Kapitel 9 dargestellt und näher erläutert.

9. Operationalisierung der theoretischen Konstrukte

Das nachfolgende Kapitel 9 beschäftigt sich mit der Operationalisierung der im Theorieteil für bedeutsam erklärten Einflussfaktoren hinsichtlich der Carsharing-Intention sowie dieser selbst. Entsprechend der zuvor präsentierten Forschungshypothesen wird dabei zunächst auf die Operationalisierung der zentralen Komponenten der ToPB eingegangen. Es folgen dann die Darstellungen zur persönlichen Norm sowie den weiteren mobilitätsbezogenen Einstellungen zur Autonomie und dem Status eines Automobils. Auch die Operationalisierung des Aspekts der Kosteneinsparung sowie weiterer Kontrollvariablen wird in diesem Kapitel präsentiert. Abschließend wird darüber hinaus ebenso die Operationalisierung einiger weiterer mobilitätsspezifischer Variablen erläutert, die einer deskriptiven Betrachtung der Stichprobe dienen sollen. Zunächst folgt allerdings ein kurzer Exkurs zum Thema ‚Ratingskalen'.

9.1 Exkurs: Der Einsatz von Ratingskalen

Die Beantwortung der nachfolgend präsentierten Items zu den jeweiligen Erklärungskonstrukten soll jeweils über spezifische bipolare Ratingskalen erfolgen. Diese Ratingskalen besitzen dabei sieben Ausprägungen von -3 bis +3, wobei entsprechende Ankerpunkte als Orientierungshilfe zur Beantwortung dienen (z.B. Stimme überhaupt nicht zu/Stimme sehr zu, Sehr unwahrscheinlich/Sehr wahrscheinlich). Es wurden bipolare Skalen ausgewählt, um den Fragebogenteilnehmer/innen die jeweils zustimmende oder ablehnende bzw. für wahrscheinlich oder unwahrscheinlich erklärte Haltung durch positive und negative Wertbereiche deutlich vor Augen zu führen. Der Wert Null stellt zudem eine gute Möglichkeit dar, die individuelle Neutralität zu einem Item auszudrücken.

Diese Ratingskalen werden in der vorliegenden Arbeit als intervallskaliert betrachtet, was, trotz kritischer Stimmen diesbezüglich, in der empirischen Forschungspraxis durchaus üblich ist (vgl. Bortz/Döring 2006, S. 177/181 f.). Diese Annahme ist wichtig, um die zur Überprüfung der Forschungshypothesen geplante lineare Regression durchführen zu können. Die lineare Regression setzt nämlich ein metrisches Skalenniveau der zu erklärenden Variablen, hier der Intention, voraus. Dieser Aspekt ist durch eine zugrundeliegende Intervallskalierung erfüllt. Die Forschungspraxis konnte in diesem Zusammenhang zudem zeigen, dass metrische bzw. als metrisch definierte Variablen mit bereits fünf Ausprägungen für die Berechnung von linearen Regressionen herangezogen werden können (vgl. Urban/Mayerl 2011, S. 14). Da im vorliegenden Fall zur Bewertung der entsprechenden Items sieben Ausprägungen vorgegeben werden, ist eine Analyse mittels linearer Regression umsetzbar.

9.2 Konstrukte der Theorie des geplanten Verhaltens

Im vorangehenden Theorieteil wurde dargestellt, dass auf Basis der ToPB davon ausgegangen wird, dass Verhaltensintentionen von Individuen durch die drei Konstrukte Einstellungen, subjektive Norm und wahrgenommene Verhaltenskontrolle beeinflusst werden. Diese werden wiederum durch sogenannten *salient beliefs* bedingt. Im Hinblick auf die Operationalisierung dieser Erklärungskonstrukte stellt sich für die vorliegende Arbeit daher zunächst die grundlegende Frage, ob eine rein direkte Messung von Einstellungen, subjektiver Norm und wahrgenommener Verhaltenskontrolle durchgeführt werden soll oder ob darüber hinaus auch eine indirekte Messung über die *salient beliefs* in die Erhebung integriert wird. Nach ausgiebiger Literaturrecherche fällt die Entscheidung diesbezüglich zugunsten einer rein direkten Messung der interessierenden Konstrukte aus. Die zwei zentralen Gründe, die für diese Entscheidung sprechen, werden im Folgenden näher erläutert.

Zum einen haben verschiedene Forschungsarbeiten festgestellt, dass im Falle einer sowohl direkten wie auch indirekten Messung der interessierenden Konstrukte Einstellungen, subjektive Norm und wahrgenommene Verhaltenskontrolle häufig eine lediglich mittelmäßige Korrelation zwischen diesen zu beobachten ist (vgl. bspw. Tegtmeier 2006, S. 12; French/Hankins 2003, S. 41; Armitage/Conner 2001, S. 481). Ajzen selbst weist auf diesen Punkt explizit in seinen Arbeiten hin. Er kommt in diesem Zusammenhang zu folgendem Fazit: „inquiries into the role of beliefs as the foundation of attitude toward a behavior, subjective norm, and perceived behavioral control have been only partly successful. Most troubling are the generally moderate correlations between belief-based indices and other, more global measures of each variable, (…)." (Ajzen 1991, S. 197). Die Operationalisierung und Messung über den indirekten Pfad der *salient beliefs* spiegelt demnach nicht zwingend die tatsächlich relevanten Aspekte der Konstrukte Einstellungen, subjektive Norm und wahrgenommene Verhaltenskontrolle wider. Als eine mögliche Ursache dafür, führt Ajzen den Aspekt an, dass für die Bewertung der Items auf Basis der *salient beliefs* möglicherweise tiefergreifende Überlegungen von den Befragten verlangt werden, als es bei einer direkten Abfrage der zentralen Konstrukte der Fall ist (vgl. Ajzen 1991, S. 197). Um für die interessierende Gruppe der Jugendlichen und jungen Erwachsenen die Beantwortung des zu entwickelnden Fragebogens möglichst intuitiv und nachvollziehbar zu gestalten sowie ein hohes Maß an Validität der ToPB-Konstrukte erreichen zu können, bietet sich eine rein direkte Messung der Erklärungskonstrukte für die vorliegende Arbeit somit an.

Zum anderen spricht ein weiterer Punkt für die Entscheidung einer direkten Messung. Schlagwort ist diesbezüglich das sogenannte *expectancy-value muddle* (vgl. French/Hankins 2003). Konkret wird in diesem Zusammenhang die statistische Aussagekraft und Interpretierbarkeit des Messwertes, welcher auf Basis der vorgeschlagenen Methodik der ToPB zur Messung der zentralen Prädiktoren über die *salient beliefs* erzeugt wird, in Frage gestellt (vgl. French/Hankins 2003, S. 38). Wie bereits im Theorieteil angeführt, setzen sich die *salient beliefs* aus jeweils zwei Komponenten zusammen. Im Falle der Einstellungen sind dies beispielsweise die Zutreffenswahrscheinlichkeit verhaltensbezogener Konsequenzen (*behavioral belief strenght*, b) sowie die Bewertung der verhaltensbezogenen Konsequenzen (*outcome evaluation*, e). Diese Hypothese steht soweit in Einklang mit der allgemeinen Literatur zum Thema *expectancy-value-Modelle* (vgl. French/Hankins 2003, S. 38). Zur Berechnung des tatsächlichen Gesamtwertes von Einstellungen, subjektiver Norm sowie wahrgenommener Verhaltenskontrolle schlagen die Begründer der ToPB in diesem Zusammenhang eine multiplikative Methodik vor. Das bedeutet, dass die jeweiligen Antwortwerte, im Falle der Einstellungen beispielsweise b_i und e_i, zunächst multipliziert und anschließend aufsummiert werden. Formal lässt sich dies im Falle der Einstellungen folgendermaßen verdeutlichen: $A_B \propto \sum biei$ [25] (vgl. Ajzen 1991, S. 191). Die bereits angesprochene Problematik in diesem Kontext resultiert nun primär aus der jeweiligen gewählten Skalierung zur Beantwortung der notwendigen Items, welche die *salient beliefs* widerspiegeln. In der bestehenden Forschungslandschaft werden diesbezüglich häufig bipolare 7- bzw. 5-Punkt-Skalen (bspw. von -3 bis +3) verwendet (vgl. Heath/Gifford 2002, Bamberger 1996). Der Einsatz dieses Skalentyps hat sich laut Ajzen in der empirischen Forschung bewährt und es konnte festgestellt werden, dass durch die bipolare Skalierung höhere Korrelationen zwischen direkten und indirekten Messungen der zentralen Erklärungskonstrukte erreicht werden können (vgl. Ajzen, S. 194 ff.) Entsprechend des *expectancy-value muddle* wird dieses statistische Vorgehen jedoch als problematisch angesehen. Gibt bei Verwendung einer bipolaren Skala von -3 bis +3 ein Befragter beispielsweise an, dass eine verhaltensbezogene Konsequenz sehr wahrscheinlich ist (+3) und er evaluiert diese zudem positiv (+3), erhält er einen Gesamteinstellungswert von +9 (+3*+3=+9). Ein anderer Befragter, der die gleiche verhaltensbezogene Konsequenz hingegen als sehr unwahrscheinlich (-3) einschätzt und zudem diese negativ evaluiert (-3) erreicht rein statistisch jedoch denselben positiven Einstellungswert von +9 (-3*-3=+9) wie die Person zuvor. Völlig konträre Haltungen führen im Falle einer bipolaren Skalierung durch die vorgeschlagene Messmethodik von Fishbein und Ajzen somit zu numerisch identischen Werten (vgl. Newton et al. 2012, S. 589; French/Hankins 2003, S. 39). Auch unipolare Skalen-Modelle (bspw. von +1 bis +7) können in diesem Kontext natürlich eingesetzt werden. Sie laufen der zuvor beschriebenen Problematik nicht Gefahr. Wie bereits erwähnt, zeigt die empirische Forschung jedoch, dass bei unipolarer Skalierung die Korrelation zwischen indirekt und direkt gemessenem Konstrukt deutlich geringer ausfällt (vgl. Ajzen 1991, S. 194 ff.).

Es kann an dieser Stelle somit festgehalten werden, dass aufgrund des vorgeschlagenen Messmodells durch die Autoren der ToPB für die *salient beliefs* je nach Skalierung der zentralen Items unterschiedliche Rangordnungen bezüglich der Gesamtwerte resultieren. Zudem ist die Korrelationsstärke deutlich abhängig von der jeweils gewählten Skalierung (vgl. French/Hankins 2003, S. 39; Orth 1987, S. 157). Verschiedenste Autoren haben alternative formale und statistische Methoden zur Behebung dieser Problematik der indirekten Messung der zentralen ToPB-Konstrukte vorgeschlagen. Diese besitzen jedoch ebenfalls bestimmte Schwächen. Es konnte sich zudem bisher keine Alternative durchsetzen[26] (vgl. Newton et al. 2012, French/Hankins 2003).

Um den beschriebenen Problematiken in der vorliegenden Arbeit entgegen zu wirken, wird daher eine rein direkte Messung der drei Erklärungskonstrukte Einstellungen, subjektive Norm und wahrgenommene Verhaltenskontrolle bevorzugt[27]. Diese Ent-

---

[25] Diese Form gilt in entsprechender Weise auch für die subjektive Norm und die wahrgenommen Verhaltenskontrolle (vgl. Ajzen 1991, S. 191 ff.).

[26] Für eine Übersicht möglicher Alternativen siehe French/Hankins 2003.

[27] Die Entscheidung für die direkte Messung der Konstrukte in der vorliegenden Arbeit wird zudem durch Aussagen von Icek Ajzen auf seiner Homepage zur ToPB bestärkt. Unter der Rubrik FAQs antwortet er beispielsweise auf die Frage: *„Do I have to assess behavioral, normative, and control*

scheidung weist darüber hinaus den pragmatischen Vorteil auf, dass der letztlich resultierende Gesamtfragebogen deutlich kürzer ausfällt. Es wird somit auch einer ‚Ermüdung' der Befragten hinsichtlich des Ausfüllens des Fragebogens und einer daraus resultierenden erhöhten Abbruchquote vorgebeugt.
Die konkrete Operationalisierung dieser drei Konstrukte sowie die Operationalisierung der Intention werden in den nachfolgenden Abschnitten näher ausgeführt. Dabei werden insbesondere die einzelnen Items zur Messung der verschiedenen Konstrukte präsentiert. Zudem werden jedoch auch bedeutsame Schritte des Operationalisierungsprozesses an sich dargestellt.

9.2.1 Einstellungen

Das erste Erklärungskonstrukt Einstellungen spiegelt die positive bzw. negative Haltung eines Individuums hinsichtlich des jeweils im Fokus stehenden Verhaltens bzw. der Intention wider (vgl. Ajzen 1991, S. 188). Um diese erheben zu können, werden im Falle der direkten Messung des Einstellungskonstrukts den Befragten rivalisierende Adjektivpaare, die die jeweilige Intention beschreiben, zur Einschätzung vorgelegt. Um letztlich einen Gesamteinstellungswert zu erhalten, müssen die Antwortwerte der einzelnen Adjektivpaare aufsummiert werden. Höhere Werte symbolisieren dabei positivere Einstellungen gegenüber dem interessierenden Verhalten bzw. der Intention, niedrigere Werte hingegen eine negativere Haltung.
Prinzipiell ist es wichtig, dass solche Adjektivpaare ausgewählt werden, die eine tatsächliche Relevanz für den interessierenden Kontext haben. Da keine entsprechenden Forschungsarbeiten, die sich in vergleichbarer Weise mit dem Thema Carsharing beschäftigen und sich theoretisch auf die ToPB beziehen, vorliegen, kann in diesem Zusammenhang auf kein bereits bestehendes Adjektiv-Set zurückgegriffen werden. Es gilt daher zunächst, die für diesen Kontext relevanten Adjektivpaare auf explorativem Wege herauszufiltern. Im Falle der vorliegenden Arbeit fand dies im Rahmen einer ersten Vorstudie statt. Hierbei wurde eine direkte Befragung von jungen Erwachsenen (n=12, Alter zwischen 20 und 30 Jahren) durchgeführt. Den jeweiligen Personen wurde dabei die offen formulierte Aussage: „Die Nutzung von Carsharing-Fahrzeugen anstelle eines eigenen Autos ist (…)!" präsentiert. Die Befragten nannten daraufhin diejenigen Adjektive, die sie spontan mit dieser Aussage assoziierten. Durch die Gruppierung der entsprechenden Antworten konnten acht als bedeutsam anzusehende Adjektivpaare identifiziert werden. Das entsprechende Adjektiv-Set lautet dabei wie folgt:

---

beliefs in addition to obtaining direct measures of attitudes, subject norm, and perceived behavioral control?". "(…)If you just want to predict intentions and behavior, the direct measures of attitude, subjective norm, and perceived behavioral control are sufficient.". (Ajzen, Icek (2014): Icek Ajzen. Frequently Asked Questions, http://people.umass.edu/~aizen/faq.html, Abruf: 26.3.2014). Da die Vorhersage der Intention von Jugendlichen und jungen Erwachsenen hinsichtlich der zukünftigen Nutzung von Carsharing-Fahrzeugen sowie die Erkenntnis zu zentralen Einflussfaktoren hierauf, in der vorliegenden Arbeit von zentralem Interesse sind, erscheint die gewählte Vorgehensweise somit sinnvoll.

unpraktischer/ praktischer, umweltbelastender/ umweltschonender, teurer/ günstiger, uncooler/ cooler, komplizierter/ unkomplizierter, nicht zukunftsfähig/ zukunftsfähig, unangenehmer/ angenehmer, schlechter/ besser.

Wichtig ist in diesem Zusammenhang anzumerken, dass bei der Bildung des Adjektiv-Sets beachtet wird, dass das resultierende Set sowohl Adjektive mit instrumentellem Charakter (z.b. teuer/günstig) als auch solche mit erfahrungsmäßigem Charakter (z.b. unangenehm/angenehm) beinhaltet. Die Bedeutsamkeit der Integration dieser beiden Adjektivarten zur Messung des Konstrukts Einstellungen hat sich durch empirische Forschungsarbeiten gezeigt (vgl. Ajzen 2002, S. 5). Dieser Anspruch ist durch das in diesem Kontext gebildete Adjektiv-Set erfüllt.

Neben dieser explorativen Vorstudie zur Auswahl möglicher bedeutsamer Adjektivpaare ist es zudem wichtig, dass das ausgewählte Adjektiv-Set auf interne Konsistenz geprüft wird. Nur so kann sichergestellt werden, dass letztlich nur Adjektivpaare mit tatsächlicher Relevanz in die Haupterhebung eingehen. Die Prüfung der internen Konsistenz kann beispielsweise über eine Reliabilitätsanalyse (z.b. Cronbach's alpha) geschehen. Bei dieser Analyse kann die Prüfgröße Cronbach's alpha Werte zwischen 0 und 1 annehmen. Ein Wert von 0 bedeutet, dass das jeweilige Item-Set keinerlei interne Konsistenz aufweist, ein Wert von 1 steht hingegen für vollständige interne Konsistenz des Item-Sets (vgl. Bortz/ Döring 2006, S. 725). Bezüglich des Aspekts, ab wann eine ausreichende Reliabilität im Hinblick auf die jeweiligen Items vorliegt, werden in der Literatur unterschiedliche Grenzwerte angegeben (vgl. bspw. Bortz/ Döring 2006, Cortina 1993, Bagozzi/Yi 1988). Zudem hängt der resultierende Wert für Cronbach's alpha immer auch von der Anzahl der jeweiligen Items, die zu einer Skala zusammengefasst werden sollen, ab. D.h. je mehr Items in die Reliabilitätsanalyse integriert werden, desto höher fällt auch Cronbach's alpha aus (vgl. Cortina 1993, S. 102). Ein Wert für Cronbach's alpha > 0,7 kann jedoch für empirische Arbeiten als befriedigend angesehen werden (vgl. bspw. Cortina 1993, Bagozzi/Yi 1988). Wichtig ist im Hinblick auf das Testen der internen Konsistenz zudem, dass die gewählte Stichprobe für den Konsistenz-Test in ihrer Charakteristik möglichst der angestrebten Stichprobe der Haupterhebung entspricht (vgl. Fishbein/Ajzen 2010, S. 452 f.; Ajzen 2002, S. 5).

Im Falle der vorliegenden Arbeit wurde daher eine Stichprobe von jungen Erwachsenen zwischen 20 und 30 Jahren (n=32) für eine weitere Vorstudie ausgewählt. Diese wurden gebeten, einen Online-Fragebogen auszufüllen. In diesem Zusammenhang mussten sie die Aussage „Die Nutzung von Carsharing-Fahrzeugen anstelle eines eigenen Autos ist: (...)" anhand der bereits angeführten Adjektivpaare unpraktischer/ praktischer, umweltbelastender/ umweltschonender, teurer/ günstiger, uncooler/ cooler, komplizierter/ unkomplizierter, nicht zukunftsfähig/ zukunftsfähig, unangenehmer/ angenehmer, schlechter/ besser über eine bipolare Skala von -3 bis +3 bewerten. Auf Basis der erhobenen Daten zu diesen acht Items erreichte die Reliabilitätsanalyse einen Wert von 0,748 für Cronbach's alpha. Durch den Ausschluss des Adjektivpaares komplizierter/ unkomplizierter aus dem Endset konnte dieser Wert auf 0,770 gesteigert werden, was im Hinblick auf die interne Konsistenz des Konstrukts als ausreichend für die Haupterhebung eingeschätzt werden kann. Es werden demnach sieben aus den ursprünglich acht Item-Paaren in den Fragebogen übernommen. Die nachfolgende Tabelle 1 präsentiert noch einmal die letztlich ausgewählten Items zur Operationalisierung des ToPB-Konstrukts Einstellungen.

Tabelle 1: Operationalisierung Einstellungen

Einstellungen (EIN)	
EIN1-7	Die Nutzung von Carsharing-Fahrzeugen anstelle eines eigenen Autos ist (…):
	⇨ Ankerpunkte:
	unpraktischer/praktischer, umweltbelastender/umweltschonender, teurer/günstiger, uncooler/cooler, nicht zukunftsfähig/zukunftsfähig, unangenehmer/angenehmer, schlechter/besser, Skala von -3 bis +3]

9.2.2 Subjektive Norm

Die subjektive Norm verdeutlicht den Einfluss bedeutsamer Dritter auf die interessierende Intention (vgl. Ajzen 1991, S. 188). Bei einer direkten Messung des Konstrukts kommt in der Empirie in der Regel ein Item im nachfolgenden Stil zum Einsatz (vgl. Ajzen 1991, S. 195): „Die meisten Menschen, die mir wichtig sind, denken ich sollte (…).". Im vorliegende Fall wird als entsprechendes Item daher die folgende Aussage formuliert: „Die meisten Menschen, die mir wichtig sind, denken ich sollte zukünftig Carsharing-Fahrzeuge anstelle eines eigenen Autos nutzen.". Diese Aussage soll durch die Fragebogenteilnehmer ebenfalls über eine bipolare Skala von -3 bis +3 mit den Ankerpunkten *Stimme überhaupt nicht zu* bzw. *Stimme sehr zu* beantwortet werden.

Wichtig ist in diesem Zusammenhang zudem, dass das Konstrukt durch mehr als ein Item operationalisiert wird. Dabei sollte insbesondere auch ein Item integriert werden, welches einen deskriptiven Charakter besitzt. Also deutlich macht, ob die interessierende Intention auch für die bedeutsamen Dritten selbst von gewisser Relevanz ist. Der Grund hierfür ist, dass davon ausgegangen werden kann, dass eine prinzipielle Tendenz dazu besteht, dass bedeutsame Dritte wünschenswertes Verhalten im Allgemeinen eher anerkennen, nicht wünschenswertes Verhalten hingegen eher nicht durch sie gebilligt wird (vgl. Fishbein/Ajzen 2010, S. 450; Ajzen 2002, S. 6). Um diesem Aspekt Folge leisten zu können wird somit ein weiteres Item zur Operationalisierung der subjektiven Norm integriert. Dieses lautet: „Die meisten Menschen, die mir wichtig sind, wollen selbst zukünftig Carsharing-Fahrzeuge anstelle eines eigenen Autos nutzen.". Diese Aussage soll ferner über eine bipolare Skala von -3 bis +3 mit den Ankerpunkten *Stimme überhaupt nicht zu* bzw. *Stimme sehr zu* beantwortet werden (vgl. Tabelle 2). Zur Berechnung des Gesamtwertes der subjektiven Norm wird auch in diesem Fall die Summe aus den beiden Antwortwerten der formulierten Items gebildet. Ein hoher Gesamtwert symbolisiert in diesem Fall ein stärkeres Vorhandensein einer subjektiven Norm zur Nutzung von Carsharing-Fahrzeugen anstelle eines eigenen Wagens.

Die vorgestellten Items wurden, durch die bereits angesprochene Vorstudie, ebenfalls einer Prüfung auf interne Konsistenz unterzogen. Durch die dabei resultierenden Daten zeigt sich, dass die formulierten Items für Cronbach's alpha den Wert 0,708 annehmen und somit für den Hauptfragebogen in entsprechender Weise übernommen werden können.

Tabelle 2: Operationalisierung subjektive Norm

Subjektive Norm (SN)	
SN1	Die meisten Menschen, die mir wichtig sind, denken ich sollte zukünftig Carsharing-Fahrzeuge anstelle eines eigenen Autos nutzen.
SN2	Die meisten Menschen, die mir wichtig sind, wollen selbst zukünftig Carsharing-Fahrzeuge anstelle eines eigenen Autos nutzen.
⇨ Ankerpunkte: Stimme überhaupt nicht zu/ Stimme sehr zu, Skala von -3 bis +3	

9.2.3 Wahrgenommene Verhaltenskontrolle

Das Konstrukt der wahrgenommenen Verhaltenskontrolle bezieht sich auf die subjektive Einschätzung des Individuums, wie wahrscheinlich bzw. wie einfach die Umsetzung eines spezifisches Verhalten in der Realität tatsächlich erfolgen kann. Wird die individuell wahrgenommene Verhaltenskontrolle vergleichsweise höher eingeschätzt, resultiert daraus ebenso eine positivere Intentionsausprägung (vgl. Ajzen 1991, S. 188).

Auch in diesem Kontext bestehen typische Item-Formulierungen, die zur direkten Operationalisierung dieses Konstrukts in der empirischen Forschung herangezogen werden (vgl. Ajzen 2002, S. 7). Im Fall der vorliegenden Arbeit lautet das erste Item daher wie folgt: „Zukünftig Carsharing-Fahrzeuge anstelle eines eigenen Autos zu nutzen wäre für mich: [schwierig/ leicht]." Eine bipolare Antwortskala von -3 bis +3 soll den Fragebogenteilnehmern auch hier die Bewertung dieser Aussage ermöglichen. Des Weiteren ist das folgende Item zur Operationalisierung der wahrgenommenen Verhaltenskontrolle angedacht: „Die zukünftige Nutzung von Carsharing-Fahrzeugen anstelle eines eigenen Autos hängt alleine von mir ab.". Als Ankerpunkte der bipolaren Antwortskala von -3 bis +3 dienen in diesem Falle *stimme überhaupt nicht zu* bzw. *stimme sehr zu*.

Auf Basis der Daten aus der Vorstudie zeigt jedoch die Reliabilitätsanalyse, dass die entwickelten Items lediglich einen Wert von 0,380 für Cronbach's alpha erreichen. Die interne Konsistenz dieses Konstrukts fällt demnach sehr gering aus. Es ist somit nicht ratsam beide Items für die direkte Messung der wahrgenommenen Verhaltenskontrolle in den Fragebogen zu integrieren. Für die Hauptstudie wird daher lediglich an dem in Tabelle 3 präsentierten Item festgehalten. Dieses erscheint besser geeignet, um den interessierenden Aspekt der subjektiven Einschätzung, wie leicht ein Verhalten in der Realität umgesetzt werden kann, zu erfassen. Wie bereits bekannt, soll dabei eine Antwortskala von -3 bis +3 zum Einsatz kommen. Niedrige resultierende Werte symbolisieren dabei eine schwach ausgeprägte wahrgenommene Verhaltenskontrolle. Hohe Werte stellen eine stark ausgeprägte wahrgenommene Verhaltenskontrolle dar.

Tabelle 3: Operationalisierung wahrgenommene Verhaltenskontrolle (direkt)

Wahrgenommene Verhaltenskontrolle (WVK) - direkt
WVK1: Zukünftig Carsharing-Fahrzeuge anstelle eines eigenen Autos zu nutzen wäre für mich:
⇨ Ankerpunkte: schwierig/ leicht, Skala von -3 bis +3

Im Falle der wahrgenommenen Verhaltenskontrolle soll, anders als zuvor, neben der globalen, direkten Messung auch eine indirekte Messung dieses Konstrukts in den Fragebogen integriert werden. Diese Konstrukte sollen zwar nicht in das entwickelte theoretische Gesamtmodell integriert werden, erscheinen jedoch sinnvoll, um auf deskriptive Weise ein genaueres Verständnis dafür zu bekommen, welche Aspekte von Jugendlichen und jungen Erwachsenen als wichtige Voraussetzungen bzw. als Hemmnisse wahrgenommen werden, um Carsharing-Fahrzeuge anstelle eines eigenen Autos zu nutzen. Konkret sind daher die Erhebung der beiden Komponenten der Kontrollüberzeugung, nämlich die Zutreffenswahrscheinlichkeit von Kontrollüberzeugungen sowie die wahrgenommene Verhaltenserleichterung durch Kontrollüberzeugungen, nötig. Ersteres spiegelt wider, wie wahrscheinlich bestimmte Aspekt eingeschätzt werden, die einen hemmenden bzw. fördernden Charakter hinsichtlich der interessierenden Intention einnehmen. Die zweite Komponente bezieht sich hingegen auf den individuellen Eindruck des tatsächlichen Vorhandenseins von bestimmten Ressourcen, die die Durchführung eines Verhaltens erleichtern bzw. erschweren.

Wichtig ist in diesem Zusammenhang, dass auch hier auf Basis einer Vorstudie überprüft wird, welche Kontrollüberzeugungen für die relevante Stichprobe tatsächlich von Bedeutung sind. Wie im Falle der Vorstudie zum Konstrukt Einstellungen sollte auch hier die Stichprobe der Vorstudie charakteristisch für die Hauptstichprobe sein (vgl. Ajzen 1991, S. 192). Um diesem Aspekt in der vorliegenden Arbeit Rechnung zu tragen, wurden im Zuge der bereits angesprochenen ersten Vorstudie die jungen Erwachsenen (n=12) auch zu diesem Aspekt befragt. Ihnen wurde hierbei die folgende Frage gestellt: „Welche Faktoren sind/wären für euch persönlich hinderlich bzw. förderlich dafür, dass ihr Carsharing-Fahrzeuge anstelle eines eigenen Wagens nutzt?". Die spontan diesbezüglich assoziierten Faktoren der Teilnehmer wurden entsprechend gesammelt. Durch die Konsolidierung der Einzelantworten kristallisierten sich vier zentrale Punkte hinsichtlich der Kontrollüberzeugungen zur Nutzung von Carsharing-Fahrzeugen heraus. Es handelt sich hierbei um die Verfügbarkeit von Carsharing-Fahrzeugen, die (zeitliche) Flexibilität hinsichtlich der Nutzung dieser, anfallende Kosten sowie der Aspekt der Fahrzeugvielfalt. Entsprechend der vorgeschlagenen Struktur zur Operationalisierung der Kontrollüberzeugungen (vgl. Ajzen 2002, S. 13) wurden die in Tabelle 4 präsentierten Aussagen formuliert. In der Haupterhebung müssen diese Items wie im Falle der zuvor dargestellten Konstrukte mithilfe von bipolaren Antwortskalen von -3 bis +3 bewertet werden. Ankerpunkte stellen dabei die Gegensatzpaare *sehr unwahrscheinlich/ sehr wahrscheinlich* bzw. *überhaupt nicht erleichtern/ sehr erleichtern* dar.

Tabelle 4: Operationalisierung wahrgenommene Verhaltenskontrolle (indirekt)

Wahrgenommene Verhaltenskontrolle (WVK) - indirekt	
Zutreffenswahrscheinlichkeit von Kontrollüberzeugungen (ZWK):	
Wie wahrscheinlich wären die folgenden Punkte, wenn du anstelle eines eigenen Autos ein Carsharing-Fahrzeug nutzen wolltest?	
ZWK1	Es stände mir ein Carsharing-Fahrzeug in meiner direkten Umgebung zur Verfügung.
ZWK2	Ich könnte flexibel und ohne großen Planungsaufwand ein Carsharing-Fahrzeug nutzen.
ZWK3	Ich könnte durch die Nutzung eines Carsharing-Fahrzeuges Kosten einsparen.
ZWK4	Ich könnte durch die Nutzung von Carsharing-Fahrzeugen je nach Bedarf einen entsprechenden Fahrzeugtypen (z.B. Kleinwagen, Sprinter) nutzen.
⇨ Ankerpunkte: sehr unwahrscheinlich/ sehr wahrscheinlich, Skala von -3 bis +3	
Wahrgenommene Verhaltenserleichterung durch Kontrollüberzeugungen (WVEK):	
Wie stark würden die folgenden Punkte dir deine Entscheidung erleichtern, anstelle eines eigenen Autos ein Carsharing-Fahrzeug zu nutzen?	
WVEK1	Ein Carsharing-Fahrzeug steht in meiner direkten Umgebung zur Verfügung, wenn ich es tatsächlich benötige.
WVEK2	Die Nutzung eines Carsharing-Fahrzeuges ist flexibel und ohne großen Planungsaufwand möglich.
WVEK3	Die Nutzung eines Carsharing-Fahrzeuges bietet mir die Möglichkeit, Kosten einzusparen.
WVEK4	Die Nutzung eines Carsharing-Fahrzeuges ermöglicht mir, je nach Bedarf einen entsprechenden Fahrzeugtyp (z.B. Kleinwagen, Sprinter) zu nutzen.
⇨ Ankerpunkte: überhaupt nicht erleichtern/ sehr erleichtern, Skala von -3 bis +3	

9.2.4 Intention

Auch die Intention, zukünftig Carsharing-Fahrzeuge anstelle eines eigenen Autos zu nutzen, gilt es in diesem Zusammenhang zu operationalisieren. Diesbezüglich sollen durch die Fragebogenteilnehmer zwei Items beantwortet werden. Konkret handelt es sich hierbei um die beiden Aussagen: „Ich beabsichtige zukünftig Carsharing-Fahrzeuge anstelle eines eigenen Autos zu nutzen." (Ankerpunkten *sehr unwahrscheinlich/ sehr wahrscheinlich*) sowie „Meine Absicht zukünftig Carsharing-Fahrzeuge anstelle eines eigenen Autos zu nutzen ist: *[klein/ groß]*". Die Bewertung der Aussage erfolgt auch in diesem Fall über eine bipolare 7-Punkt-Skala von -3 bis +3 (vgl. Tabelle 5). Der Gesamtintentionswert ergibt sich, wie zuvor, durch das Aufsummieren der jeweiligen Einzelantworten. Ein negativer Wert drückt dabei eine (eher) geringe Ausprägung der interessierenden Intention aus. Positive Werte stehen hingegen für eine (eher) stark ausgeprägte Intention, zukünftig Carsharing anstelle eines eigenen Autos nutzen zu wollen. Auch in diesem Fall gilt es durch die entsprechende Vorstudie die Reliabilität beider Items zu überprüfen. Durch die Reliabilitätsanalyse zeigt sich hierbei einen Wert von 0,819 für Cronbach's alpha. Die interne Konsistenz der Items kann somit als zufriedenstellend eingeschätzt werden. Beide Items werden daher in die Haupterhebung aufgenommen.

Tabelle 5: Operationalisierung Intention

Intention (INT)	
INT1	Ich beabsichtige zukünftig Carsharing-Fahrzeuge anstelle eines eigenen Autos zu nutzen.
⇨ Ankerpunkte: sehr unwahrscheinlich/ sehr wahrscheinlich, Skala von -3 bis +3	
INT2	Meine Absicht zukünftig Carsharing-Fahrzeuge anstelle eines eigenen Autos zu nutzen ist:
⇨ Ankerpunkte: klein/ groß, Skala von -3 bis +3	

9.3 Persönliche Norm

Für die Modellierung des Bewusstseins der umweltbelastenden Wirkung des motorisierten Individualverkehrs wird auf den Operationalisierungsvorschlag zur persönlichen Norm von Haustein et al. (2009) zurückgegriffen (vgl. Haustein et al. 2009, S. 176[28]). Es werden den Fragebogenteilnehmern dabei vier Items präsentiert, die entsprechend der persönlichen Meinung auf einer bipolaren 7-Punkt-Skala von *Stimme überhaupt nicht zu* bis *Stimme sehr zu* bewertet werden müssen[29] (vgl. Tabelle 6). Durch die Aufsummierung der einzelnen Werte kann dann ein individueller Wert für die jeweilige persönliche Norm definiert werden. Positive Werte verkörpern in diesem Zusammenhang eine stärker ausgeprägte persönliche Norm. Negative Werte sprechen hingegen für eine (eher) gering ausgeprägte persönliche Norm.

---

[28] Durch die persönliche Kontaktierung der Autoren wurde von diesen der ursprüngliche Fragebogen in deutscher Sprache bereitgestellt. Eine eigenständige Übersetzung der interessierenden Items aus dem Englischen war somit nicht notwendig. Es wurden lediglich kleine wörtliche Anpassungen im Hinblick auf den Kontext der Jugendlichen und jungen Erwachsenen vorgenommen.

[29] In der Erhebung von Haustein et al. (2009) wurde eine unipolare 7-Punkt-Skala von 1 bis 7 zur Bewertung der Items herangezogen. Um in der vorliegenden Arbeit eine einheitliche Skalierung zur Beantwortung der Items gewehrleisten zu können (vgl. Skalierung der ToPB-Konstrukte), wurden jedoch eine bipolare 7-Punkt-Skala gewählt.

Tabelle 6: Operationalisierung Persönliche Norm

Persönliche Norm (PN)	
PN1	Ich fühle mich auf Grund meiner Werte/Prinzipien persönlich verpflichtet, bei meinen Wegen umweltfreundliche Verkehrsmittel wie z.b. das Rad oder Bus und Bahn zu benutzen.
PN2	In meinem persönlichen Wertesystem ist der Aspekt Umweltschutz bei der Verkehrsmittelwahl fest verankert.
PN3	Bei der Entscheidung für ein Verkehrsmittel fühle ich mich aufgrund meiner persönlichen Werte verpflichtet, auch auf die Umweltbelastung zu achten.
PN4	Aufgrund der für mich wichtigen Werte fühle ich mich verpflichtet, so selten wie möglich ein Auto zu nutzen.
⇨ Ankerpunkte: Stimme überhaupt nicht zu/ Stimme sehr zu, Skala von -3 bis +3	

9.4 Autonomie und Status

Auch die Konstrukte Autonomie und Status hinsichtlich des Automobils gilt es in entsprechender Weise zu operationalisieren. Im Hinblick auf die konkrete Ausformulierung der einzelnen Items wird, wie bereits im Theoriekapitel angeführt, auf die Überlegungen von Hunecke (2000a) Bezug genommen. Dessen formulierte Items zur Messung der Konstrukte Autonomie und Status werden in diesem Zusammenhang, zum Teil in stilistisch leicht abgewandelter Form, übernommen (vgl. Hunecke 2000a, Anhang B11). In diesem Zusammenhang wurden insbesondere solche Items allgemeiner formuliert, die implizit voraussetzen, dass der Antwortende Autobesitzer ist. Der Grund hierfür ist, dass dieser Aspekt auf einen gewissen Anteil der zu befragenden Jugendlichen und jungen Erwachsenen sehr wahrscheinlich nicht zutreffen wird. Die Bewertung der ursprünglichen Items kann daher für diese Personengruppe irreführend und lediglich schwer direkt zu beantworten sein. Eine verallgemeinerte Formulierung erscheint somit sinnvoll. In diesem Zusammenhang wird das ursprünglich durch Hunecke (2000a) integrierte Item zum Konstrukt Status „Das Ansehen meiner Person wäre bei einigen Freunden und Bekannten geringer, wenn ich kein eigenes Automobil besitzen würde." gänzlich aus dem Hauptfragebogen ausgeschlossen. Das Konstrukt Status wird in der vorliegenden Arbeit allerdings durch das nachfolgende Item ergänzt: „Ein Auto ist lediglich ein Transportmittel um von A nach B zu kommen und besitzt ansonsten keine tiefere Bedeutung.". Durch dieses zusätzliche Item soll der gegensätzliche Charakter des Automobils als funktionales Verkehrsmedium anstelle eines Statussymbols in das entsprechende Konstrukt noch stärker integriert werden. Für die vorliegende Arbeit werden somit die beiden Konstrukte Autonomie und Status durch jeweils vier Items operationalisiert. Alle gewählten Items müssen durch die Befragten über eine bipolare 7-Punkt-Skala von *Stimme überhaupt nicht zu* bis *Stimme sehr zu* beantwortet werden[30] (vgl. Tabelle 7).

Tabelle 7: Operationalisierung weiterer mobilitätsbezogener Einstellungen

Autonomie (AUT)	
AUT1	Autofahren bedeutet Freiheit.
AUT2	Man kann sein Leben gut ohne ein eigenes Auto gestalten.
AUT3	Die Abschaffung eines Autos führt zu einem unzumutbaren Verzicht an Lebensqualität.
AUT4	Durch den Verzicht auf ein eigenes Auto kann man seinen Alltag nicht mehr selbstbestimmt organisieren.
⇨ Ankerpunkte: Stimme überhaupt nicht zu/ Stimme sehr zu, Skala von -3 bis +3	
Status (STA)	
STA1	Ein Auto ist lediglich ein Transportmittel um von A nach B zu kommen und besitzt ansonsten keine tiefere Bedeutung.
STA2	Das soziale Ansehen einer Person wird durch den Besitz eines Autos gesteigert.
STA3	Ich bewundere Personen, die ihren Alltag so einrichten, dass sie kein Auto besitzen müssen.
STA4	Durch den Besitz eines attraktiven Autos kann man seinen sozialen Status für andere Personen deutlich sichtbar machen.
⇨ Ankerpunkte: Stimme überhaupt nicht zu/ Stimme sehr zu, Skala von -3 bis +3	

Auch im Falle der Konstrukte Autonomie und Status erhält man über das Aufsummieren der einzelnen Item-Werte einen globalen Messwert, welcher die Stärke des jeweiligen Konstrukts ausdrückt[31]. Ein hoher Autonomie-Wert bedeutet in diesem Zusammenhang, dass ein Fahrzeug sehr stark mit dem Autonomie-Aspekt durch den Befragten in Verbindung gebracht wird. Ein hoher Status-Wert bedeutet, dass das Auto von dem jeweiligen Individuum durchaus als Statussymbol angesehen wird.

9.5 Kosteneinsparung

Um erfassen zu können, ob die Aussicht der Kostenersparnis durch die Nutzung von Carsharing-Fahrzeugen anstelle eines eigenen Wagens einen Einfluss auf die individuelle Intention ausübt, wird auf ein bereits vorgestelltes Item zurückgegriffen (vgl. Tabelle 8). Dies ist Teil der Item-Batterie zur wahrgenommenen Verhaltenserleichterung durch Kontrollüberzeugungen (vgl. Tabelle 4). Es stellt den Aspekt, dass, wenn Car-

---

[30] Bei Hunecke (2000a) wurde eine unipolare 5-Punkt-Skala zur Beantwortung der einzelnen Items herangezogen. Um in der vorliegenden Arbeit eine einheitliche Skalierung zur Beantwortung der Items gewehrleisten zu können, wurden jedoch in diesem Fall eine bipolare 7-Punkt-Skala gewählt.

[31] Bevor diese Berechnung vollzogen werden kann müssen einige Items im Hinblick auf die jeweiligen Skalenwerte umgepolt werden. Auf diesen Aspekt wird an entsprechender Stelle noch einmal verwiesen.

sharing als eine Möglichkeit zur Einsparung von Kosten wahrgenommen wird, dadurch die Entscheidung für die Nutzung von Carsharing-Fahrzeugen anstelle eines eigenen Wagens positiv beeinflusst wird, sehr gut dar. Prinzipiell sind auch bei diesem Item Antwortwerte zwischen -3 und +3 möglich. Negative Werte stehen dabei dafür, dass der Aspekt der Kosteneinsparung (eher) keine Entscheidungserleichterung im Hinblick auf die Nutzung von Carsharing darstellt. Positive Werte drücken hingegen das Gegenteil aus. Zu wissen, dass man durch die Nutzung von Carsharing individuelle Mobilitätskosten einsparen kann, gilt dann als (eher) entscheidungserleichternd und wirkt somit positiv hinsichtlich der zukünftigen Intention zur Carsharing-Nutzung.

Tabelle 8: Operationalisierung Kosteneinsparung

Kosteneinsparung (KOS)	
Wie stark würden die folgenden Punkte dir deine Entscheidung erleichtern, anstelle eines eigenen Autos ein Carsharing-Fahrzeug zu nutzen?	
WVEK3	Die Nutzung eines Carsharing-Fahrzeuges bietet mir die Möglichkeit, Kosten einzusparen.
⇨ Ankerpunkte: überhaupt nicht erleichtern/ sehr erleichtern, Skala von -3 bis +3	

9.6 Kontrollvariablen

Durch die Literaturrecherche zum Thema Jugendmobilität im Allgemeinen sowie die Ergebnisse der im Vorfeld durchgeführten Gruppendiskussionen zeigt sich, dass auch von typischen soziodemografischen Variablen ein Einfluss im Hinblick auf die interessierende Intention zu erwarten ist. Diese werden daher als Kontrollvariablen in das entsprechende Erklärungsmodell integriert. Konkret werden dabei die soziodemografischen Konstrukte Geschlecht, Alter, Bildungsinstitution, Wohnumgebung sowie Migrationshintergrund durch entsprechende Items in den Fragebogen aufgenommen.

Für die Operationalisierung der Konstrukte wird jeweils ein zu beantwortendes Item formuliert. Der konkrete Wortlaut der jeweiligen Items sowie die einzelnen Antwortkategorien stellt die nachfolgende Tabelle 9 dar.

Tabelle 9: Operationalisierung Kontrollvariablen

Kontrollvariablen	
KV1	Bist du [weiblich/ männlich]?
KV2	Wie alt bist du? [offene Frage]
KV3	Welchen Schultyp besuchst du aktuell? [Hauptschule/Werkrealschule, Realschule, (Berufliches) Gymnasium, Berufs(fach)schule, Berufskolleg, Hochschule/Universität, Sonstiges]
KV4	Wohnst du [in einem Dorf/ im Vorort einer (Groß-)Stadt/ im Zentrum einer (Groß-) Stadt]?

Fortsetzung

KV5	Sind sowohl deine Mutter als auch dein Vater in Deutschland geboren? [Ja/ Nein]

9.7 Weitere mobilitätsspezifische Variablen für deskriptive Betrachtungen

Neben den zentralen Konstrukten des Erklärungsmodells zur Untersuchung der Intention von Jugendlichen und jungen Erwachsenen, zukünftig Carsharing-Fahrzeuge anstelle eines eigenen Wagens nutzen zu wollen, sollen in den Fragebogen einige weitere Items bezüglich interessanten Mobilitätsaspekten integriert werden. Diese ermöglichen einen noch umfassenderen Blick auf die zu untersuchende Stichprobe von Jugendlichen und jungen Erwachsenen. Konkret handelt es sich dabei zum einen um Fragen zum Führerschein- und Autobesitz sowie der Pkw-Verfügbarkeit. Zum anderen soll erfragt werden, ob das Konzept Carsharing den Fragebogenteilnehmer bereits bekannt ist und falls ja, eine Mitgliedschaft bei einer Carsharing-Organisation vorliegt (vgl. Tabelle 10).

Diese Items gehen wie bereits erwähnt nicht in die multivariate Analyse der Daten ein, sondern dienen einer erweiterten deskriptiven Betrachtung der interessierenden Stichprobe. Diese soll verdeutlichen, wie bedeutsam allgemein das Thema Führerschein und Pkw-Besitz bei der interessierenden Gruppe ausgeprägt ist. Zudem kann hierdurch gezeigt werden, wie stark die Thematik Carsharing bereits in der Alltagswelt der Jugendlichen und jungen Erwachsenen verankert ist.

Tabelle 10: Operationalisierung weiterer mobilitätsspezifischer Variablen

Weitere mobilitätsspezifische Variablen (WMV)	
WMV1	Besitzt du einen Pkw-Führerschein? [Nein/ Ja]
WMV2	Möchtest du zukünftig einen Pkw-Führerschein machen? [Nein/ Ja/ Weiß ich noch nicht.]
WMV3	Besitzt du die Möglichkeit einen privaten Pkw zu nutzen? [Ja, ich besitze einen eigenen Pkw./ Ja, ich kann nach Absprache private Pkws von Verwandten/Bekannten nutzen./ Nein.]
WMV4	Möchtest du dir zukünftig ein eigenes Auto anschaffen? [Ja, möglichst bald./ Ja, aber das hat noch Zeit./ Nein, eher nicht./ Nein, auf keinen Fall./ Weiß ich noch nicht.]
WMV5	Ist dir das Mobilitätskonzept Carsharing bereits bekannt oder hörst du heute zum ersten Mal davon? [Ja, ich habe bereits davon gehört, mich jedoch noch nicht näher mit Carsharing beschäftigt./ Ja, ich habe bereits davon gehört und mich auch näher mit Carsharing beschäftigt./ Nein, ich höre heute zum ersten Mal davon.]
WMV6	Falls Ja: Bist du bereits Mitglied bei einer Carsharing-Organisation? [Ja/ Nein]

10. Quantitative Hauptstudie: Carsharing als Alternative zum eigenen Pkw?

Das Kapitel 10 dieser Arbeit beschäftigt sich mit der Erhebung und Auswertung des zentralen Datenmaterials. In diesem Zusammenhang werden zunächst notwendige Vorarbeiten zur Haupterhebung beschrieben. Es folgt die Darstellung wichtiger Punkte im Hinblick auf die konkrete Datenerhebung. Auch die Aufbereitung der erzeugten Daten soll ausgeführt werden. Daran anschließend folgen die zentralen Abschnitte zur Auswertung und Analyse der Datengrundlage. Hierbei werden sowohl deskriptive, wie auch multivariate Ergebnisse präsentiert. Letztere ermöglichen die konkrete Überprüfung der im Kapitel 8.2 formulierten Forschungshypothesen.

10.1 Vorbereitungen und Teilnehmerakquise zur quantitativen Datenerhebung

Durch die im vorangehenden Kapitel beschriebene Operationalisierung ist die Konzeption eines entsprechenden Gesamtfragebogens möglich. Dieser setzt sich aus insgesamt 43 zu beantwortenden Items zusammen und wurde sowohl als Papierfragebogen als auch Online-Fragebogen konzipiert (später Näheres dazu). Durch entsprechende Pre-Tests wurde der Gesamtfragebogen vor der Datenhaupterhebung einer ausgiebigen Überprüfung hinsichtlich Struktur und Verständlichkeit unterzogen. Einzelne Items, wurden darüber hinaus, wie bereits beschriebenen, anhand einer Datenvorstudie hinsichtlich deren Reliabilität überprüft. Die finale Version des Fragebogens kann im Anhang 2 dieser Arbeit eingesehen werden.

Neben der Konstruktion des Erhebungsinstrumentes galt es vorbereitend eine entsprechende Stichprobe von Jugendlichen und jungen Erwachsenen für die Befragung zu akquirieren. Wie bereits in Kapitel 4 dargestellt sollen im Falle der vorliegenden Arbeit die Meinungen und Einstellungen von Personen im Alter von 16 bis 29 Jahren im Fokus stehen. Die Festlegung der unteren Altersgrenze bezieht sich, wie bereits bekannt, auf die Überlegung, dass in Deutschland Jugendliche ab einem Alter von 17 Jahren die Möglichkeit besitzen, einen Pkw-Führerschein zu erlangen[32]. Man kann somit davon ausgehen, dass ein Großteil der Jugendlichen ab einem Alter von etwa 16 Jahren in direkter und verstärkter Weise von der Thematik Führerscheinerwerb, Automobilität usw. betroffen ist und sich daher auch persönlich intensiver damit beschäftigt. Deutlich jüngere Personen zur interessierenden Thematik zu befragen, wird in diesem Zusammenhang als nicht zielführend eingestuft. Die obere Altersgrenze orientiert sich an allgemeinen gesetzlichen und sozialwissenschaftlichen Überlegungen hinsichtlich der Definition von jungen Erwachsenen (vgl. Schäfers 1998).

Die Akquise der entsprechenden Studienteilnehmer/innen erfolgte durch eine persönliche, direkte Anfrage ausgewählter Schulen in Baden-Württemberg. Hierbei stimmten 14 von insgesamt 20 kontaktierten Schulen einer Befragung von Schülerinnen und

---

[32] Es handelt sich dabei um das sogenannte begleitende Fahren (BF17). Jugendliche erwerben hierbei die Fahrerlaubnis B für einen Pkw, dürfen diese allerdings bis zur Volljährigkeit lediglich in Begleitung mit autorisierten volljährigen Personen, bspw. den Eltern, fahren.

Schüler der interessierenden Altersgruppe an der jeweiligen Einrichtung zu[33]. Die beteiligten Schulen verteilen sich dabei auf die Landkreise Stuttgart, Tübingen, Reutlingen und Ulm. Ebenso wurden Studierende der Universität Ulm im Zuge der Akquise der Fragebogenteilnehmer/innen berücksichtigt.

Im Hinblick auf die Auswahl der teilnehmenden Schulen an der Erhebung wurden drei Auswahlkriterien zugrunde gelegt. Hierbei handelt es sich zunächst um die geografische Umgebung des jeweiligen Schulstandortes, d.h. es wurden sowohl Schulen mit ländlichem wie auch städtischem bzw. großstädtischem Standort ausgewählt. Konkret sind in diesem Zusammenhang zwei der neun Schulen einer eher ländlich geprägten Umgebung zuzuordnen, sechs weitere Schulen sind in einem städtischen Kontext verortet sowie sechs weitere Schulen, die sich in einem großstädtischen Umfeld befinden. Durch die Befragung von Schülerinnen und Schülern dieser unterschiedlichen Standorte soll dem bereits häufig in der empirischen Forschung beobachtetem Stadt-Land-Unterschied in der Mobilität von Jugendlichen und jungen Erwachsenen Rechnung getragen werden (vgl. Schulz 2002, S. 106).

Auch der Einfluss des jeweiligen Bildungsniveaus von Jugendlichen und jungen Erwachsenen auf Mobilitätsaspekte wurde hinsichtlich der Akquise relevanter Schulen explizit berücksichtigt (vgl. Umweltbundesamt 2010, S. 16). Die teilnehmenden Schulen wurden so ausgewählt, dass Personen der interessierenden Altersklassen mit unterschiedlichem formalem Bildungshintergrund bei der Erhebung Berücksichtigung finden. Sowohl Schülerinnen und Schüler von drei Realschulen, von vier Gymnasien als auch sieben Berufsschulen wurden daher als Studienteilnehmer/innen ausgewählt. Im Falle der Befragung von Schülerinnen und Schülern an den jeweiligen Berufsschulen wurde darüber hinaus explizit darauf geachtet, dass Personen aus unterschiedlichen Berufsfeldern integriert werden. Konkret wurden sowohl Personen befragt, die zum Zeitpunkt der Befragung eine Ausbildung im Gesundheitssektor (medizinische/ pharmazeutisch-kaufmännische/ tiermedizinische/ zahnmedizinische Fachangestellte) sowie dem sozialen (Kinderpflegerinnen) und kaufmännischen Bereich (Werbekaufleute, Medienkaufleute, Sozialversicherungsfachangestellte, Verwaltungsfachangestellte, Kaufleute im Gesundheitswesen, Sport-/Fitnesskaufleute) als auch technisch orientierten Berufsfeldern (Industriemechaniker, Kfz-Mechatroniker) absolvierten. Mit Bezug auf den formalen Bildungshintergrund wurden, wie bereits erwähnt, auch Studierende befragt. Diese können im Vergleich dazu als Vertreter eines weiteren Bildungsniveaus betrachtet werden.

Zudem wurde bei der Akquise der entsprechenden Schulen durch ein drittes Auswahlkriterium darauf geachtet, dass in der (groß-)städtischen Umgebung der entsprechenden Schulen ein Carsharing-Angebot aktuell vorhanden ist. Es ist davon auszugehen, dass die Präsenz dieser Angebote das Mobilitätskonzept Carsharing für die zu Befragenden greifbarer macht. Stationsbasiertes Carsharing, also Organisationen, die einen Fuhrpark an Carsharing-Fahrzeugen an spezifischen Standorten zur Verfügung stellen, ist im Falle aller (groß-) städtischen Schulstandorte gegeben. Acht dieser (groß-) städtischen Schulstandorte befinden sich zudem in einem Gebiet, in welchem das vollfle-

---

[33] Bei den Absagen zur Teilnahme an der entsprechenden Umfrage handelt es sich um eine Realschule im ländlichen Bereich sowie fünf Berufsschulen im (groß-) städtischen Bereich.

xible Carsharing-System car2go angeboten wird. Entsprechende Carsharing-Fahrzeuge sind dort frei über das Geschäftsgebiet verteilt, können durch den Kunden flexibel in Anspruch genommen und nach der Nutzung auf entsprechendem Parkraum beliebig wieder abgestellt werden. Diese flexiblen Carsharing-Systeme sind zudem an den jeweiligen Standorten mit einer Großzahl an Fahrzeugen ausgestattet. Carsharing sollte demnach bereits durch eine gewisse Zahl an Schülerinnen und Schüler im alltäglichen Leben wahrgenommen worden sein. Lediglich der kleinste, ländlich geprägte Schulstandort verfügt über kein direktes Carsharing-Angebot vor Ort. Ein stationsbasiertes Angebot wird jedoch in der entsprechenden Kreisstadt angeboten, welche rund 10 Kilometer vom Schulstandort entfernt liegt.

Die nachfolgende Tabelle 11 fasst diese zentralen Charakteristika hinsichtlich Standort, Schultyp, Carsharing-Verfügbarkeit wie auch der jeweiligen Anzahl an befragten Schülerinnen und Schülern der teilnehmenden Schulen noch einmal zusammen und ermöglicht eine vergleichende Übersicht.

Tabelle 11: Übersicht zu den ausgewählten Schulen für die Befragung

Schultyp	Standort	CS-Angebot Standort		Teilnehmer /innen
Realschule	Ländliche Umgebung, Einwohnerzahl (EZ) Standort rund 20.000	stationsbasiert	✓	n=93
		vollflexibel	-	
Realschule	Städtische Umgebung, EZ Standort rund 118.000	stationsbasiert	✓	n=77
		vollflexibel	✓	
Realschule	Großstädtische Umgebung, EZ Standort rund 598.000	stationsbasiert	✓	n=54
		vollflexibel	✓	
Gymnasium	Ländliche Umgebung, EZ Standort rund 6.000	stationsbasiert	-	n=121
		vollflexibel	-	
Gymnasium	Städtische Umgebung, EZ Standort rund 110.000	stationsbasiert	✓	n=149
		vollflexibel	-	
Gymnasium	Städtische Umgebung, EZ Standort rund 118.000	stationsbasiert	✓	n=72
		vollflexibel	✓	
Gymnasium	Großstädtische Umgebung, EZ Standort rund 598.000	stationsbasiert	✓	n=62
		vollflexibel	✓	
Berufsschule	Städtische Umgebung, EZ Standort rund 84.000	stationsbasiert	✓	n=114
		vollflexibel	-	
Berufsschule	Städtische Umgebung, EZ Standort rund 110.000	stationsbasiert	✓	n=109
		vollflexibel	-	
Berufsschule/ Gymnasium	Städtische Umgebung, EZ Standort rund 110.000	stationsbasiert	✓	n=78
		vollflexibel	-	
Berufsschule	Großstädtische Umgebung, EZ Standort rund 598.000	stationsbasiert	✓	n=79
		vollflexibel	✓	
Berufsschule	Großstädtische Umgebung, EZ Standort rund 598.000	stationsbasiert	✓	n=83
		vollflexibel	✓	
Berufsschule	Großstädtische Umgebung, EZ Standort rund 598.000	stationsbasiert	✓	n=67
		vollflexibel	✓	

Fortsetzung

Schultyp	Standort	CS-Angebot Standort		Teilnehmer /innen
Berufsschule/	Großstädtische Umgebung,	stationsbasiert	✓	n=118
Gymnasium	EZ Standort rund 598.000	vollflexibel	✓	
Gesamtzahl der befragten Schülerinnen und Schüler				n=1276

Die nachfolgende Tabelle 12 stellt dieselben Charakteristika im Fall der in die Erhebung integrierten Universität dar. Die ausgewählte Universität befindet sich demnach in einem städtischen Kontext. Sowohl ein stationsbasiertes als auch ein vollflexibles Carsharing-Angebot mit großem Fuhrpark wird zum Zeitpunkt der Befragung dort angeboten. Es ist somit davon auszugehen, dass auch im Fall der Studierenden Carsharing bereits wahrgenommen wurde.

Tabelle 12: Übersicht zu der ausgewählten Universität für die Befragung

Bildungstyp	Standort	CS-Angebot Standort		Teilnehmer/innen
Universität	Städtische Umgebung,	stationsbasiert	✓	n= 290[34]
	EZ Standort rund 118.000	vollflexibel	✓	

10.2 Erhebung der Datengrundlage

Die Fragebogenerhebung erfolgte an den ausgewählten Schulen sowie an der Universität im Mai und Juni 2014. An den teilnehmenden Schulen wurden diesbezüglich Papierversionen des Fragebogens an Schülerinnen und Schüler ausgegeben. Im Falle der Realschulen und den Gymnasien handelt es sich hierbei konkret um Jugendliche der jeweiligen Abschlussklassen, also der Klasse 10 bzw. der Kursstufe 1 und 2. Diese Klassen wurden ausgewählt, da die entsprechenden Schülerinnen und Schüler hauptsächlich im für diese Untersuchung interessierenden Alter sind. Im Falle der integrierten Berufsschulen wurden durch Lehrkräfte relevante Schülergruppen im interessierenden Alter ausgewählt. Für die Erhebung im universitären Kontext wurde der entsprechende Fragebogen als eine Online-Version[35] bereitgestellt. Durch die zuständige Ansprechperson wurde in diesem Zusammenhang aus den insgesamt 8342 Studierenden der Universität eine Zufallsstichprobe von 2000 Personen generiert. Diese wurden per E-Mail auf den Online-Fragebogen aufmerksam gemacht[36]. Der Entschluss, über zwei verschiedene Formen den entsprechenden Fragebogen zu erheben, beruht auf

---

[34] An dieser Stelle sei angemerkt, dass in weiteren 19 Fällen der Online-Fragebogen von den entsprechenden Personen zwar aufgerufen wurde, jedoch keinerlei Beantwortung der Fragen stattgefunden hat. Diese Personen wurden daher prinzipiell aus der Datenerhebung ausgeschlossen.

[35] Die Online-Implementierung des entwickelten Fragebogens wurde mit Hilfe des Online Tools Limesurvey durchgeführt.

[36] Insgesamt wurden drei Einladungs-E-Mails zur Fragebogenteilnahme an die jeweiligen Personen geschickt. Die zweite und dritte E-Mail dient in diesem Zusammenhang als Erinnerung und forderte die Studierenden noch einmal zur Teilnahme an der Befragung auf.

dem pragmatischen Aspekt, dass jede Form im jeweiligen Kontext die einfachste Organisationsform für eine Befragung darstellte. Nach Beendung der Datenerhebung wurden sowohl die auf Papier ausgefüllten sowie die online erhobenen Fragebögen zur weiteren Verarbeitung in das Statistik-Software-Programm SPSS[37] übertragen und zu einem Gesamtdatensatz zusammengeführt.

Aus Tabelle 11 geht hervor, dass die Papierversion des Fragebogens von insgesamt 1276 Schülerinnen und Schülern der verschiedenen Bildungsinstitutionen beantwortet wurde. Weitere 290 Studierende haben sich zudem an der online zur Verfügung gestellten Befragung beteiligt (vgl. Tabelle 12). Insgesamt ergibt sich somit eine allgemeine Stichprobengröße von 1566 Jugendlichen und jungen Erwachsenen aus Baden-Württemberg, die an der Befragung teilgenommen haben.

10.3 Datenaufbereitung und Datendiagnostik

Vor der statistischen Auswertung der erhobenen Daten und einer damit einhergehenden Überprüfung der im Theorieteil formulierten Forschungshypothesen ist zunächst eine Datenaufbereitung des Originaldatensatzes sowie die Überprüfung bedeutsamer statistischer Voraussetzungen notwendig.

In diesem Zusammenhang wird in einem ersten Schritt ganz allgemein überprüft, ob alle eingetragenen Werte des Datensatzes rein logisch möglich sind. Durch die erneute Einsicht in die erhobenen Originalfragebögen bei unstimmigen Fällen können im Zuge dieser Analyse Eingabefehler entdeckt und korrigiert werden.

In einem nächsten Schritt gilt es die fehlenden Werte des Originaldatensatzes zu analysieren und eine entsprechende Methodik zum Umgang mit diesen zu definieren. Bevor der Umgang mit den im vorliegenden Kontext fehlenden Werten näher dargestellt wird, soll der nachfolgende Abschnitt zunächst einen allgemeinen Überblick zu dieser Thematik bieten sowie verschiedene Verfahrensmöglichkeiten hinsichtlich des Umgangs mit fehlenden Werten vorstellen.

10.3.1 Analyse fehlender Werte – theoretischer Hintergrund

Fehlende Werte sind für die statistische Analyse vor allem dann folgenreich, wenn ihr Auftreten nicht zufällig, sondern systematisch auftritt. Ergebnisverzerrungen können dadurch resultieren. Insbesondere für multivariate Analyseverfahren, wie z.B. der linearen Regression, ist das Vorhandensein von fehlenden Werten bedeutsam (vgl. Wirtz 2004, S. 110). Diese Methodik, wie auch andere, berücksichtigt nämlich nur Informationen, die aus vollständigen Fällen stammen. Fehlt beispielsweise bei einer Person der Wert einer erklärenden (unabhängigen) Variablen des multivariaten Regressionsmodells (z.B. das Alter), wird der entsprechende Fall gänzlich aus den Analyseberechnungen ausgeschlossen. Informationen zu den restlichen erklärenden wie auch der zu erklärenden Variablen selbst gehen verloren.

Rubin (1976) hat in diesem Zusammenhang eine Klassifizierung vorgeschlagen, die zur Beurteilung von fehlenden Werten und insbesondere zum weiteren Umgang mit diesen herangezogen werden kann. Diese Klassifizierung erfährt in der empirischen

---

[37] Es handelt sich hierbei um die Version IBM SPSS Statistics 20.

Forschung große Zustimmung. Daten gelten dabei als *vollständig zufällig fehlend* (MCAR = Missing Completely At Random), wenn das Fehlen weder von der entsprechenden Variablen selbst, noch von den Ausprägungen anderer integrierter Variablen abhängt. Von *zufälligem Fehlen* (MAR=Missing At Random) spricht man hingegen, wenn fehlende Daten zwar nicht von der entsprechenden Variablen selbst abhängen, jedoch von anderen vorliegenden Daten. Die MAR-Annahme ist somit weniger strikt wie die MCAR-Annahme. Ein typisches Beispiel in diesem Zusammenhang ist, wenn Personen mit niedriger formaler Bildung einen größeren Anteil an fehlenden Werten bezüglich der Frage nach dem Einkommen aufweisen. Verweigern hauptsächlich Gutverdiener die Antwort zur Einkommensfrage, dann hängt das Fehlen der Einkommensangabe einer Person vom jeweiligen Einkommen direkt ab und nicht nur vom Bildungsniveau. Liegt diese Situation vor, spricht man vom *nicht zufälligen Fehlen* (MNAR=Missing Not At Random). Das Fehlen der Daten einer bestimmten Variablen steht somit in direkter Abhängigkeit mit der Variablen selbst (vgl. Peugh/Enders 2004, S. 527).

Welche Form von fehlenden Werten im jeweiligen Datensatz tatsächlich vorliegt, kann statistisch nur bedingt überprüft werden. Der MCAR-Test nach Little diagnostiziert beispielsweise, ob die Annahme des vollständig zufälligen Fehlens (MCAR) beibehalten werden kann oder verworfen werden muss (vgl. Little 1988). Eine statistische Klärungsmöglichkeit der MAR- sowie der MNAR-Annahme in ähnlicher Art und Weise besteht hingegen nicht, da hierfür direkte Informationen über die jeweils fehlenden Daten vorhanden sein müssten (vgl. Wirtz 2004, S. 112; Allison 2002, S. 4).

Im Hinblick auf den Umgang mit fehlenden Werten werden in der empirischen Forschungsliteratur verschiedenste Herangehensweisen diskutiert und bewertet (vgl. bspw. Cheema 2014, Lüdtke et al. 2007, Hawthorne/Elliott 2005, Wirtz 2004, Allison 2002, Schafer/Graham 2002, Rubin 1996[38]). Grundsätzlich wird dabei zwischen klassischen auf der einen sowie modernen Analysemethoden auf der anderen Seite unterschieden. Als klassische Methoden, die vergleichsweise häufig in der Praxis zur Anwendung kommen, gelten z.b. der fallweise Ausschluss sowie der paarweise Ausschluss von fehlenden Werten (vgl. Peugh/Enders 2004, S. 528).

Beim fallweisen Ausschluss von fehlenden Werten werden jeweils nur diejenigen Fälle in entsprechende statistische Analysen integriert, welche einen vollständigen individuellen Datensatz aufweisen. Trifft diese Voraussetzung nicht zu, wird der entsprechende Fall komplett gelöscht. Ein großer Vorteil dieses Verfahrens ist die einfache Umsetzbarkeit. Kritisch ist jedoch zu sehen, dass durch den fallweisen Ausschluss Verzerrungen entstehen können. In vielen Fällen führt dieses Verfahren nämlich zu einer dramatischen Reduktion der Stichprobengröße, häufig resultieren zwischen 20 bis 50 Prozent weniger Fälle als die ursprüngliche Stichprobe, was besonders bei kleinen Stichproben folgenreich sein kann (vgl. Acock 2005, S. 1015). Eine Reduzierung der Zuverlässigkeit sowie der Teststärke von statistischen Analysen kann ebenso mit

---

[38] Alle Autoren leisten in ihren entsprechenden Arbeiten hervorragende Übersichten zu den verschiedensten Methoden zum Umgang mit fehlenden Werten. In der vorliegenden Arbeit werden einige Verfahren näher dargestellt, die einerseits in der Praxis häufig Verwendung finden bzw. aus methodischer Sicht besonders empfehlenswert sind.

dem fallweisen Ausschluss einhergehen. Darüber hinaus kann sich durch den Ausschluss spezifischer Fälle die Stichprobe in ihren Eigenschaften an sich verändern. Der fallweise Ausschluss kann daher lediglich dann als akzeptables Mittel angesehen werden, wenn die fehlenden Werte vollständig zufällig fehlen (MCAR) (vgl. Wirtz 2004, S. 112; Schafer/Graham 2002, S. 155) und nur ein relativ geringer Teil an Fällen durch das Verfahren ausgeschlossen wird. Graham et al. (2003) schlagen in diesem Zusammenhang einen Richtwert von ungefähr 5 Prozent ausgeschlossener Fälle vor, welcher ihrer Ansicht nach als vertretbar erscheint (vgl. Graham et al. 2003, S. 90). Wie bereits erwähnt, wird der fallweise Ausschluss, trotz der möglicherweise resultierenden Problematiken, sehr häufig in der Forschungspraxis angewendet. Allison (2002) stuft diese Methodik, unter der Annahme von MCAR, zudem als die produktivste unter den klassischen Verfahren ein (vgl. Allison 2002, S. 7).

Der paarweise Ausschluss von fehlenden Werten ist mit gängigen Statistik-Programmen ebenfalls einfach umsetzbar. Je nach Analyse werden dabei genau diejenigen Fälle herangezogen, die entsprechende Informationen bereitstellen. Klarer Nachteil ist hierbei jedoch, dass sich einzelne Analysen deutlich in ihrer Stichprobengrößen unterscheiden können. Eine Vergleichbarkeit von Ergebnissen und Kennwerten ist somit nicht möglich. Zudem ist auch dieses Verfahren formal nur unter der MCAR-Annahme durchführbar (vgl. Wirtz 2004, S.113; Schafer/Graham 2002, S. 155).

Auch das Ersetzen eines fehlenden Wertes anhand des entsprechenden Item-Mittelwerts gilt als eine klassische Methode im Hinblick auf den Umgang mit fehlenden Werten. Fehlt zum Beispiel die Altersangabe eines Probanden, wird diese durch das durchschnittliche Alter aller Befragten ersetzt. Diese Vorgehensweise ist ebenfalls sehr einfach in der Praxis umzusetzen. Anders als in den vorangehend beschriebenen Verfahren kommt es hierbei jedoch zur nachträglichen Vervollständigung (Imputation) von fehlenden Werten, um somit einen vollständigen Datensatz zu erhalten. Es werden demnach keine Fälle aus der Analyse ausgeschlossen. Diese Methodik erscheint attraktiv im Hinblick auf den Umgang mit fehlenden Werten, wird in der Literatur jedoch sehr kritisch betrachtet. Der Grund hierfür ist, dass durch das Ersetzen fehlender Werte durch den jeweiligen Mittelwert der Variablen eine deutlich verringerte Varianz dieser Variablen resultiert. Zudem kommt es zu Verzerrungen der Kovarianzen sowie der Korrelation zwischen Variablen (vgl. Wirtz 2004, S.113; Graham et al. 2003, S. 90).

Die sogenannte ipsative Mittelwertsersetzung wird hingegen von Verfechtern der multiplen Imputation, welche im Folgenden ebenfalls näher erläutert wird und für viele Methodiker als das ‚beste' Verfahren gilt, unter bestimmten Voraussetzungen als eine sinnvolle Vorgehensweise anerkannt. Dieses Verfahren findet dann Anwendung, wenn übergeordnete Konstrukte durch mehrere Einzelitems gebildet werden. Der Wert für das jeweilige Konstrukt wird dabei durch die Berechnung des Mittelwertes über die einzelnen Items erzeugt. Zeigt sich bei diesem Vorgehen, dass ein oder mehrere Items einen fehlenden Wert aufweisen, wird durch die ipsative Mittelwertsersetzung trotzdem ein Gesamt-Konstruktwert berechnet, anstatt einen fehlenden Wert für das übergeordnete Konstrukt zu berichten (vgl. Schafer/Graham 2002, S.158). Schafer/Graham (2002) betonen in diesem Zusammenhang, dass als Voraussetzung zur Durchführung dieses Verfahrens überprüft werden sollte, ob die einzelnen Items eine gewisse Reliabilität zueinander aufweisen. Als Richtwert wird hierbei ein Alpha von ungefähr 0,7 oder größer vorgeschlagen. Dieses Verfahren findet in der empirischen Forschung häufig Anwendung, ohne dass den jeweiligen Forschern dabei jedoch bewusst ist, dass es sich hierbei ebenfalls um eine Methodik zur Reduktion fehlender Werte handelt (vgl. Schafer/Graham 2002, S. 158).

Als Vertreter modernerer Verfahren im Umgang mit fehlenden Werten kann der EM (Expectation-Maximation)-Algorithmus als Beispiel einer einfachen Imputation angesehen werden. Der EM-Algorithmus stellt eine iterative Methode dar, welche Maximum-Likelihood- Schätzer hervorbringt. Dabei werden in zwei Schritten (dem E- und dem M-Schritt) den fehlenden Werten zunächst ursprüngliche Werte zugewiesen. Je nach dem welcher spezifische Algorithmus dem Verfahren zugrunde liegt, kann dies beispielsweise der Mittelwert oder auch ein auf Basis einer Regression erzeugter Wert sein. Im zweiten Schritt werden dann die erzeugten Erwartungswerte maximiert. Dieser Kreislauf wird solange wiederholt, bis sich die dahinterliegende Kovarianz-Matrix nicht mehr substantiell verändert. Der Forscher erhält dadurch letztlich einen vollständigen Datensatz, mit welchem entsprechende Analysen durchgeführt werden können[39] (vgl. Cheema 2014, S. 494). Diese Methodik liefert unverzerrte Schätzer unter der MAR-Annahme, es werden jedoch nicht automatisch entsprechende Standardfehler mitberechnet. Aus diesem Grund sollte von dieser Methodik Abstand genommen werden, falls das Testen von Hypothesen in der jeweiligen Forschung beabsichtigt wird. Im Falle einer rein deskriptiven Betrachtung der Daten ist dieses Verfahren jedoch sinnvoll und mit entsprechenden Statistikprogrammen einfach umsetzbar (vgl. Graham 2009, S. 556; Lütdke et al. 2007, S. 109).

Auch die multiple Imputation stellt eine moderne Methodik im Umgang mit fehlenden Werten dar. Diese gestaltet sich vergleichsweise komplex, liefert jedoch unter der MAR-Annahme unverzerrte Schätzer und ermöglicht das Testen von Hypothesen. Dieses Imputationsverfahren erzeugt, anders als die zuvor angeführte Methodik, in einem ersten Arbeitsschritt mehrere vollständige Datensätze. Durch die vorliegenden Informationen werden die fehlenden Werte dabei entsprechend mit ‚realen' Werten ersetzt. Als nächstes können die jeweiligen Datensätze dann mit Standardverfahren bearbeitet werden. Die Einzelergebnisse gilt es abschließend in gepoolter Form auszuwerten[40] (vgl. Lüdtke et al. 2007, S. 110).

Die Methodenliteratur zu diesem Thema empfiehlt im Umgang mit fehlenden Werten vor allem die modernen Verfahren, insbesondere die multiple Imputation wird dabei präferiert (vgl. Schafer/Graham 2002, S. 165; Rubin 1996, S. 473). In der Praxis zeigt sich jedoch, dass diese Verfahren eher zurückhaltend eingesetzt werden und primär klassische Vorgehensweisen, häufig der fallweise Ausschluss, Verwendung finden (vgl. Cheema 2014, S. 489; Peugh/Enders 2004, S. 553). Kritiker moderner Verfahren zum Umgang mit fehlenden Werten sind der Meinung, dass durch Imputationsverfahren „die mathematische Komplexität statistischer Auswertungen auf eine in vielen

---

[39] Wie genau der technische Ablauf der einfachen Imputation mit Hilfe eines EM-Algorithmus abläuft, kann sehr anschaulich beispielsweise bei Graham (2009) nachgelesen werden.

[40] Der theoretische Ablauf der multiplen Imputation wird im vorliegenden Kontext nur sehr vereinfacht dargestellt. Der technische Ablauf einer multiplen Imputation kann sehr anschaulich bei Rubin (1996) nachgelesen werden.

Anwendungen bisher unübliche Ebene" (Wuttke 2008, S. 179) angehoben wird und diese Komplexität die Gefahr mit sich bringt, dass unnötige Fehler gemacht werden. Auch die Reproduzierbarkeit von Forschungsergebnissen wird durch den Einsatz von modernen Imputationsverfahren erschwert, da bei jeder einzelnen Anwendung und je nach Statistikprogramm unterschiedliche Gesamtdatensätze, die die Basis der Analysen darstellen, erzeugt werden und somit auch unterschiedliche Schätzer resultieren (vgl. Wuttke 2008, S. 179; Allison 2002, S. 28).

Die Erstellung einer entsprechenden ‚Check-Liste', die deutlich macht, wann genau welches Verfahren am besten eingesetzt werden sollte, ist zudem schwierig. Cheema (2014) präsentiert beispielsweise in seiner Arbeit eine Übersicht über exemplarische Studien, die deutlich macht, dass je nach spezifischer Situation und Datenlage verschiedene Verfahren unterschiedlich gute bzw. schlechte Schätzer und Ergebnisse hervorbringen (vgl. Cheema 2014, S. 496 ff.). Young et al. (2011) kommen durch die Analyse verschiedener Forschungsbeiträge zu dem Ergebnis, dass, wenn weniger als 1% der gesamten Daten fehlt, die Auswahl eines entsprechenden Verfahrens belanglos ist. Fehlen bis zu 5% der Daten, dann sind einfache Verfahren, wie beispielsweise der fallweise Ausschluss ein adäquates Mittel. Liegt der Anteil an fehlenden Werten jedoch bei mehr als 5% wird eine multiple Imputation empfohlen (vgl. Young et al. 2011, S. 37).

Um die Problematik der fehlenden Werte möglichst unkompliziert und einfach behandeln zu können, sollte in der empirischen Forschung somit stets darauf geachtet werden, dass aufgrund der Erhebungsstruktur prinzipiell die Wahrscheinlichkeit für fehlende Werte möglichst gering gehalten wird. Treten fehlende Werte in einer Forschungsarbeit auf, sollte der Umgang mit diesen jedoch unbedingt aktiv diskutiert und dargestellt werden. Der entsprechende Umgang mit den fehlenden Werten im Falle der vorliegenden Arbeit wird daher im nachfolgenden Abschnitt näher erläutert.

10.3.2 Analyse fehlender Werte – praktische Umsetzung

Im Falle des vorliegenden Datenmaterials resultieren die fehlenden Werte aus einer sogenannten item-nonresponse. Das bedeutet, dass einige Fragebogenteilnehmer/innen einzelne Items nicht beantwortet haben. Die jeweiligen Fragebögen sind demnach nicht vollständig ausgefüllt[41] (vgl. Diekmann 2008, S. 426).

Bevor entschieden werden kann, welches Verfahren zum Umgang mit diesen fehlenden Werten angemessen erscheint, gilt es eine Analyse der fehlenden Werte durchzuführen. Hierbei zeigt sich, dass insgesamt 163 Fälle im Datensatz vorliegen, die mindestens einen fehlenden Wert in einem der erhobenen 43 Items aufweisen. Dies entspricht 10,4 Prozent aller Fälle. Der Anteil der fehlenden Werte fällt im Verhältnis zur Gesamtfallzahl von 1566 Fällen somit relativ gering aus, insbesondere im Vergleich zu anderen Studien, welche häufig zwischen 20 bis 50 Prozent an Fällen mit fehlenden Werten zu verzeichnen haben (vgl. Acock 2005, S. 1015). Die meisten fehlenden Werte weist mit 1,4 Prozent (n=22) die Frage nach dem Alter der Fragebogenteilneh-

---

[41] Im Falle der onlinebasierten Version des Fragebogens wurde dieser Problematik insoweit entgegen gewirkt, dass alle Fragen, außer denjenigen des soziodemografischen Abschnitts, als Pflichtfragen definiert wurden.

mer/innen auf, gefolgt von der Frage zur Erhebung der wahrgenommenen Verhaltenskontrolle (1,3 Prozent, n=20). Eine detaillierte Übersicht der jeweiligen Anteile der
fehlenden Werte aller weiteren Fragebogenitems findet sich im Anhang 3 dieser Arbeit.

Allgemein soll an dieser Stelle noch einmal betont werden, dass fehlende Werte einzelner Items im Hinblick auf die zu analysierende Datengrundlage insbesondere deshalb folgenreich sein können, da die zuvor formulierten Forschungshypothesen mit
Hilfe einer multivariaten Regressionsanalyse überprüft werden sollen. Wie bereits bekannt, berücksichtigt dieses statistische Verfahren lediglich diejenigen Fälle, die für
jede integrierte Regressionsvariable Informationen bereitstellt. Fehlt beispielsweise bei
einem Fall für die Kontrollvariable Alter die entsprechende Angabe, wird dieser vollständig aus der Regression ausgeschlossen. Wertvolle Informationen zu diesem Probanden gehen dadurch ausnahmslos verloren. An dieser Stelle muss jedoch auch hervorgehoben werden, dass ein Großteil der erhobenen Items nicht direkt in die Regressionsanalyse einfließt, sondern als ein Index aus mehreren Items ein Erklärungskonstrukt repräsentiert (vgl. Kapitel 9). Diese Indexbildung soll über die Berechnung des
entsprechenden Mittelwerts erfolgen[42]. Der dabei resultierende Wert stellt dann den in
die Regression einfließenden Wert dar.

Es stellt sich nun die grundlegende Frage, welches der vorgestellten Verfahren zum
Umgang mit fehlenden Werten als geeignet für den vorliegenden Kontext betrachtet
werden kann. Im Hinblick auf moderne Analyseverfahren stehen zum einen der EM-
Algorithmus sowie zum anderen eine multiple Imputation zur Auswahl. Der Einsatz
des EM-Algorithmus ist im vorliegenden Kontext jedoch nicht zielführend, da das
Testen von Hypothesen auf Basis der dabei resultierenden Daten nicht möglich ist
(vgl. Graham 2009, S. 556; Lütdke et al. 2007, S. 109). Dieser Anspruch ist jedoch ein
zentraler Bestandteil der vorliegenden Forschungsarbeit. Auch vom Verfahren der
multiplen Imputation wird in diesem Zusammenhang Abstand genommen. Das Argument, dass dadurch eine zusätzliche Komplexitätssteigerung mit erheblichen Fehlerquellen hinsichtlich weiterer Analyseverfahren erzeugt wird, wird hierbei als Ausschlusskriterium erachtet. Zudem verhindert der Einsatz der multiplen Imputation eine
Replikation der letztlich resultierenden Ergebnisse (vgl. Wuttke 2008, S. 179)[43].
Die Entscheidung zum Umgang mit den vorliegenden fehlenden Werten fällt daher
zugunsten eines zweistufigen Prozesses auf Basis traditioneller Verfahren aus. Durch

---

[42] Die Entscheidung für die Bildung von Mittelwertindices beruht auf der Überlegung, dass dadurch
eine Rücktransformation auf die ursprünglich im Zuge der Erhebung bereitgestellte metrische Skala
von -3 bis +3 möglich wird. Durch eine reine Aufsummierung der einzelnen Itemwerte, als alternative Vorgehensweise, würde sich hingegen eine neue Skalenbreite bilden.

[43] Das Verfahren der multiplen Imputation wurde im Zuge der Analyse fehlender Werte exemplarisch
ebenfalls angewendet. Die deskriptive Betrachtung des dabei entstandenen gepoolten Datensatzes
aus Originaldaten und über die multiple Imputation erzeugte Daten kommt dabei zu dem Ergebnis,
dass die prozentualen Verteilungen, spezifische Mittelwerte sowie Standardabweichungen aller
Items nahezu identisch mit den Originaldaten sind, welche fehlenden Werte beinhalten. Die Befürchtung, dass fehlende Werte die Eigenschaften eines Datensatzes stark verändern bestätigt sich
im vorliegenden Fall somit nicht.

eine ipsative Mittelwertsersetzung soll dabei zunächst der notwendige Schritt der Indexbildung anhand entsprechender Items vollzogen werden. Dies hat den Vorteil, dass Fälle, die auf einem Item, welches zur Berechnung einer Konstruktvariablen benötigt wird, einen fehlenden Wert aufweisen, nicht vollständig aus der statistischen Analyse ausgeschlossen werden. Die Informationsreduktion aufgrund fehlender Werte kann somit gemindert werden. Bevor diese Indices jedoch gebildet werden können, müssen die jeweiligen Items, die zusammengefasst werden sollen, auf interne Konsistenz geprüft werden. Dies erfolgt über eine Reliabilitätsanalyse[44].

Im Falle der Items, die zur Bildung der Konstruktvariablen Intention dienen, liegt die Prüfgröße Cronbach's alpha bei 0,920[45]. Im Falle der Einstellungs-Items liegt ein Wert von 0,734[46] und bei der subjektiven Norm ein Wert von 0,836 vor[47]. Auch die interessierenden Erklärungskonstrukte persönliche Norm[48], Autonomie[49] sowie Status[50] sollen durch die Bildung eines Mittelwertindexes aus den entsprechenden Itemwerten erzeugt werden[51]. Die Reliabilitätsanalyse liefert bezüglich der Items zur persönlichen Norm ein Cronbach's alpha von 0,902. Im Hinblick auf das Konstrukt Autonomie liegt ein Wert von 0,718 vor und im Falle des Konstrukt Status ergibt Cronbach's alpha 0,631.

Auf Basis der durchgeführten Reliabilitätsanalysen zur Prüfung auf interne Konsistenz der jeweiligen Items zueinander, werden somit entsprechende Mittelwertindices gebildet. Im Falle des Konstrukts Status liegt der resultierende Wert zwar etwas niedriger als der Richtwert von Cronbach's alpha > 0,7, da die Abweichung jedoch gering ausfällt wird auch in diesem Fall eine Indexbildung vorgenommen. Die dadurch resultierenden Erklärungskonstrukte können dabei prinzipiell einen Wert zwischen -3 und +3 annehmen.

Eine erneute Missing-Value-Analyse derjenigen Items und übergeordneten Konstruktvariablen, die zur Überprüfung des Erklärungsmodells tatsächlich notwendig sind, ergibt, dass nach der ipsativen Mittelwertsersetzung 71 Fälle im Datensatz vorliegen, die mindestens einen fehlenden Wert in einem für die Regression relevanten Item aufweisen. Informationen dieser Probanden können somit nicht für die Regressionsanaly-

---

[44] Die Prüfgröße Cronbach's alpha gibt in diesem Zusammenhang Aufschluss darüber, ob bei den entsprechenden Items von interner Konsistenz ausgegangen werden kann. Diese nimmt allgemein Werte zwischen 0 und 1 an. Ein Wert von 0 bedeutet, dass das jeweilige Item-Set keinerlei interne Konsistenz aufweist, ein Wert von 1 steht hingegen für vollständige interne Konsistenz des Item-Sets (vgl. Bortz/ Döring 2006, S. 725). Bezüglich des Aspekts, ab wann eine ausreichende Reliabilität im Hinblick auf die jeweiligen Items vorliegt, werden in der Literatur unterschiedliche Grenzwerte angegeben. Ein Wert für Cronbach's alpha > 0,7 kann jedoch für empirische Arbeiten als befriedigend angesehen werden (vgl. bspw. Cortina 1993, Bagozzi/Yi 1988).
[45] Das Konstrukt Intention setzt sich aus den Items 31 und 32 des Fragebogens zusammen.
[46] Das Konstrukt Einstellungen setzt sich aus den Items 19_1 bis 19_7 des Fragebogens zusammen.
[47] Das Konstrukt subjektive Norm setzt sich aus den Items 29 und 30 des Fragebogens zusammen.
[48] Das Konstrukt persönliche Norm setzt sich aus den Items 13 bis 16 des Fragebogens zusammen.
[49] Das Konstrukt Autonomie setzt sich aus den Items 5 bis 7 sowie 11 des Fragebogens zusammen.
[50] Das Konstrukt Status setzt sich aus den Items 8 bis 10 sowie 12 des Fragebogens zusammen.
[51] Bevor für die Konstrukte Autonomie und Status eine Reliabilitätsanalyse durchgeführt werden kann, muss eine Umpoolung der Antwortwerte für die Items 6, 8 und 10 vollzogen werden. Nur so ist die Erzeugung eines einheitlichen Messwerts möglich.

se genutzt werden. Diese Fallanzahl entspricht 4,5 Prozent aller Fälle, die prinzipiell zur Überprüfung des Erklärungsmodells herangezogen werden können. Da der Anteil an Fällen mit fehlenden Werten, die für die Überprüfung der Forschungshypothesen bedeutsam sind, im vorliegenden Datensatz somit sehr gering ausfällt, soll in einem zweiten Schritt das Verfahren des fallweisen Ausschluss angewendet werden. Wie bereits zuvor ausgeführt, ist dies insbesondere bei großen Stichproben mit wenigen fehlenden Werten (Richtwert 5%) durchaus als adäquates Verfahren anzusehen (vgl. Graham et al. 2003, S. 90). Zudem muss jedoch im Hinblick auf die Durchführung dieser Methodik die Voraussetzung der MCAR-Annahme erfüllt werden. Diese wird mithilfe des MCAR-Test nach Little überprüft (vgl. Little 1988). Die Nullhypothese des Tests lautet, dass die zu analysierenden Daten der MCAR-Annahme folgen. Es ergibt sich ein Signifikanzwert von 0,110. Das bedeutet, dass die Nullhypothese auf den gängigen Signifikanzniveaus von α=0,01/ 0,05/ 0,1 nicht verworfen werden kann und die MCAR-Annahme beibehalten wird. Fälle mit fehlenden Werten auf den für das Regressionsmodell relevanten Variablen können demnach vollständig aus dem zu analysierenden Datensatz entfernt werden.

Durch diesen fallweisen Ausschluss ergibt sich somit eine Reduktion der Stichprobengröße um 71 Personen. Es verbleiben demnach Informationen von insgesamt 1495 Fällen, welche theoretisch zur Überprüfung der formulierten Forschungshypothesen herangezogen werden können.

Da der fallweise Ausschluss lediglich auf diejenigen Items angewendet wurde, die für die multivariate Regressionsanalyse von Bedeutung sind, liegen bei einzelnen Items, die lediglich der deskriptiven Beschreibung der vorliegenden Stichprobe dienen, noch immer einige fehlende Wert vor. Diese bewegen sich jedoch in einem Rahmen zwischen 0,1 und 0,5 Prozent fehlender Werte je Item. Da die entsprechenden Fälle für die zentrale Überprüfung der Forschungshypothesen jedoch die geforderten Informationen bereitstellen, werden sie nicht aus dem Datensatz entfernt. Wertvolle Informationen hinsichtlich der Überprüfung der Forschungshypothesen können dadurch beibehalten werden. Im Abschnitt zur deskriptiven Betrachtung der Stichprobe werden daher bei einigen Variablen auch fehlende Werte mit ausgewiesen.

10.3.3 Ausschluss von Fragebogenteilnehmer/innen $\geq$ 30 Jahre

Im Grundlagenkapitel zur Definition der Gruppe von Jugendlichen und jungen Erwachsenen wurde deutlich, dass im Falle der vorliegenden Arbeit primär die Meinungen und Einstellungen von Personen im Alter von ungefähr 16 bis Ende 20 Jahren im Fokus stehen sollen. Ein erster Blick auf das Alter der Fragebogenteilnehmer/innen zeigt jedoch, dass auch Personen unter 16 Jahren (n=27) sowie 30 Jahre und älter (n=25) an der Befragung teilgenommen haben[52]. Es muss daher die grundlegende Ent-

---

[52] Diese Personen resultieren daraus, dass zum einen bei der Erhebung in den Schulen Schüler/innen Teil der befragten Klassen waren, die unter 16 bzw. über 29 Jahren waren (insbesondere in den Realschulen bzw. Berufsschulen) und im Zuge des Befragungsprozesses nicht direkt ausgeschlossen wurden. Zum anderen konnte im Zuge der onlinegestützten Befragung der Studierenden nicht im Voraus eine Alterseinschränkung der teilnehmenden Probanden vollzogen werden. Aufgrund der im Fragebogen integrierten Altersvariablen können die entsprechenden Personen jedoch sehr einfach identifiziert werden.

scheidung getroffen werden, ob diese Personen in die weiteren Analysen integriert werden sollen oder ob sie per Definition aus der Erhebung ausgeschlossen werden. Um eine entsprechende Entscheidung treffen zu können, werden t-Tests durchgeführt. Hierbei wird getestet, ob sich die jeweiligen Antworten hinsichtlich zentraler Erklärungskonstrukte dieser Arbeit[53] zwischen der interessierenden Altersgruppe und denjenigen Personen unter 16 Jahren bzw. 30 Jahre und älter signifikant unterscheiden[54]. Im Falle der unter 16-Jährigen ergeben sich keine signifikanten Unterschiede bezüglich der zentralen Erklärungskonstrukte. Die Angaben dieser Personen werden daher für die durchzuführenden Analysen beibehalten. Ein anderes Bild zeigt sich im Fall derjenigen Personen, die 30 Jahre und älter sind. Es liegen durchaus signifikante Unterschiede hinsichtlich der Konstrukte Einstellungen gegenüber Carsharing, subjektive Norm, persönliche Norm sowie Status vor. Um Verzerrungen aufgrund dieser signifikanten Unterschiede hinsichtlich der Meinungen und Einstellungen der interessierenden Gruppe der Jugendlichen und jungen Erwachsenen vorzubeugen, werden die entsprechenden Personen im Alter von 30 Jahren und älter für spätere Analysen ausgeschlossen (n=25). Es ergibt sich hierdurch eine Reduktion des Datensatzes von 1495 auf 1470 Fälle, welche zur deskriptiven Betrachtung und Überprüfung der formulierten Forschungshypothesen theoretisch herangezogen werden können.

Neben der Analyse fehlender Werte im Enddatensatz sowie dem Ausschluss von definitorisch unpassenden Fragebogenteilnehmer/innen müssen im Hinblick auf die Durchführbarkeit von multivariaten Analysemethoden weitere Datenaufbereitungsschritte und Datenprüfungen durchgeführt werden. Diese werden jedoch erst an entsprechender Stelle näher ausgeführt. Es folgt zunächst eine deskriptive Betrachtung der vorliegenden Stichprobe.

10.4 Deskriptive Betrachtung der Datengrundlage

Wie bereits vorangehend angeführt, besteht die deskriptiv zu analysierende Stichprobe der befragten Jugendlichen und jungen Erwachsenen aus insgesamt 1470 Personen. Diese Stichprobe soll hinsichtlich zentraler soziodemografischer sowie allgemeiner mobilitätsspezifischer Aspekte im Folgenden näher charakterisiert und vorgestellt werden. Zudem werden die zentralen Erklärungskonstrukte dieser Arbeit deskriptiv betrachtet[55].

---

[53] Es handelt sich hierbei um die Konstrukte Intention (INT), Einstellungen (EIN), subjektive Norm (SN), wahrgenommene Verhaltenskontrolle (VWK), persönliche Norm (PN), Autonomie (AUT) und Status (STA).

[54] Die formale Voraussetzung zur Durchführung von t-Tests ist die (annähernde) Normalverteilung der entsprechenden Daten. Diese ist gegeben. Die formale Voraussetzung zur Interpretation der Ergebnisse des t-Tests ist die Varianzgleichheit. Diese ist ebenfalls erfüllt (vgl. Raab-Steiner/Benesch 2012, 122 ff.).

[55] Eine zusammenfassende Übersicht zentraler statistischer Maße (Mittelwert/Modus, Standardabweichung, Cronbach's alpha) aller im Fragebogen integrierten Items findet sich in der Tabelle des Anhangs 4.

10.4.1 Soziodemografische Zusammensetzung der Stichprobe

Durch die nähere Betrachtung verschiedener soziodemografischer Aspekte soll ein besseres Verständnis und Wissen im Hinblick auf die zugrundeliegende Stichprobe ermöglicht werden. Der nachfolgende Abschnitt bietet diesbezüglich eine zusammen-fassende Übersicht der erhobenen soziodemografischen Daten der Stichprobe von Jugendlichen und jungen Erwachsenen aus Baden-Württemberg.

Die deskriptive Auswertung der soziodemografischen Daten zeigt, dass in der zu untersuchenden Stichprobe ein ausgeglichenes Geschlechterverhältnis vorliegt. 48,9 Prozent (n=719) der befragten Personen sind demnach männlich, 51,1 Prozent (n=751) hingegen weiblich (vgl. Abbildung 8). Diese Geschlechteraufteilung innerhalb der Stichprobe entspricht dabei fast genau dem Geschlechterverhältnis von Jugendlichen und jungen Erwachsenen im Alter zwischen 15 und 29 Jahren in Baden-Württemberg (männlich =50,8 Prozent, weiblich = 49,2 Prozent, Stand 09.05.2011)[56] (vgl. Statistisches Bundesamt 2014b).

Wie bereits zuvor angeführt, wurde im Rahmen der Teilnehmerakquise darauf geachtet, Personen für die Erhebung zu gewinnen, die zum Zeitpunkt der Befragung unterschiedliche formale Bildungsinstitutionen besuchen. Der Besuch einer Realschule trifft dabei auf 14,5 Prozent (n=213) der Fragebogenteilnehmer/innen zu. Weitere 36,5 Prozent (n=536) der Befragten sind Gymnasiasten. Eine Berufs(fach)schule wird von 27,3 Prozent (n=402) besucht, ein Berufskolleg hingegen von 3,4 Prozent (n=50)[57]. Zudem sind 18,3 Prozent (n=269) der Fragebogenteilnehmer/innen als Studierende eingeschrieben (vgl. Abbildung 8).

Abbildung 8: Geschlechterverhältnis und aktuell besuchte Bildungsinstitution (n=1470)

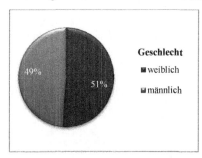

Quelle: Eigene Berechnung und Darstellung mithilfe von SPSS und Excel (gerundete Werte)

---

[56] Diese Daten beruhen auf der Fortschreibung des Bevölkerungsstandes auf Basis des Zensus 2011. Berechnet werden diese vom Statistischen Bundesamt.

[57] Aufgrund der vergleichsweise schwachen Besetzung der Kategorie Berufskolleg werden Personen mit dieser Angabe in die Antwortkategorie Berufs(fach)schule integriert. Dies ist sinnvoll, da beide Bildungsinstitutionen der beruflichen Ausbildung zugeordnet werden können.

Die Gegenüberstellung dieser Zahlen mit Daten des Bildungsberichts 2014 wird deutlich, dass insbesondere Studierende in der vorliegenden Stichprobe unterrepräsentiert sind, Berufs(fach)schüler/innen hingegen überrepräsentiert (vgl. Bundesministerium für Bildung und Forschung 2014, S. 227).

Das durchschnittliche Alter der befragten Personen liegt bei rund 19 Jahren. Die jüngsten Fragebogenteilnehmer/innen sind dabei 15 Jahre alt, die ältesten hingegen 29 Jahre. Die Stichprobe wird demnach stärker durch Jugendliche geprägt. Junge Erwachsene, insbesondere jene Mitte 20, sind vergleichsweise schwächer vertreten. Die zugrundeliegende Stichprobe entspricht daher nicht exakt der tatsächlichen Altersverteilung von Jugendlichen und jungen Erwachsenen in Deutschland. Daten des statistischen Bundesamtes zeigen in diesem Zusammenhang, dass der Anteil der Anfang bis Mitte 20-Jährigen im Vergleich zu denjenigen unter 20 Jahren etwas höher ausfällt (vgl. statista 2014).

Im Hinblick auf die jeweilige Wohnumgebung der Studienteilnehmer zeigt sich ebenfalls ein recht ausgeglichenes Verhältnis an Personen, die nach eigener Einschätzung in einem Dorf (38,4 Prozent, n=564), im Vorort einer (Groß-) Stadt (35,6 Prozent, n=524) oder im Zentrum einer (Groß-) Stadt (26,0 Prozent, n=382) leben (vgl. Abbildung 9).

Personen mit Migrationshintergrund sind ebenso in der vorliegenden Stichprobe vertreten. 28,6 Prozent (n=420) der Fragebogenteilnehmer/innen gaben an, dass die eigene Mutter und/ oder der eigene Vater nicht in Deutschland geboren wurden (vgl. Abbildung 9). Dieser Anteil entspricht in etwa dem durchschnittlichen Anteil der deutschen Jugendbevölkerung mit Migrationshintergrund. Laut Zahlen des Statistischen Bundesamtes aus dem Jahre 2012 liegt dieser bei rund 25 Prozent (vgl. Statistisches Bundesamt 2014a).

Abbildung 9: Wohnumgebung und Migrationshintergrund (n=1470)

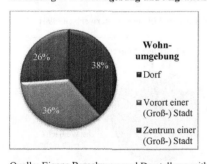 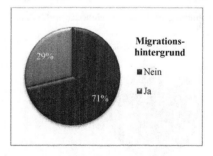

Quelle: Eigene Berechnung und Darstellung mithilfe von SPSS und Excel (gerundete Werte)

Es kann an dieser Stelle somit festgehalten werden, dass die zugrundeliegende Stichprobe hinsichtlich zentraler soziodemografischer Merkmale zwar nicht völlig deckungsgleich mit einer repräsentativen Stichprobe deutscher bzw. badenwürttembergischer Jugendlicher und junger Erwachsenen ist, dieser jedoch sehr nahe kommt. Im nachfolgenden Abschnitt soll diese Stichprobe tiefergehend im Hinblick auf mobilitätsbezogene Aspekte charakterisiert werden.

10.4.2 Allgemeine mobilitätsspezifische Aspekte

In Deutschland ist der Besitz eines Pkw-Führerscheins theoretisch ab einem Alter von 17 Jahren möglich. 1268 Personen der vorliegenden Stichprobe sind demnach führerscheinberechtigt. Die Analyse der Daten zeigt, dass 77 Prozent dieser Personen (n=976) tatsächlich im Besitz eines Pkw-Führerscheins sind. Dieser Anteil fällt im Vergleich zur Studie des Instituts für Mobilitätsforschung aus dem Jahre 2008 geringer aus. Dort wurde ein Anteil von 90 Prozent Führerscheinbesitzern im Alter zwischen 18 bis 29 Jahren festgestellt (vgl. Institut für Mobilitätsforschung 2011, S. 8). Kann dieses Ergebnis nun als ein Beleg für den prognostizierten Rückgang in den Führerscheinzahlen im Allgemeinen angesehen werden (vgl. bspw. Sivak/Schoettle 2013, Schönduwe et al. 2012, Institut für Mobilitätsforschung 2011, Sivak/Schoettle 2011)? Weitere Analysen der jeweiligen Daten sprechen eher dagegen. Berücksichtigt man nämlich, wie in der Studie des Instituts für Mobilitätsforschung, ebenfalls lediglich Personen im Alter zwischen 18 und 29 Jahren, zeigt sich eine fast identische Führerscheinquote von rund 89 Prozent. Der Grund hierfür ist, dass insbesondere bei den 17-jährigen Befragten der Stichprobe der Anteil der Nicht-Pkw-Führerscheinbesitzer vergleichsweise hoch ausfällt.

Darüber hinaus zeigt die Auswertung zur Frage zum zukünftigen Führerscheinerwerb, dass 96,6 Prozent (n=477) derjenigen Befragten, die bisher keinen Führerschein besitzen, diesen ebenfalls zukünftig erlangen möchten. Lediglich 0,8 Prozent (n=4) der Personen gaben an, zukünftig keinen Führerschein machen zu wollen, weitere 2,6 Prozent (n=13) waren sich zum Zeitpunkt der Befragung noch unsicher. Insgesamt zeigt sich somit, dass der Besitz eines Pkw-Führerscheins für die Fragebogenteilnehmer/innen von großer Bedeutung ist (vgl. Abbildung 10).

Abbildung 10: Führerscheinbesitz (n=1268) und zukünftiger Führerscheinerwerb (n=494)

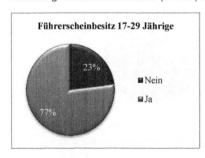

Quelle: Eigene Berechnung und Darstellung mithilfe von SPSS und Excel (gerundete Werte)

Ein ähnliches Bild ergibt sich bezüglich des Besitzes bzw. der Nutzungsmöglichkeit eines privaten Pkws. 46,6 Prozent der Personen mit Pkw-Führerschein (n=455) besitzen demnach selbst ein Automobil, weitere 48 Prozent (n=468) haben die Möglichkeit,

Autos von Verwandten/Bekannten nach Absprach zu nutzen. Nur 5,1 Prozent der befragten Jugendlichen und jungen Erwachsenen (n=50) haben trotz Führerscheinbesitz keinen Zugriff auf private Pkws[58] (vgl. Abbildung 11).
Neben der Frage zum aktuellen Pkw-Besitz bzw. der Pkw-Verfügbarkeit wurden diejenigen Fragebogenteilnehmer/innen, die zum Zeitpunkt der Befragung Führerscheinbesitzer sind jedoch ohne eigenes Auto bzw. noch keinen Führerschein erlangt haben, diesen aber machen möchten, gefragt, ob sie sich zukünftig einen eigenen Pkw anschaffen möchten. Auch hier zeigte sich eine recht hohe positive Resonanz im Hinblick auf den Besitz eines Autos. 26,7 Prozent (n=268) gaben in diesem Zusammenhang an, sich möglichst bald ein eigenes Auto anschaffen zu wollen. Weitere 60 Prozent der Befragten (n=601) vertraten die Meinung, dass sie zukünftig ein Auto kaufen möchten, dies jedoch nicht zeitnah geschehen soll, sondern noch Zeit hat. Lediglich 5,5 Prozent der Fragebogenteilnehmer/innen (n=55) denken, dass sie zukünftig eher kein eigenes Auto anschaffen werden. 1,4 Prozent der Fragebogenteilnehmer/innen (n=14) ohne eigenes Auto möchten auch zukünftig keinen Pkw besitzen. 5,9 Prozent (n=50) haben im Hinblick auf diese Frage noch keine eindeutige Meinung ausgebildet (vgl. Abbildung 11).

Abbildung 11: Pkw-Nutzungsmöglichkeit (n=973) und zukünftiger Pkw-Erwerb (n=997)

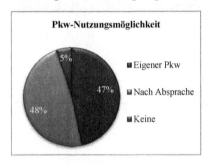

Quelle: Eigene Berechnung und Darstellung mithilfe von SPSS und Excel (gerundete Werte)

Der (zukünftige) Besitz des Pkw-Führerscheins sowie eines eigenen Autos erscheint somit für einen Großteil der befragten Jugendlichen und jungen Erwachsenen von großer Bedeutung. Die Ergebnisse auf Basis der vorliegenden Daten stehen dabei durchaus im Einklang mit thematisch verwandten Studienergebnissen. Diese konnten trotz einem Rückgang in den Führerscheinzahlen bei Jugendlichen und jungen Erwachsenen, insbesondere in Deutschland, ein weiterhin hohes Niveau an Führerscheinbesitzern identifizieren. Zudem konnten solchen Studien feststellen, dass etwa dreiviertel aller jungen Erwachsenen in den Industrieländern über einen Pkw verfügen können (vgl. bspw. Institut für Mobilitätsforschung 2011, Füssl et al. 2013). Der zukünftige Nichterwerb des Führerscheins sowie die Absicht, auf einen eigenen Pkw zu verzich-

---

[58] Diese Variable weist 0,3% (n=3) fehlende Werte auf.

ten, treffen darüber hinaus auf lediglich eine kleine Personengruppe zu (vgl. Kubitzki 2014, S.7/35).

10.4.3 Autonomie und Status

Neben diesen soziodemografisch geprägten Informationen über die Fragebogenteilnehmer/innen können durch die Fragebogenerhebung auch Aussagen zu individuellen Einstellungen hinsichtlich des Automobils gemacht werden[59].
Zum einen wurde hierbei untersucht, wie stark der Autonomie-Gedanke des Autos bei den befragten Jugendlichen und jungen Erwachsenen ausgeprägt ist. Konkret geht es dabei um Aspekt wie beispielsweise die Flexibilität, Individualität, Freiheit oder auch Selbstbestimmung, die durch die Nutzung eines Autos erreicht und unterstützt werden können. Der individuelle Wert des Konstrukts Autonomie setzt sich dabei, wie bereits bekannt, aus dem Mittelwert von bis zu vier einzelnen Items zusammen. Dieser liegt jeweils zwischen den Werten -3 (keine Autonomieausprägung) und +3 (hohe Autonomieausprägung). Abbildung 12 verdeutlicht den Autonomie-Mittelwert über alle Fragebogenteilnehmer/innen grafisch. Es ergibt sich ein Wert von 0,5432 Skalenpunkten. Der Gedanke der Autonomie aufgrund eines Automobils ist bei der Gesamtheit der befragten Jugendlichen und jungen Erwachsenen demzufolge durchaus positiv konnotiert. Die Möglichkeit der flexiblen und selbstbestimmten Mobilität spielt für sie eine gewisse Rolle.

Abbildung 12: Mittelwert Autonomie, n=1470

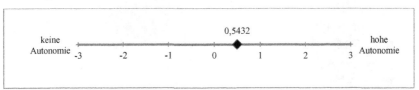

Quelle: Eigene Berechnung und Darstellung

Neben dem Autonomie-Gedanken wurde zum anderen erhoben, ob das Auto von den Jugendlichen und jungen Erwachsenen als Statussymbol verstanden wird. Diese Dimension soll konkret darstellen, welche soziale Anerkennung mit dem Besitz und der Nutzung eines eigenen Pkws verknüpft wird. Auch in diesem Fall ist prinzipiell ein Wert zwischen -3 (kein Status) sowie +3 (hoher Status) möglich. Im Hinblick auf den Gesamtmittelwert über alle Fragebogenteilnehmer/innen zeigt sich ebenfalls ein positiver Wert von 0,2130 Skalenpunkten (vgl. Abbildung 13). Das Auto wird demnach durchaus von einem gewissen Anteil der Befragten als Statussymbol eingeschätzt. Im Vergleich zum Mittelwert der Autonomie fällt dieser Wert jedoch etwas geringer aus. Die Möglichkeit zur flexiblen und selbstbestimmten Mobilität durch das Auto wird von der Gesamtheit der befragten Jugendlichen und jungen Erwachsenen somit vergleichsweise etwas stärker betont als der Gedanke des Autos als Statussymbol.

---

[59] Im Anhang 5 findet sich eine grafische Darstellung der Häufigkeitsverteilung der im Folgenden präsentierten Konstrukte. Diese bietet eine erweiterte deskriptive Perspektive.

Abbildung 13: Mittelwert Status, n=1470

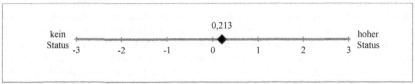

Quelle: Eigene Berechnung und Darstellung

10.4.4 Persönliche Norm

Auch bei der persönlichen Norm ist prinzipiell ein Wert zwischen -3 (keine persönliche Norm) und 3 (hohe persönliche Norm) möglich. Diese Norm verdeutlicht das Bewusstsein der Befragten hinsichtlich der umweltbelastenden Wirkung des motorisierten Individualverkehrs und einer Bereitschaft nachhaltig mobil zu sein. Die Betrachtung des Gesamt-Mittelwerts zeigt mit einem Wert von -0,3678 Skalenpunkte eine negative Tendenz bei den befragten Jugendlichen und jungen Erwachsenen auf (vgl. Abbildung 14). Der bewusste Verzicht auf das Automobil und die Nutzung von Alternativen zur Bewältigung der individuellen Mobilität, beispielsweise durch das Fahrrad oder den öffentlichen Nahverkehr, zum Schutz der Umwelt, ist für die Fragebogenteilnehmer/innen demnach von vergleichsweise eher geringerer Bedeutung.

Abbildung 14: Mittelwert Persönliche Norm, n=1470

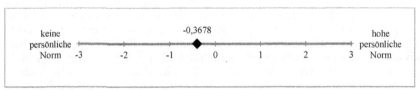

Quelle: Eigene Berechnung und Darstellung

10.4.5 Carsharing

Im Hinblick auf das zentrale Thema Carsharing wurden die Fragebogenteilnehmer zunächst gefragt, ob ihnen dieses Mobilitätskonzept bereits bekannt ist oder ob sie aufgrund der Befragung zum ersten Mal mit diesem Thema in Berührung kommen. Die Auswertung des entsprechenden Fragebogenitems macht deutlich, dass für einen Großteil der Befragten das Mobilitätskonzept Carsharing keine Unbekannte darstellt. Konkret haben bereits 70,3 Prozent (n=1034) der Fragebogenteilnehmer/innen vom Mobilitätskonzept Carsharing gehört, sich jedoch noch nicht näher damit beschäftigt. 17,3 Prozent (n=255) der Personen gaben an, dass eine nähere Auseinandersetzung mit der Thematik bereits stattgefunden hat. Für 12 Prozent (n=176) der Fragebogenteilnehmer/innen ist das Konzept Carsharing zum Zeitpunkt der Befragung jedoch völlig unbekannt[60].

---

[60] Diese Variable weist 0,3% (n=5) fehlende Werte auf.

Neben der Frage zur Bekanntheit von Carsharing wurde im Zuge der Datenerhebung auch gefragt, ob bereits eine Mitgliedschaft bei einer Carsharing-Organisation vorliegt. Da bei solchen Organisationen in Deutschland in der Regel ein Mindestalter von 18 Jahren vorausgesetzt wird (zum Teil ist eine Mitgliedschaft auch erst ab einem höheren Alter möglich), bezieht sich die nachfolgende Zahl lediglich auf diejenigen Fragebogenteilnehmer/innen, denen das Konzept bereits vor der Befragung bekannt war und zudem bereits zwischen 18 und 29 Jahren alt sind. Es zeigt sich diesbezüglich, dass 9,4 Prozent (n=81) der entsprechenden Teilnehmer/innen Mitglied in einer Carsharing-Organisation sind.

Zentrale Erhebungsvariablen zum Thema Carsharing sind darüber hinaus die individuelle Einstellung gegenüber der Carsharing-Nutzung im Vergleich zum eigenen Automobil, die subjektive Norm, die wahrgenommene Verhaltenskontrolle zum Carsharing und der Effekt der Kostenersparnis durch die Nutzung von Carsharing als ein möglicher Beweggrund. Ebenso wurde die Intention, zukünftig tatsächlich Carsharing-Fahrzeuge anstelle eines eigenen Wagens nutzen zu wollen, erhoben. Auch für diese Konstrukte soll nachfolgend eine nähere deskriptive Betrachtung vorgenommen werden.

Die Abbildung 15 präsentiert in diesem Zusammenhang zunächst den entsprechenden Gesamtmittelwert bezüglich der Einstellungen der Fragebogenteilnehmer/innen zur Nutzung des Mobilitätskonzepts Carsharings im Vergleich zu einem eigenen Pkw. Dieser Mittelwert setzt sich aus der Bewertung von bis zu sieben Eigenschaften zusammen[61]. Auch in diesem Fall kann prinzipiell ein Wert zwischen -3 (negative Einstellungen gegenüber CS-Nutzung anstelle eigenem Pkw) und +3 (positive Einstellungen gegenüber CS-Nutzung anstelle eigenem Pkw) ausgewählt werden. Die Berechnung des Mittelwerts bezüglich der Einstellungen ergibt -0,0244 Skalenpunkte. Umfassend betrachtet weisen die Fragebogenteilnehmer/innen demnach eher eine Indifferenz mit leicht negativer Tendenz bezüglich des Einstellungskonstrukts auf. Anhand des Antwortverhaltens aller Fragebogenteilnehmer/innen zeigt sich hinsichtlich der Nutzung von Carsharing-Fahrzeugen anstelle eines anderen Wagens somit weder eine eindeutig positive noch eine deutlich negative Einstellungstendenz.

Abbildung 15: Mittelwert Einstellungen, n=1470

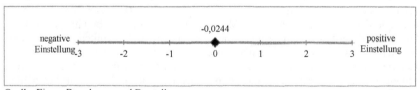

Quelle: Eigene Berechnung und Darstellung

---

[61] Zur Erinnerung: Die Fragebogenteilnehmer/innen wurden gebeten die nachfolgenden Aussagen auf einer Skala von -3 bis +3 zu bewerten: Die Nutzung von Carsharing-Fahrzeugen anstelle eines eigenen Autos ist unpraktischer/praktischer, umweltbelastender/umweltschonender, teurer/billiger, uncooler/cooler, nicht zukunftsfähig/zukunftsfähig, unangenehmer/angenehmer, schlechter/ besser.

Auch im Falle der subjektiven Norm ist prinzipiell ein Mittelwert zwischen -3 (schwach ausgeprägte subjektive Norm) sowie +3 (stark ausgeprägte subjektive Norm) möglich. Anders als zuvor zeigt die Betrachtung des Mittelwerts zur subjektiven Norm jedoch eine eindeutig negative Tendenz. Der Mittelwert liegt bei -1,6378 Skalenpunkten. Die Fragebogenteilnehmer/innen verspüren demnach keinen besonders starken Erwartungsdruck durch bedeutsame Dritte, dass Carsharing-Fahrzeuge anstelle eines eigenen Wagens genutzt werden sollen (vgl. Abbildung 16).

Abbildung 16: Mittelwert subjektive Norm, n=1470

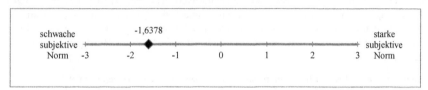

Quelle: Eigene Berechnung und Darstellung

Die wahrgenommene Verhaltenskontrolle wurde anders als die zuvor präsentierten Konstrukte direkt über ein spezifisches Item erfasst. Die Ankerpunkte der vorgegebenen Skala von -3 bis +3 stehen dabei für die Ausprägungen einer als gering bzw. als hoch wahrgenommenen Verhaltenskontrolle. Antwortwerte im negativen Bereich zeigen demnach an, dass das Individuum es für (eher) schwierig empfindet, zukünftig Carsharing-Fahrzeuge anstelle eines eigenen Autos zu nutzen. Die wahrgenommene Verhaltenskontrolle ist somit gering. Wurde hingegen ein positiver Wert als Antwort ausgewählt, bedeutet dies, dass man es für (eher) leicht empfindet, zukünftig Carsharing-Fahrzeuge zu nutzen. Die individuell wahrgenommene Verhaltenskontrolle ist demnach als hoch anzusehen. Konkret ergibt sich ein Gesamtmittelwert über alle Fragebogenteilnehmer/innen von -1,10 Skalenpunkten. Für die befragten Personen bestehen demnach durchaus Faktoren, durch welche sie sich in ihrer individuellen Nutzung von Carsharing-Fahrzeugen anstelle eines eigenen Autos beeinträchtigt fühlen. Der Aspekt der wahrgenommenen Verhaltenskontrolle spielt somit durchaus eine gewisse negative Rolle[62] (vgl. Abbildung 17).

Abbildung 17: Mittelwert wahrgenommene Verhaltenskontrolle, n=1470

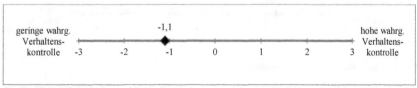

Quelle: Eigene Berechnung und Darstellung

---

[62] Der Exkurs im nachfolgenden Kapitel 10.5. beschäftigt sich in vertiefender Weise mit dieser Thematik.

Insbesondere durch die im Vorfeld der Befragung durchgeführten qualitativen Diskussionsrunden hat sich gezeigt, dass der Aspekt der Mobilitätskosten ein nicht zu vernachlässigendes Thema darstellt. Den Fragebogenteilnehmer/innen wurde daher auch die Frage gestellt, ob es ihnen die individuelle Entscheidung zur zukünftigen Nutzung von Carsharing-Fahrzeugen anstelle eines eigenen Wagens erleichtern würde, wenn gesichert wäre, dass dadurch monetäre Mobilitätskosten eingespart werden könnten. Wie bei den zuvor dargestellten Variablen ist auch hier ein Mittelwert zwischen -3 (keine Entscheidungserleichterung) sowie +3 (große Entscheidungserleichterung) möglich. Der aus den Daten resultierende Mittelwert liegt bei 0,91 Skalenpunkten (vgl. Abbildung 18). Anfallende Kosten werden demnach durchaus als ein Aspekt wahrgenommen, welcher hinsichtlich der individuellen Entscheidung, zukünftig Carsharing-Fahrzeuge anstelle eines eigenen Autos nutzen zu wollen, für die Befragten ausschlaggebend sein könnte.

Abbildung 18: Mittelwert Kostenersparnis als Entscheidungserleichterung, n=1470

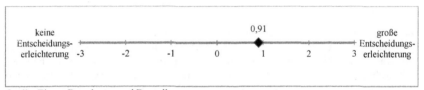

Quelle: Eigene Berechnung und Darstellung

Abschließend gilt es in gleicher Weise den Mittelwert zum Konstrukt der Intention, zukünftig Carsharing-Fahrzeuge anstelle eines eigenen Wagens nutzen zu wollen, zu betrachten. Der Skalenwert -3 steht dabei für eine gering ausgeprägte Intention, der Wert +3 hingegen für eine starke Ausprägung. Es zeigt sich ein Durchschnittswert von -1,5037 Skalenpunkten. Das bedeutet, dass die Fragebogenteilnehmer/innen der zukünftigen Nutzung des Carsharing-Angebots anstelle eines eigenen Wagens eher mit einer ablehnenden Haltung begegnen (vgl. Abbildung 19).

Abbildung 19: Mittelwert Intention, n=1470

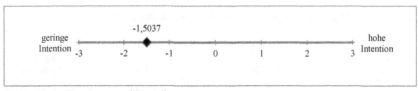

Quelle: Eigene Berechnung und Darstellung

10.5 Exkurs: Einschätzungen zur Wahrscheinlichkeit einiger Carsharing-Aspekte

Die vorangehende deskriptive Auswertung zur wahrgenommenen Verhaltenskontrolle (vgl. Abbildung 17) hat deutlich gemacht, dass die Befragten es insgesamt betrachtet als eher schwierig empfinden, zukünftig Carsharing-Fahrzeuge anstelle eines eigenen

Autos zu nutzen. Zur Erinnerung: der Mittelwert der entsprechenden Variablen zur wahrgenommenen Verhaltenskontrolle liegt bei -1,10 Skalenpunkten auf einer möglichen Skala von -3 bis +3. Diese Einschätzung lässt vermuten, dass hinsichtlich der Nutzung von Carsharing-Fahrzeugen spezifische Faktoren bestehen, durch welche sich die Fragebogenteilnehmer/innen in ihrer individuellen Handlung beeinträchtigt fühlen. Welche Aspekte spielen in diesem Zusammenhang allerdings eine tragende Rolle? Vier ebenfalls erhobene Items geben in diesem Zusammenhang erste Anhaltspunkte (vgl. Kapitel 9.1.3 zur indirekten Abfrage der wahrgenommenen Verhaltenskontrolle). Konkret wurden die Fragebogenteilnehmerinnen gebeten, eine Einschätzung darüber abzugeben, für wie wahrscheinlich sie es halten, dass Carsharing-Fahrzeuge, wenn benötigt, tatsächlich zur Verfügung stehen sowie flexibel und ohne Planungsaufwand genutzt werden können. Außerdem wurde in diesem Zusammenhang abgefragt, für wie wahrscheinlich man es hält, dass man durch die Nutzung von Carsharing-Fahrzeugen Kosten sparen und je nach Bedarf einen entsprechenden Fahrzeugtypen nutzen kann. Die Antworten zu diesen Items können demnach Aufschluss darüber geben, welche konkreten Aspekte hinsichtlich der Nutzung von Carsharing dafür verantwortlich gemacht werden, dass die individuell wahrgenommene Verhaltenskontrolle durch die Stichprobe als eher gering eingeschätzt wird.

Die entsprechenden Antwortverteilungen zu diesen Aussagen werden grafisch in der Abbildung 20 dargestellt. Es zeigt sich vor allem bei der Einschätzung der tatsächlichen Verfügbarkeit von Carsharing-Fahrzeugen sowie deren flexibler Nutzung eine linksschiefe Verteilung. Über die Hälfte der Fragebogenteilnehmer/innen denken demnach, dass es (eher) unwahrscheinlich ist, dass ein Carsharing-Fahrzeug zur Verfügung steht, wenn man es benötigt. Ein Carsharing-Fahrzeug flexibel und ohne großen Planungsaufwand nutzen zu können, halten ebenfalls mehr als die Hälfte der Befragten für (eher) unwahrscheinlich. Der Aspekt, dass durch die Nutzung von Carsharing Kosten eingespart werden können, hält hingegen die Hälfte der Fragebogenteilnehmer/innen für (eher) wahrscheinlich. Etwa ein Viertel der Studienteilnehmer/innen steht dieser Aussage jedoch indifferent gegenüber. Eine vergleichsweise hohe Indifferenz zeigt sich auch hinsichtlich der Möglichkeit zur Nutzung von verschiedenen Fahrzeugtypen je nach Bedarf. Knapp die Hälfte der Fragebogenteilnehmer/innen schätzt diesen Aspekt jedoch als (eher) wahrscheinlich ein.

Es kann an dieser Stelle somit festgehalten werden, dass ein Großteil der befragten Personen insbesondere den Aspekten der Verfügbarkeit von Carsharing-Fahrzeugen sowie deren flexibler Nutzung ohne Planungsaufwand (eher) kritisch gegenüber steht. Diese Gesichtspunkte können jedoch als bedeutsame Voraussetzungen dafür eingestuft werden, dass eine Nutzung von Carsharing in zufriedenstellender Weise überhaupt möglich ist. Die eher zurückhaltende Einschätzung gegenüber diesen Aspekten könnte demnach eine zentrale Ursachen dafür sein, dass die Fragebogenteilnehmer/innen die individuelle Verhaltenskontrolle hinsichtlich der Nutzung von Carsharing-Fahrzeugen eher negativ wahrnehmen.

Abbildung 20: Übersicht zur Einschätzung der Wahrscheinlichkeit spezifischer Carsharing-Aspekte

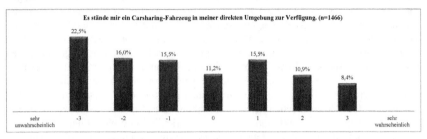

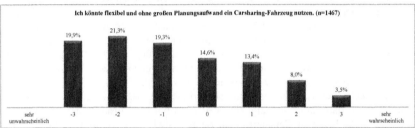

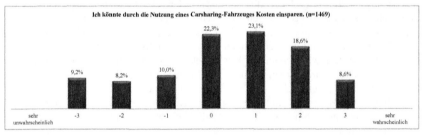

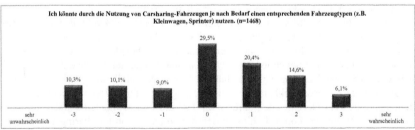

Quelle: Eigene Berechnung und Darstellung

10.6 Mittelwertsvergleiche zentraler Erklärungskonstrukte

Im vorangehenden deskriptiven Teil wurden bereits die auf Basis der Datenerhebung resultierenden Mittelwerte der zentralen Konstrukte im Gesamten berichtet. Im Folgenden sollen diese noch einmal tiefergehend betrachtet werden. Hierbei interessiert insbesondere, ob sich anhand der Differenzierung personenbezogener Merkmale (z.B. dem Geschlecht) signifikante Mittelwertsunterschiede innerhalb der einzelnen Konstrukte zeigen. Für die Durchführung entsprechender Mittelwertsvergleiche wird das statistische Verfahren des t-Tests angewendet. Voraussetzung zur Durchführung dieses Verfahrens ist jedoch das Vorliegen von Normalverteilung sowie Varianzengleichheit. Diese Annahmen müssen demnach vor der Durchführung jedes Testverfahrens überprüft und gegebenenfalls durch adäquate Testalternativen (bspw. Welch-Test) ersetzt werden.

10.6.1 Differenzierung nach Geschlecht

In einem ersten Schritt sollen die zentralen Erklärungskonstrukte sowie das zu erklärende Konstrukt der Intention hinsichtlich Mittelwertsunterschieden aufgrund des Geschlechts analysiert werden. Wie bereits angeführt muss in diesem Zusammenhang zunächst überprüft werden, ob die entsprechenden Messwerte der weiblichen bzw. männlichen Befragten normalverteilt sind[63]. Eine erste grafische Überprüfung der Normalverteilungsannahme über entsprechende Streudiagramme lässt vermuten, dass von einer Normalverteilung ausgegangen werden kann. Der statistische Kolmogorov-Smirnov-Anpassungstest kommt hingegen zu dem Ergebnis, dass keine Normalverteilung vorliegt. Empirische Forschungsarbeiten haben jedoch gezeigt, dass entsprechende Tests, vor allem bei großen Fallzahlen, häufig bereits bei kleineren Verstößen gegen die Normalverteilungsannahme sehr sensibel reagieren und diese in Folge ablehnen (vgl. Dufour et al. 1998, S. 155). Zudem gilt in diesem Zusammenhang, dass, wenn die jeweiligen Stichproben, deren Mittelwerte verglichen werden sollen, größer gleich 30 Fälle sind, der t-Test robust auf Verletzungen der Normalverteilungsannahme reagiert und daher ohne Bedenken durchgeführt werden kann (vgl. Kähler 2006, S. 385). Diese kritische Fallschwelle ist im Hinblick auf die vorliegenden Daten mit insgesamt 1470 Befragten deutlich überschritten. Aus dieser Perspektive ist die Durchführung eines t-Test somit vertretbar.

Das tatsächliche Ergebnis des t-Tests darf darüber hinaus jedoch nur dann interpretiert werden, wenn Varianzengleichheit vorliegt. Diese Annahme kann mithilfe des Levene-Tests überprüft werden. Dabei gilt, dass man von Varianzengleichheit ausgehen kann, wenn der p-Wert des Tests größer als 0,05 ist. (vgl. Raaab-Steiner/Benesch 2012, S. 125). Ist die Varianzengleichheit verletzt, bietet sich der Welch-Test als alternative Möglichkeit zur Überprüfung der Mittelwerte hinsichtlich signifikanter Unterschiede an (vgl. Pospeschill 2010, S. 83). Im vorliegenden Fall führt die Überprüfung

---

[63] In diesem Zusammenhang notwendige Berechnungsschritte, welche als Vorarbeiten zum Normalverteilungstest durchgeführt werden müssen, können sehr anschaulich in Raab-Steiner/Benesch 2012 (S. 120 ff.) nachgelesen werden. Im vorliegenden Kontext werden die vollzogenen Schritte nicht schriftlich erläutert.

der Varianzengleichheit zu dem Ergebnis, dass diese nur auf zwei Konstrukte zutrifft (subjektive Norm, Intention). Das Ergebnis des t-Tests ist demnach für diese Konstrukte interpretierbar. Für die weiteren Konstrukte wird hingegen auf den Welch-Test zurückgegriffen.

Die nachfolgende Tabelle 13 gibt einen Überblick über die spezifischen Mittelwerte der Erklärungskonstrukte bei einer Differenzierung nach dem Geschlecht der Befragten. Die entsprechenden Farbencodes geben darüber hinaus an, wie stark die signifikanten Unterschiede ausgeprägt sind (vgl. vorletzte Zeile der Tabelle zum Signifikanzniveau). Zudem gibt die Tabelle Aufschluss darüber, ob bei einem Konstrukt das jeweilige Ergebnis auf einem t-Test oder dem Welch-Test beruht (vgl. letzte Zeile der Tabelle zur Testreferenz).

Tabelle 13: Vergleich der Mittelwerte nach dem Geschlecht

	Geschlecht	
	weiblich	männlich
Autonomie[2]	0,3712	0,7229
Status[2]	-0,1077	0,5481
Persönliche Norm[2]	-0,0492	-0,7006
Einstellung[2]	0,1459	-0,2023
Subjektive Norm[1]	-1,5340	-1,7462
Wahrgenommene Verhaltenskontrolle[2]	-1,00	-1,21
Kostenersparnis[2]	1,19	0,62
Intention[1]	-1,3848	-1,6280
Signifikanzniveau	p<0,10 | p<0,05 | p<0,01	Keine Signifikanz
Testreferenz	[1] t-Test [2] Welch-Test	

Quelle: Eigene Berechnung

Vergleicht man den Autonomie-Mittelwert differenziert nach dem Geschlecht der befragten Personen, zeigt sich, dass für Frauen und Männern ein hoch signifikanter Unterschied diesbezüglich besteht. Die Teilnehmerinnen messen der Autonomie demnach eine geringere Bedeutung zu (0,3712 Skalenpunkte) als die männlichen Befragten (0,7229 Skalenpunkte).

Auch im Falle des Erklärungskonstrukts Status ergibt sich ein signifikanter Mittelwertsunterschied zwischen männlichen und weiblichen Befragten. Dieser gestaltet sich zudem extremer als im Falle der Autonomie. Die Fragebogenteilnehmerinnen weisen einen Mittelwert von -0,1077 Skalenpunkten auf, bei den männlichen Teilnehmern liegt dieser hingegen mit 0,5481 Skalenpunkten. Das Auto als Statussymbol erscheint demnach insbesondere für männliche Jugendliche und junge Erwachsene der Stichprobe als bedeutsamer.

Im Hinblick auf die individuellen Angaben zur persönlichen Norm hinsichtlich des Ökologiegedankens der individuellen Mobilität liegt der Mittelwert von weiblichen wie auch männlichen Befragten jeweils im negativen Bereich. Bei den männlichen

Teilnehmern fällt dieser Wert mit durchschnittlich -0,7006 Skalenpunkten jedoch vergleichsweise negativer aus als bei den weiblichen Befragten. Diese erreichen einen Mittelwert von -0,0492 Skalenpunkten. Sie zeigen demnach viel eher eine Indifferenz gegenüber diesem Erklärungskonstrukt. Der Mittelwertsunterschied im Hinblick auf die persönliche Norm nach Geschlecht differenziert ist darüber hinaus statistisch hoch signifikant.

Im Falle des Mittelwerts zur persönlichen Einstellung, wie sich die Nutzung von Carsharing-Fahrzeugen von der Nutzung eines eigenen Wagens unterscheidet, zeigt sich allgemein, mit einem Wert von -0,0244 Skalenpunkten, eine eher indifferente Haltung der Befragten. Die differenzierte Betrachtung dieses Wertes nach Geschlecht lässt jedoch erkennen, dass Frauen und Männer sich diesbezüglich signifikant unterscheiden. Die männlichen Befragten weisen einen negativen Mittelwert von -0,2023 Skalenpunkten auf. Frauen zeigen mit einem Wert von 0,1459 Skalenpunkten hingegen viel eher eine positive Einstellungstendenz bezüglich der Nutzung von Carsharing-Fahrzeugen anstelle eines eigenen Wagens.

Einheitlicher gestaltet sich die Situation im Falle der subjektiven Norm. Sowohl die weiblichen als auch die männlichen Befragten verspüren keinen besonders starken Erwartungsdruck durch bedeutsame Dritte, dass zukünftig Carsharing-Fahrzeuge anstelle eines eigenen Wagens genutzt werden sollen. Bei den Fragebogenteilnehmerinnen liegt der entsprechende Wert bei -1,5340 Skalenpunkten, bei den männlichen Befragten mit -1,7462 Skalenpunkten noch etwas niedriger. Trotz allem ist auch dieser Mittelwertsunterschied hoch signifikant.

Wie bereits vertiefend thematisiert, spielt die wahrgenommene Verhaltenskontrolle hinsichtlich der zukünftigen Nutzung von Carsharing-Fahrzeugen anstelle eines eigenen Autos durchaus eine bedeutsame Rolle für die Befragten. Bei den Frauen fällt der entsprechende Mittelwert mit -1,21 Skalenpunkten im Vergleich zu den Männern mit -1,00 Skalenpunkten signifikant niedriger aus. Frauen empfinden die individuell wahrgenommene Verhaltenskontrolle demnach als geringer ausgeprägt. Im Vergleich zu den restlichen Erklärungskonstrukten zeigt sich hier eine etwas schwächer ausgeprägte Signifikanz hinsichtlich des interessierenden Mittelwertunterschiedes.

Auch der Aspekt der Kostenersparnis durch die Nutzung des Carsharing-Angebots spielt für die Fragebogenteilnehmer/innen eine gewisse Rolle. Kosten einsparen zu können, würde diesen demnach die individuelle Entscheidung für das Carsharing durchaus positiv erleichtern. Vergleichsweise stärker trifft diese Aussage auf die weiblichen Befragten mit einem Mittelwert von 1,19 Skalenpunkten im Gegensatz zu den Männern mit 0,62 Skalenpunkten zu. Dieser Unterschied ist hoch signifikant.

Die Betrachtung des Mittelwertunterschieds zum zentralen Konstrukt der individuellen Intention, zukünftig Carsharing-Fahrzeuge anstelle eines eigenen Autos nutzen zu wollen, ergibt ebenso einen hoch signifikanten Unterschied zwischen den weiblichen und männlichen Befragten. Hierbei zeigt sich, dass die Intention der Frauen etwas weniger negativ ausgeprägt ist (-1,3848 Skalenpunkte) als diejenige der Männer (-1,6280 Skalenpunkte).

Zusammenfassend kann an dieser Stelle somit festgehalten werden, dass für alle zentralen Erklärungskonstrukte sowie das zu erklärende Konstrukt der Intention jeweils signifikante Unterschiede zwischen den weiblichen und männlichen Befragten beobachtbar sind. Es entsteht dabei der Eindruck, dass die Fragebogenteilnehmerinnen eine vergleichsweise geringere Bindung zur Nutzung eines eigenen Automobils an den Tag legen. Im Umkehrschluss erscheinen sie der Thematik Carsharing im Allgemeinen offener gegenüber zu stehen als die männlichen Befragten.

10.6.2 Differenzierung nach der Wohnumgebung

Neben der Differenzierung nach dem Merkmal Geschlecht sollen die Mittelwerte der zentralen Konstrukte auch unter dem Aspekt der Wohnumgebung der Fragebogenteilnehmer/innen beleuchtet werden[64] (vgl. Tabelle 14). Durch die bestehende empirische Forschung hat sich gezeigt, dass sich mobilitätsspezifische Aspekte zwischen Jugendlichen und jungen Erwachsenen aus ländlichen Regionen sowie urbanen Räumen durchaus unterscheiden können (vgl. Schulz 2002, S. 106).

In diesem Zusammenhang wird die gesamte Stichprobe in zwei Teilstichproben untergliedert. Die erste Gruppe setzt sich aus denjenigen Personen zusammen, die im Zuge der Befragung die Angabe gemacht haben, dass sie in einem Dorf leben. Diese Gruppe erhält die Bezeichnung ‚ländliche Wohnumgebung' (n=564). Die zweite Gruppe besteht darüber hinaus aus Personen, die laut eigener Angabe im Vorort bzw. im Zentrum einer (Groß-)Stadt leben (n=906). Sie werden der Gruppe der ‚städtischen Wohnumgebung' zugeordnet.

Die nachfolgende Tabelle 14 bietet einen entsprechenden Überblick hinsichtlich der in diesem Zusammenhang resultierenden Ergebnisse der Mittelwertsvergleiche.

---

[64] Auch in diesem Zusammenhang wurde die Annahme der Normalverteilung sowie der Varianzengleichheit überprüft. Es ergibt sich hierbei die gleiche Situation wie im Falle der Differenzierung nach Geschlecht. D.h. auf visueller Basis ist von einer Normalverteilung auszugehen, der Kolmogorov-Smirnov-Anpassungstest verwirft diese Annahme hingegen. Die Varianzengleichheit liegt ebenfalls nicht bei allen Konstrukten vor. Es gelten somit dieselben Argumente hinsichtlich der Durchführung von t-Tests bzw. dem Rückgriff auf den Welch-Test bei nicht vorliegender Varianzengleichheit.

Tabelle 14: Vergleich der Mittelwerte nach der Wohnumgebung

	Wohnumgebung	
	ländlich	städtisch
Autonomie[1]	0,8376	0,3599
Status[2]	0,2367	0,1983
Persönliche Norm[1]	-0,5151	-0,2761
Einstellung[1]	-0,1114	0,0297
Subjektive Norm[2]	-1,7863	-1,5453
Wahrgenommene Verhaltenskontrolle[2]	-1,56	-0,81
Kostenersparnis[1]	0,93	0,89
Intention[2]	-1,8289	-1,3012
Signifikanzniveau	p<0,10 p<0,05 p<0,01	Keine Signifikanz
Testreferenz	[1] t-Test [2] Welch-Test	

Quelle: Eigene Berechnung

Ähnlich wie zuvor ergeben sich auch bei dieser Differenzierung signifikante Mittelwertsunterschiede. So zeigt sich, dass befragte Jugendliche und jungen Erwachsene, die in einer ländlichen Wohnumgebung leben, dem Aspekt der Autonomie einen höheren Stellenwert beimessen (0,8376 Skalenpunkte) als diejenigen aus städtischen Wohnumgebungen (0,3599 Skalenpunkte). In diesem Zusammenhang ist zu vermuten, dass diese Tendenz insbesondere durch den Mangel an Mobilitätsalternativen auf dem Lande erzeugt wird. Personen aus städtischen Gebieten bietet sich hingegen in der Regel die Möglichkeit, ein gut ausgebautes ÖV-Netz in Anspruch nehmen zu können.

Im Falle des Status eines Automobils liegt der Mittelwert derjenigen Personen mit ländlicher Wohnumgebung etwas höher. Der Unterschied zwischen beiden Gruppen ist jedoch statistisch nicht signifikant.

Die Betrachtung der persönlichen Norm, welche das Bewusstsein hinsichtlich der umweltbelastenden Wirkung des motorisierten Individualverkehrs widerspiegelt, ergibt hingegen einen hoch signifikanten Mittelwertunterschied zwischen den zwei betrachteten Gruppen. Laut eigener Einschätzung ist dieses Bewusstsein bei den Fragebogenteilnehmer/innen aus der ländlichen Wohnumgebung geringer ausgeprägt (-0,5151 Skalenpunkte) als bei denjenigen aus dem städtischen Bereich (-0,2761 Skalenpunkte).

Auch im Hinblick auf die spezifischen Erklärungskonstrukte bezüglich Carsharing zeigen sich signifikante Unterschiede in den jeweiligen Gruppenmittelwerten. So sind die Einstellungen hinsichtlich der zukünftigen Nutzung von Carsharing-Fahrzeugen anstelle eines eigenen Wagens bei der Personengruppe aus der ländlichen Wohnumgebung negativ konnotiert (-0,1114 Skalenpunkte). Fragebogenteilnehmer/innen aus städtischen Bereichen zeigen hingegen eine eher indifferente jedoch leicht positive Einstellungstendenz (0,0297 Skalenpunkte).

Im Hinblick auf den Druck durch bedeutsame Dritte, Carsharing zu nutzen, weisen beide Gruppen einen deutlich negativen Wert auf. Hierbei ergibt sich jedoch ebenfalls ein hoch signifikanter Unterschied. Mit einem Mittelwert von -1,7863 Skalenpunkten fällt dieser in der Gruppe der Personen aus einer ländlichen Wohnumgebung negativer aus als im Falle der Vergleichsgruppe (-1,5453 Skalenpunkte). Eine subjektive Norm, die die Nutzung von Carsharing impliziert, scheint somit für keine der beiden Gruppen von besonders großer Bedeutung zu sein.

Insbesondere der Mittelwertsvergleich zur wahrgenommenen Verhaltenskontrolle weist ein hoch signifikantes Ergebnis aus. Fragebogenteilnehmer/innen, die in ländlicher Umgebung leben, erreichen diesbezüglich einen Mittelwert von -1,56 Skalenpunkten. Im Falle der Personen aus städtischen Bereichen ist dieser Wert zwar ebenfalls negativ, mit -0,81 Skalenpunkten jedoch deutlich geringer. Die Jugendlichen und jungen Erwachsenen aus dem ländlichen Raum empfinden es somit für deutlich schwieriger, zukünftig einen einfachen Zugang zu Carsharing-Fahrzeugen zu erhalten. Da Carsharing aktuell insbesondere in städtischen Gebieten verstärkt ausgebaut ist, erscheint dieses Ergebnis jedoch plausibel.

Der Aspekt der Kostenersparnis durch die Nutzung von Carsharing-Fahrzeugen anstelle eines eigenen Wagens wird von beiden Gruppen positiv bewertet. Hierbei zeigt sich allerdings kein signifikanter Unterschied zwischen Personen mit ländlicher bzw. städtischer Wohnumgebung.

Im Falle der Intention ergibt sich hingegen wieder ein signifikanter Mittelwertsunterschied zwischen beiden Gruppen. Die Intention, zukünftig Carsharing-Fahrzeuge anstelle eines eigenen Autos nutzen zu wollen, ist demnach bei Fragebogenteilnehmer/innen aus dem ländlichen Raum geringer ausgeprägt (-1,8289 Skalenpunkte) als bei denjenigen, die in einer urbanen Wohnumgebung leben (-1,3012 Skalenpunkte).

Die Differenzierung zwischen ländlicher und städtischer Wohnumgebung macht umfassend betrachtet deutlich, dass Carsharing als Alternative zum Besitz eines eigenen Wagens von Personen aus dem ländlichen Raum etwas kritischer betrachtet wird. Insbesondere der stärker ausgeprägte Autonomiegedanke, die vergleichsweise geringer wahrgenommene Verhaltenskontrolle bezüglich der zukünftigen Nutzung von Carsharing-Fahrzeugen sowie die Intention zur Carsharing-Nutzung an sich unterstreichen diesen Eindruck.

10.6.3 Differenzierung nach dem Migrationshintergrund

Im Zuge der Befragung wurde auch erfasst, ob die Fragebogenteilnehmer/innen einen Migrationshintergrund aufweisen. Die deskriptive Auswertung diesbezüglich hat gezeigt, dass dies auf 420 Personen der Stichprobe zutrifft. Die Differenzierung nach diesem Persönlichkeitsmerkmal ergibt ebenfalls einige signifikante Mittelwertsunterschiede, jedoch deutlich geringfügiger als bei den zuvor dargestellten Differenzierungen[65] (vgl. Tabelle 15).

---

[65] Auch in diesem Zusammenhang wurde die Annahme der Normalverteilung sowie der Varianzengleichheit überprüft. Es ergibt sich hierbei die gleiche Situation wie im Falle der Differenzierung nach Geschlecht sowie der Wohnumgebung. Es gelten daher dieselben Argumente hinsichtlich der Durchführung von t-Tests bzw. dem Rückgriff auf den Welch-Test bei nicht vorliegender Varianzengleichheit.

Tabelle 15: Vergleich der Mittelwerte nach dem Migrationshintergrund

	Migrationshintergrund	
	nein	ja
Autonomie[1]	0,5457	0,5369
Status[1]	0,1513	0,3673
Persönliche Norm[1]	-0,3117	-0,5079
Einstellung[1]	-0,0222	-0,0300
Subjektive Norm[2]	-1,6457	-1,6179
Wahrgenommene Verhaltenskontrolle[1]	-1,12	-1,05
Kostenersparnis[1]	0,98	0,73
Intention[1]	-1,5148	-1,4762
Signifikanzniveau	p<0,10 p<0,05 p<0,01	Keine Signifikanz
Testreferenz	[1] T-Test [2] Welch-Test	

Quelle: Eigene Berechnung

So weisen Personen mit Migrationshintergrund einen signifikant höheren Mittelwert im Hinblick auf das Konstrukt des Status eines Automobils auf. Konkret erreichen sie einen Wert von 0,3673 Skalenpunkten. Für Personen ohne Migrationshintergrund liegt dieser hingegen bei 0,1513 Skalenpunkten. Das Auto als Statussymbol stellt demnach für Befragte mit Migrationshintergrund eine vergleichsweise größere Bedeutung dar. Auch im Falle der persönlichen Norm zeigen sich signifikante Mittelwertsunterschiede. Fragebogenteilnehmer/innen ohne Migrationshintergrund erreichen hier einen Mittelwert von -0,3117 Skalenpunkten. Für Personen mit Migrationshintergrund fällt dieser mit -0,5079 Skalenpunkten noch etwas niedriger aus.
Der Mittelwertsvergleich zum Aspekt Kostenersparnis ergibt ebenfalls einen signifikanten Unterschied. Fragebogenteilnehmer/innen mit Migrationshintergrund weisen hier einen Wert von 0,98 Skalenpunkten auf, die Vergleichsgruppe ohne Migrationshintergrund hingegen einen etwas niedrigeren Wert von 0,73 Skalenpunkten. Der Aspekt der Kostenersparnis spielt demnach für die Personen mit Migrationshintergrund eine etwas stärkere Rolle hinsichtlich der Entscheidung zwischen einem eigenen Pkw oder der Nutzung von Carsharing-Fahrzeugen.

Im Falle aller weiteren zentralen Konstrukte zeigen sich hingegen keine signifikanten Mittelwertsunterschiede zwischen Personen mit und ohne Migrationshintergrund. Im Vergleich zu den zuvor betrachteten Differenzierungsmerkmalen Geschlecht und Wohnumgebung erscheint der Migrationshintergrund somit von geringerer Bedeutung hinsichtlich der interessierenden Konstrukte. Die Fragebogenteilnehmer/innen unterscheiden sich im Hinblick auf diesen Aspekt nur geringfügig voneinander. Im Falle des Statusgedankens eines Autos, der persönlichen Norm hinsichtlich des Schutzes der Umwelt sowie dem Aspekt der Kostenersparnis zeigen sich jedoch (hoch) signifikante Unterschiede in den jeweiligen Mittelwerten.

10.6.4 Differenzierung nach Alter

Um überprüfen zu können, ob das Alter der Fragebogenteilnehmer/innen ebenfalls zu signifikanten Mittelwertsunterschieden im Hinblick auf die im Fokus stehenden Konstrukte führt, muss die Altersvariable von einer metrischen in eine kategoriale Form umgewandelt werden. Mit Bezug auf Schäfers (1998), werden die Befragten dabei in drei Alterskategorien eingeteilt (Jugendliche, Heranwachsende, junge Erwachsene) (vgl. Schäfers 1998, S. 21 ff.). Die erste Kategorie erfasst alle Personen unter 18 Jahren. In die zweite Kategorie fallen diejenigen Fragebogenteilnehmer/innen im Alter zwischen 18 und 21 Jahren. Alle Befragten, die älter als 21 Jahre sind, werden der dritten Kategorie zugeteilt.

Da es sich in diesem Fall um mehr als zwei zu vergleichende Gruppen handelt, muss für den Vergleich der Mittelwerte eine Varianzanalyse (analysis of variance = ANOVA) herangezogen werden. Auch hier gilt die Annahme der Normalverteilung sowie die der Varianzengleichheit als Voraussetzung für die Interpretation der Testergebnisse (vgl. Kähler 2006, S. 417).

Die Prüfung der Normalverteilung führt zu demselben Ergebnis wie zuvor bei den t-Tests. Die visuelle Überprüfung lässt eine annähernde Normalverteilung vermuten, der Kolmogorov-Smirnov-Anpassungstest widerlegt diese. Auch hier gilt jedoch, dass dieses Verfahren robust gegenüber der Verletzung der Normalverteilungsannahme ist, insbesondere bei großen Fallzahlen (vgl. Pospeschill 2010, S. 84). Eine ANOVA kann aus dieser Perspektive somit prinzipiell durchgeführt werden. Der Levene-Test zur Varianzengleichheit kommt zu dem Ergebnis, dass diese lediglich im Falle der Konstrukte Status und Einstellungen erfüllt ist. Die Interpretation der ANOVA bezüglich des Auftretens von Mittelwertsunterschieden sollte somit lediglich für diese beiden Konstrukte vollzogen werden. Konkret zeigt sich dabei, dass im Falle des Konstrukts Status durchaus signifikante Mittelwertsunterschiede zwischen den einzelnen Altersgruppen bestehen. Für das Konstrukt Einstellungen trifft dies hingegen nicht zu.

Um darüber hinaus auch Aussagen zu den weiteren Konstrukten machen zu können, wird anstelle der ANOVA auch hier der Welch-Test herangezogen, für welchen die Varianzengleichheit keine Voraussetzung ist. Das Ergebnis dieses Tests macht deutlich, dass auch im Falle der Autonomie, der persönlichen Norm, der subjektiven Norm, der wahrgenommenen Verhaltenskontrolle, den Kostenersparnissen sowie der Intention signifikante Mittelwertsunterschiede zwischen den einzelnen Altersgruppen zu beobachten sind.

Die nachfolgende Tabelle 16 bietet dazu eine entsprechende Übersicht. Wie im Falle der vorherigen Tabellen geben die entsprechenden Farbencodes Aufschluss darüber, wie stark die signifikanten Unterschiede ausgeprägt sind (vgl. vorletzte Zeile der Tabelle zum Signifikanzniveau). Zudem verdeutlicht die Tabelle, ob bei einem Konstrukt das jeweilige Ergebnis auf der ANOVA oder dem Welch-Test beruht (vgl. letzte Zeile der Tabelle zur Testreferenz).

Tabelle 16: Vergleich der Mittelwerte nach dem Alter

	Alter		
	15 bis 17 Jahre	18 bis 21 Jahre	22 bis 29 Jahre
Autonomie²	0,5757	0,6246	0,3069
Status¹	0,2616	0,3213	-0,1104
Persönliche Norm²	-0,3821	-0,5376	0,0351
Einstellung¹	-0,0579	-0,0228	0,0417
Subjektive Norm²	-1,6984	-1,6589	-1,4883
Wahrgenommene Verhaltenskontrolle²	-1,14	-1,24	-0,72
Kostenersparnis²	0,95	0,79	1,09
Intention²	-1,5665	-1,5945	-1,1957
Signifikanzniveau	p<0,10	p<0,05	p<0,01	Keine Signifikanz
Testreferenz	¹ ANOVA ² Welch-Test		

Quelle: Eigene Berechnung

Auf Basis dieser Erkenntnisse stellt sich nun die Frage, zwischen welchen Altersgruppen genau die Mittelwertsunterschiede signifikant verschieden sind. Die Ergebnisse der bisher durchgeführten Tests, ANOVA bzw. Welch-Test, konnten lediglich feststellen, dass signifikante Mittelwertsunterschiede existieren.

Die Antwort darauf liefern sogenannte Post-Hoc-Tests. Diese führen Mehrfachvergleiche durch und können dadurch Aussagen dazu treffen, welche Gruppenmittelwerte sich konkret signifikant unterscheiden (vgl. Raab-Steiner/Benesch 2012, S. 159). Da bei einem Großteil der Konstrukte im Falle der Differenzierung nach Altersgruppen Varianzenungleichheit zu erkennen ist, muss ein Post-Hoc-Test gewählt werden, der keine Varianzengleichheit voraussetzt. Im Fall der vorliegenden Arbeit wird daher ein Mehrfachvergleich auf Basis von Tamhane-T2 durchgeführt[66]. Die entsprechenden Ergebnisse aus diesem Test werden in der nachfolgenden Tabelle 17 präsentiert. Ein Haken zeigt in diesem Zusammenhang an, dass zwischen den jeweiligen Altersgruppen prinzipiell ein Mittelwertsunterschied vorliegt. Die jeweiligen Farbencodes verdeutlichen, wie stark der signifikante Unterschied ausfällt (vgl. vorletzte Zeile der Tabelle zum Signifikanzniveau). Die Informationen über- und unterhalb der jeweiligen Diagonalen sind dabei identisch.

---

[66] Das Statistikprogramm SPSS bietet in diesem Zusammenhang ebenfalls Mehrfachvergleiche auf Basis der Post-Hoc-Tests Dunnett-T3 und Dunnett-C an. Die entsprechenden Berechnungen zeigen jedoch keine Unterschiede in der Signifikanz der jeweiligen Ergebnisse im Vergleich zum Post-Hoc-Test nach Tamhane-T2.

Tabelle 17: Übersicht der signifikanten Mittelwertunterschiede zwischen den Altersgruppen

		Alter		
		15 bis 17 Jahre	18 bis 21 Jahre	22 bis 29 Jahre
Autonomie	15 bis 17 Jahre		-	✓
	18 bis 21 Jahre	-		✓
	22 bis 29 Jahre	✓	✓	
Status	15 bis 17 Jahre		-	✓
	18 bis 21 Jahre	-		✓
	22 bis 29 Jahre	✓	✓	
Persönliche Norm	15 bis 17 Jahre		-	✓
	18 bis 21 Jahre	-		✓
	22 bis 29 Jahre	✓	✓	
Einstellung	15 bis 17 Jahre		-	-
	18 bis 21 Jahre	-		-
	22 bis 29 Jahre	-	-	
Subjektive Norm	15 bis 17 Jahre		-	✓
	18 bis 21 Jahre	-		-
	22 bis 29 Jahre	✓	-	
Wahrgenommene Verhaltenskontrolle	15 bis 17 Jahre			✓
	18 bis 21 Jahre	-		✓
	22 bis 29 Jahre	✓	✓	
Kostenersparnis	15 bis 17 Jahre		-	-
	18 bis 21 Jahre	-		✓
	22 bis 29 Jahre	-	✓	
Intention	15 bis 17 Jahre		-	✓
	18 bis 21 Jahre	-		✓
	22 bis 29 Jahre	✓	✓	
Signifikanzniveau		$p<0{,}10$ $p<0{,}05$	$p<0{,}01$	Keine Signifikanz
Testreferenz		Tamhane-T2		

Quelle: Eigene Berechnung

Umfassend betrachtet wird deutlich, dass sich die Mittelwerte der ersten und zweiten Altersgruppe bei keinem Konstrukt signifikant unterscheiden. Die Mittelwerte der dritten und somit ältesten Personengruppe unterscheiden sich jedoch fast immer signifikant von beiden oder zumindest von einer der jüngeren Personengruppen.

Die zu erreichende Autonomie aufgrund eines Pkws ist dabei für ältere Fragebogenteilnehmer/innen von geringerer Relevanz. Diese Gruppe erreicht hier lediglich einen Mittelwert von 0,3069 Skalenpunkten. Bei Fragebogenteilnehmer/innen zwischen 15 bis 17 Jahren bzw. 18 bis 21 Jahren fällt dieser Wert mit 0,5757 Skalenpunkten bzw. 0,6246 Skalenpunkten vergleichsweise höher aus.

Dieselbe Tendenz ergibt sich für den Aspekt des Status. Auch hier ist die Einschätzung des Pkws als bedeutsames Statussymbol in der Gruppe der 22- bis 29- Jährigen vergleichsweise schwächer ausgeprägt und weist zudem mit durchschnittlich -0,1104 Skalenpunkten ein negatives Vorzeichen auf. Die Annahme, dass ein Auto dazu dienen kann, den individuellen Status zu unterstreichen, findet bei dieser Altersgruppe somit keine positive Zustimmung. Die jüngeren Befragten zeigen hingegen eine eher zustimmende Haltung dazu (0,2616 bzw. 0,3213).

Der Mittelwert zur persönlichen Norm, die das Bewusstsein um die umweltbelastende Wirkung des motorisierten Individualverkehrs widerspiegelt, zeigt bei den älteren Teilnehmer/innen zwar eine gewisse Indifferenz (0,0351), trotz allem liegt im Vergleich zu den beiden jüngeren Altersgruppen ein positiver Wert vor (-0,3821 bzw. -0,5376).

Das Konstrukt Einstellungen weist, wie bereits bekannt, keine signifikanten Mittelwertsunterschiede zwischen den einzelnen Altersgruppen auf.

Eine subjektive Norm, die die Nutzung von Carsharing-Fahrzeugen anstelle eines eigenen Wagens nahe legt, wird von allen drei Gruppen als schwach wahrgenommen. Die Mittelwerte liegen mit -1,6984, -1,6589 sowie -1,4883 Skalenpunkten alle im negativen Bereich. Ein eher schwach ausgeprägter signifikanter Mittelwertsunterschied liegt in diesem Fall lediglich zwischen der jüngsten und der ältesten Personengruppe vor.

Auch im Falle der wahrgenommenen Verhaltenskontrolle unterscheiden sich die zwei jüngeren Altersgruppen nicht signifikant voneinander (-1,14 und -1,24 Skalenpunkte). Der Vergleich zur ältesten Altersgruppe zeigt hingegen einen hoch signifikanten Mittelwertsunterschied an (-0,72 Skalenpunkte). Personen ab 22 Jahren schätzen diese demnach stärker ein als die restlichen Fragebogenteilnehmer/innen.

Der Aspekt der Kostenersparnis wird insgesamt betrachtet von Personen aller Altersgruppen als entscheidungserleichternd wahrgenommen. Am stärksten ist dieser Aspekt jedoch bei der Personengruppe ab 22 Jahren ausgebildet (1,09 Skalenpunkte). In diesem Fall zeigt sich lediglich ein signifikanter Mittelwertsunterschied zwischen den 18 bis 21 Jährigen (0,79 Skalenpunkte) und denjenigen Personen ab 22 Jahren. Teilnehmer/innen der jüngsten Altersgruppe (0,95 Skalenpunkte) weisen hingegen zu keiner der Vergleichsgruppen signifikante Mittelwertsunterschiede auf.

Hinsichtlich der Intention, zukünftig Carsharing-Fahrzeuge anstelle eines eigenen Wagens nutzen zu wollen, zeigt sich erneut das bereits bekannte Muster, d. h. die Mittelwerte der zwei jüngeren Altersgruppen unterscheiden sich nicht signifikant voneinander (-1,5665 bzw. -1,5945 Skalenpunkte), der Vergleich zur ältesten Altersgruppe ist hingegen hoch signifikant (-1,1957 Skalenpunkte). Fragebogenteilnehmer/innen über 21 Jahren sind demnach vergleichsweise weniger stark von der zukünftigen Carsharing-Nutzung abgeneigt als die jeweils jüngeren Befragten.

Zusammenfassend lässt sich anhand der Differenzierung nach dem Alter somit ein gewisser Trend erkennen, dass mit zunehmendem Alter die Nutzung eines eigenen Pkws leicht an Bedeutung einbüßt. Die carsharingbezogenen Aspekte sowie die Nutzung von Carsharing als Alternative zum eigenen Auto werden zudem von der ältesten Altersgruppe der ab 22- Jährigen weniger stark negativ konnotiert.

10.6.5 Differenzierung nach aktuell besuchter Bildungsinstitution

Abschließend soll ebenso eine Differenzierung der Mittelwerte nach der aktuell besuchten Bildungsinstitution durchgeführt werden. Es ist zu vermuten, dass sich in diesem Zusammenhang Ergebnisse zeigen werden, die den zuvor präsentierten Ergebnissen zur Altersdifferenzierung ähnlich sind. Der Grund für diese Vermutung ist, dass insbesondere das Alter der Fragebogenteilnehmer/innen sowie die aktuell besuchte Bildungsinstitution in gewisser Verbindung zueinander stehen. So zeigt eine Kreuztabellierung dieser beiden soziodemografischen Variablen, dass die Personen zwischen 15 und 17 Jahren primär Schüler/innen der befragten Realschulen und der Gymnasien sind. Die 18- bis 21- Jährigen der Stichprobe besuchen hingegen hauptsächlich ein Gymnasium oder eine Berufs(fach)schule. Die Altersgruppe der 22- bis 29- Jährigen verteilt sich hingegen bis auf einige wenige auf die Bildungsinstitutionen der Berufs(fach)schule sowie der Universität.

Die in diesem Zusammenhang relevanten Mittelwerte werden in der nachfolgenden Tabelle 18 dargestellt[67].

Tabelle 18: Vergleich der Mittelwerte nach der aktuell besuchten Bildungsinstitution

	Aktuelle Bildungsinstitution			
	Realschule	(Berufl.) Gymnasium	Berufs(fach)schule	Uni
Autonomie²	0,6138	0,3155	1,1337	-0,0511
Status¹	0,3322	0,0981	0,5511	-0,2203
Persönliche Norm¹	-0,5653	-0,1886	-0,9152	0,3513
Einstellung²	-0,1090	0,1465	-0,2839	0,1381
Subjektive Norm¹	-1,6573	-1,5261	-1,9259	-1,3606
Wahrgenommene Verhaltenskontrolle²	-1,20	-0,90	-1,76	-0,30
Kostenersparnis²	0,86	1,28	0,40	1,08
Intention²	-1,5845	-1,3433	-1,9945	-0,9349
Signifikanzniveau	p<0,10	p<0,05	p<0,01	Keine Signifikanz
Testreferenz	¹ ANOVA ² Welch-Test			

Quelle: Eigene Berechnung

Allgemein betrachtet zeigen sich hierbei für alle interessierenden Konstrukte signifikante Mittelwertunterschiede hinsichtlich des Antwortverhaltens der Befragten, die aktuell die vier unterschiedlichen Bildungsinstitutionen Realschule, (berufliches) Gymnasium, Berufs(fach-)schule oder eine Universität besuchen.

---

[67] Auch in diesem Zusammenhang wurde die Annahme der Normalverteilung sowie der Varianzengleichheit überprüft. Es ergibt sich hierbei die gleiche Situation wie im Falle der Differenzierung nach dem Alter. Es gelten daher dieselben Argumente hinsichtlich der Interpretation der ANOVA bzw. dem Rückgriff auf den Welch-Test bei nicht vorliegender Varianzengleichheit.

Tabelle 19: Übersicht der signifikanten Mittelwertsunterschiede zwischen den Bildungsinstitutionen

		Aktuelle Bildungsinstitution			
		Real-schule	(Berufl.) Gymnasium	Berufs-(fach)-schule	Uni
Autonomie	Realschule		✓	✓	✓
	(Berufl.) Gymnasium	✓		✓	✓
	Berufs(fach)schule	✓	✓		✓
	Uni	✓	✓	✓	
Status	Realschule		-	-	✓
	(Berufl.) Gymnasium	-		✓	✓
	Berufs(fach)schule	-	✓		✓
	Uni	✓	✓	✓	
Persönliche Norm	Realschule		✓	✓	✓
	(Berufl.) Gymnasium	✓		✓	✓
	Berufs(fach)schule	✓	✓		✓
	Uni	✓	✓	✓	
Einstellung	Realschule		✓	-	✓
	(Berufl.) Gymnasium	✓		✓	-
	Berufs(fach)schule	-	✓		✓
	Uni	✓	-	✓	
Subjektive Norm	Realschule		-	✓	✓
	(Berufl.) Gymnasium	-		✓	-
	Berufs(fach)schule	✓	✓		✓
	Uni	✓	-	✓	
Wahr-genommene Verhaltens-kontrolle	Realschule		-	✓	✓
	(Berufl.) Gymnasium	-		✓	✓
	Berufs-(fach)schule	✓	✓		✓
	Uni	✓	✓	✓	
Kosten-ersparnis	Realschule		✓	✓	-
	(Berufl.) Gymnasium	✓		✓	-
	Berufs(fach)schule	✓	✓		✓
	Uni	-	-	✓	
Intention	Realschule		-	✓	✓
	(Berufl.) Gymnasium	-		✓	✓
	Berufs(fach)schule	✓	✓		✓
	Uni	✓	✓	✓	
Signifikanzniveau		p<0,10	p<0,05	p<0,01	Keine Signifikanz
Testreferenz		Tamhane-T2			

Quelle: Eigene Berechnung

Welche Bildungsgruppen sich im Detail unterscheiden, wird auch in diesem Fall über einen entsprechenden Post-Hoc-Test (Tamhane-T2[68]) überprüft. Das Ergebnis dieses Tests wird in der Tabelle 19 dargestellt. Die Interpretation entspricht dabei dem Schema aus Tabelle 17.

Ein einheitliches Muster, welche Gruppen sich in gewisser Regelmäßigkeit signifikant voneinander unterscheiden bzw. nicht unterscheiden, ist in diesem Falle weniger eindeutig erkennbar, als im Falle der Differenzierung nach Altersgruppen. Es fällt jedoch auf, dass sich die Gruppe der Realschüler/innen und die der Gymnasiasten am ähnlichsten sind. Dies spiegelt die erkannte Tendenz bezüglich der Altersgruppen wider. Hierbei zeigte sich, dass insbesondere die Befragten zwischen 15 bis 17 Jahren sowie 18 und 21 Jahren sich bei keinem Konstrukt signifikant in ihren Mittelwerte unterschieden haben. Wie bereits bekannt, fallen genau diese Personen primär in die Kategorien der Realschüler sowie Gymnasiasten. Die Vermutung, dass für gewisse Altersgruppen sowie Bildungsinstitutionen ähnliche Ergebnisse zu erwarten sind, erfährt dadurch eine gewisse Bestätigung.

Die direkte Betrachtung und der Vergleich der tatsächlichen Mittelwerte nach Bildungsinstitution differenziert lässt darüber hinaus einen weiteren Aspekt erkennen. Die Mittelwerte weisen im Falle aller Konstrukte, bis auf die Einstellungen und den Aspekt der Kostenersparnis, dasselbe Muster auf. Der höchste bzw. niedrigste Mittelwert wird dabei von der Gruppe der Berufs(fach)schüler/innen bzw. der Studierenden belegt. Der Mittelwert der Realschüler/innen und der Gymnasiasten ordnet sich hingegen jeweils zwischen den Werten der Berufs(fach)schüler/innen und den Studierenden ein. Bis auf die genannten Ausnahmen liegt der Mittelwert der Realschüler/innen dabei stets unter bzw. über dem Wert der Berufs(fach)schüler/innen, gefolgt vom Mittelwert der Gymnasiasten und anschließend jener der Studierenden.

Konkret gestalten sich die spezifischen Mittelwertunterschiede dabei wie folgt. Im Hinblick auf den Autonomiegedanken unterscheiden sich die Mittelwerte aller vier Bildungskategorien signifikant voneinander. Wie bereits angedeutet, ist dieser Aspekt vergleichsweise stark bei Fragebogenteilnehmer/innen ausgeprägt, die aktuell eine Berufs(fach)schule besuchen. Sie weisen einen Mittelwert von 1,1337 Skalenpunkten auf. Bei Studierenden zeigt sich hingegen viel eher eine indifferente Haltung mit leicht negativer Tendenz (-0,0511 Skalenpunkte). Realschüler und Gymnasiasten sind mit Mittelwerten von 0,6138 und 0,3155 Skalenpunkten zwischen diesen beiden Gruppen einzuordnen.

Eine ähnliche Tendenz zeigt sich im Hinblick auf die individuelle Einschätzung des Autos als Statussymbol. Am stärksten ist dieser Aspekt auch hier bei den Personen der Berufs(fach)schulen ausgeprägt (0,5511 Skalenpunkte), am geringsten hingegen bei Studierenden (-0,2203 Skalenpunkte). Realschüler und Gymnasiasten ordnen sich, wie bereits bekannt, zwischen diesen beiden Gruppen ein (0,3322 bzw. 0,0981 Skalenpunkte). Anders als zuvor sind die Mittelwertunterschiede zwischen Realschü-

---

[68] Die entsprechenden Mehrfachvergleiche auf Basis von Dunnett-T3 und Dunnett-C führen auch in diesem Fall zu keinen Unterschieden in der Signifikanz der jeweiligen Ergebnisse im Vergleich zu Tamhane-T2.

ler/innen und Gymnasiasten sowie Berufs(fach)schüler/innen statistisch jedoch nicht signifikant.

Im Vergleich dazu ergeben sich im Falle der persönlichen Norm zwischen allen Gruppen signifikante Mittelwertsunterschiede. Diese ist bei Studierenden mit einem Mittelwert von 0,3513 Skalenpunkten am stärksten ausgeprägt. Die anderen drei Gruppen weisen jeweils einen negativen Wert auf, nämlich -0,1886 Skalenpunkten bei den Gymnasiasten, -0,5653 Skalenpunkten bei den Realschüler/innen und -0,9155 Skalenpunkten bei den Berufs(fach)schüler/innen.

Im Hinblick auf die carsharingbezogenen Aspekte zeigt sich für das Konstrukt Einstellung für Gymnasiasten sowie Studierende jeweils ein positiver Wert von 0,1465 bzw. 0,1381 Skalenpunkten. Diese beiden Gruppen unterscheiden sich zudem nicht signifikant in ihren Mittelwerten untereinander, jedoch gegenüber den beiden weiteren Bildungsgruppen. Realschüler/innen und Befragte der Berufs(fach)schulen weisen einen negativen Mittelwert auf (-0,1090 bzw. -0,2839 Skalenpunkte), unterscheiden sich untereinander jedoch ebenso nicht signifikant voneinander.

Die Mittelwerte zur subjektiven Norm sind, wie bereits bekannt, vergleichsweise stark negativ ausgeprägt. Die Fragebogenteilnehmer/innen haben demnach nicht den Eindruck, dass bedeutsame Dritte von Ihnen erwarten, dass sie Carsharing nutzen sollten. Dies trifft besonders stark auf die Befragten der Berufs(fach)schulen zu (-1,9259 Skalenpunkte). Bei allen anderen Gruppen liegt der entsprechende Mittelwert etwas höher (Realschüler/innen: -1,6573 Skalenpunkte, Gymnasiasten: -1,5361 Skalenpunkte, Studierende: -1,3606 Skalenpunkte). Die Mittelwertsunterschiede zwischen den Gruppen sind zudem nur teilweise (schwach) signifikant.

Die wahrgenommene Verhaltenskontrolle ist im Vergleich zur subjektiven Norm durchaus ein Thema für die Fragebogenteilnehmer/innen. Wie unterscheidet sich diese Einschätzung jedoch zwischen den Personen verschiedener Bildungsinstitutionen? Die Extremwerte werden auch in diesem Fall von Personen der Berufs(fach)schulen (-1,76 Skalenpunkte) sowie der Studierenden (-0,30 Skalenpunkte) besetzt. Dieser Mittelwertsunterschied ist statistisch hoch signifikant. Realschüler/innen sowie Gymnasiasten ordnen sich mit Werten von -1,20 sowie -0,90 Skalenpunkten zwischen diesen Extremen ein. Diese Mittelwerte unterscheiden sich zudem nicht signifikant voneinander. Die Gegenüberstellung der Werte mit jenen der Berufs(fach)schulen sowie der Universität zeigt hingegen signifikante Unterschiede auf.

Die Möglichkeit der Kosteneinsparung durch die Nutzung von Carsharing stellt für Personen aller Bildungstypen eine Entscheidungserleichterung dar. Vor allem Gymnasiasten empfinden diesen Aspekt vergleichsweise am stärksten entscheidungserleichternd (1,28 Skalenpunkte). Der Mittelwert der Studierenden von 1,08 Skalenpunkten unterscheidet sich in diesem Zusammenhang nicht signifikant von jenem der Gymnasiasten. Dasselbe gilt für den Vergleich des Mittelwerts der Realschüler/innen (0,86 Skalenpunkte) mit dem der Gymnasiasten. Der Mittelwert der Berufs(fach)schüler/innen (0,40 Skalenpunkte) unterscheidet sich hingegen signifikant von allen anderen Bildungsgruppen.

Auch im Falle der Intention, zukünftig Carsharing-Fahrzeuge anstelle eines eigenen Wagens nutzen zu wollen, zeigt sich das bereits bekannte Muster. Die Extremwerte erreichen jeweils die Gruppe der Studierenden (-0,9349 Skalenpunkte) sowie die Berufs(fach)schüler/innen (-1,9945 Skalenpunkte). Dieser Mittelwertsunterschied ist statistisch hoch signifikant. Beide Gruppen unterscheiden sich zudem in ihren Mittelwerten signifikant von den beiden weiteren Bildungsgruppen (Realschule: -1,5845 Skalenpunkte, Gymnasium: -1,3533 Skalenpunkte), die sich wiederum nicht signifikant voneinander unterscheiden.

Formale Bildungsniveaus üben demnach einen Einfluss auf die Einschätzung der interessierenden Konstrukte aus. Eine gewisse Diskrepanz lässt sich dabei insbesondere zwischen Personen, die einen beruflichen Abschluss bzw. einen universitären Abschluss anstreben, erkennen. Studierende, mit dem formal höheren Bildungsniveau, messen den Aspekten Autonomie und Status demnach vergleichsweise weniger Bedeutung zu, zeigen als einzige Gruppe in diesem Zusammenhang ein gewisses Bewusstsein für mobilitätsbezogene Umweltbelastungen und stehen darüber hinaus den carsharingbezogenen Aspekten sowie der Nutzung von Carsharing als Alternative zum eigenen Auto weniger stark negativ gegenüber.

10.6.6 Zusammenfassende Übersicht zu den Mittelwertsvergleichen

Die nähere Betrachtung der zentralen Erklärungskonstrukte dieser Arbeit sowie der Intention an sich, zukünftig Carsharing-Fahrzeuge anstelle eines eigenen Wagens nutzen zu wollen, zeigt, dass verschiedene soziodemografische Eigenschaften im Hinblick auf die Einschätzung dieser Konstrukte durchaus von Bedeutung sind.

Es wird deutlich, dass insbesondere weibliche Befragte, Personen die in einer städtischen Wohnumgebung leben, der Altersgruppe ab 22 Jahren angehören sowie zum Zeitpunkt der Befragung ein formal höheres Bildungsniveau anstreben der Nutzung von Carsharing und damit verbundenen Aspekten vergleichsweise weniger negativ gegenüberstehen. Zudem ist der Autonomie- sowie Statusgedanke, welcher mit dem Besitz eines eigenen Pkws assoziiert werden kann, in diesem Personenkreis geringer ausgeprägt. Auch sind sich diese Personen der umweltbelastenden Wirkung, welche durch die Nutzung von Pkws anstelle von Alternativen resultiert, vergleichsweise stärker bewusst. Der Migrationshintergrund von Personen spielt für das Konstrukt Status, persönliche Norm sowie den Aspekt der Kostenersparnis durch die Nutzung des Carsharing-Angebots zwar durchaus eine gewisse Rolle, im Vergleich zu den anderen soziodemografischen Eigenschaften zeigen sich dabei jedoch vergleichsweise geringfügigere Mittelwertsunterschiede.

10.6.7 Exkurs: Einfluss des vollflexiblen Carsharings auf die Carsharing-Intention

Neben den zuvor dargestellten Mittelwertsvergleichen der zentralen Erklärungskonstrukte, differenziert nach Soziodemografika, soll im nachfolgenden Abschnitt ein weiterer interessanter Aspekt knapp beleuchtet werden. Es handelt sich hierbei um die Frage, ob sich die Carsharing-Intention möglicherweise signifikant zwischen Personen unterscheidet, an deren Schulstandort das vollflexible System car2go bereits heute angeboten bzw. nicht angeboten wird.

Die Datenanalyse zeigt[69], dass tatsächlich ein signifikanter Unterschied diesbezüglich zu beobachten ist. Die Gruppe derjenigen, an deren Schulstandort das vollflexible Carsharing-Angebot car2go angeboten wird (n=841), weist demnach einen Intentionsmittelwert von -1,3454 auf. Im Falle der Gruppe ohne dieses Carsharing-Angebot (n=629) ergibt sich hingegen ein Intentionsmittelwert von -1,7154.

Car2go ist im Vergleich zu klassischen, stationsbasierten Carsharing-Anbietern deutlich präsenter im öffentlichen Raum. Dies könnte zur Folge haben, dass das Carsharing-Angebot bereits intensiver wahrgenommen wurde und daher eine vergleichsweise weniger negative Carsharing-Intention vorherrscht. Allerdings muss in diesem Kontext auch berücksichtigt werden, dass gerade am Standort Stuttgart, neben dem vollflexiblen Carsharing, ein umfassendes ÖV-Angebot anzutreffen ist und somit die Grundvoraussetzungen für eine Mobilität ohne eigenen Pkw prinzipiell vorteilhafter erscheinen. Dieser Aspekt könnte den dargestellten signifikanten Mittelwertunterschied ebenso bedingen.

Was die tatsächlichen Einflussfaktoren hinsichtlich dieses Ergebnisses darstellen, kann im Rahmen der vorliegenden Arbeit nicht geklärt werden. Es eröffnet sich allerdings eine interessante Forschungsfrage, deren genauere Evaluierung lohnenswert erscheint. Es zeigt sich, dass zukünftige Forschungsbeiträge bezüglich der Intention zur Carsharing-Nutzung essentiell sind.

10.7 Empirische Überprüfung der Forschungshypothesen

Durch die deskriptiven Auswertungen und Analysen in den vorangehenden Abschnitten konnte bereits ein erster Eindruck im Hinblick auf die erhobene Datenbasis zum Thema Jugend und Carsharing gewonnen werden. Es zeigt sich, dass sich die interessierenden Erklärungskonstrukte zur Intention sowie diese selbst sich durchaus anhand von soziodemografischen Eigenschaften der Fragebogenteilnehmer/innen unterscheiden. Auch wird deutlich, dass eine eher zurückhaltende Haltung der befragten Jugendlichen und jungen Erwachsenen hinsichtlich des Mobilitätskonzeptes Carsharing der Fall ist. Das eigene Auto als Statussymbol wird durch die Stichprobe zwar nicht übermäßig stark betont, trotz allem spielt dieser Aspekt eine gewisse Rolle. Dasselbe gilt auch im Hinblick auf den Gedanken der zu erreichenden Autonomie durch den Pkw. Knapp die Hälfte der Befragten ist darüber hinaus bereits im Besitz eines eigenen Pkws. Bisherige Nicht-Besitzer/innen eines eigenen Autos geben zum Großteil an, dass sie sich zukünftig einen eigenen Pkw anschaffen möchten. Der Besitz eines eigenen Pkws erscheint für die befragten Jugendlichen und jungen Erwachsenen aus Baden-Württemberg demnach durchaus als bedeutsam.

Was sind jedoch zentrale Einflussfaktoren, die eine hindernde bzw. fördernde Wirkung auf die zukünftige Nutzung von Carsharing-Fahrzeugen anstelle eines eigenen Wagens ausüben? An welchen Aspekten kann in diesem Zusammenhang angesetzt werden, um

---

[69] Auch in diesem Zusammenhang wurde die Annahme der Normalverteilung sowie der Varianzengleichheit als Voraussetzung zur Durchführung des Mittelwertvergleichs überprüft. Es ergibt sich hierbei die gleiche Situation wie in den Fällen zuvor. Es gelten daher dieselben Argumente hinsichtlich der Durchführung von t-Tests bzw. dem notwendigen Rückgriff auf den Welch-Test aufgrund einer nicht vorliegenden Varianzengleichheit.

die Attraktivität des Mobilitätskonzeptes Carharing bei Jugendlichen und jungen Erwachsenen in der Zukunft zu stärken und zu steigern, um dem zentralen Ziel einer langfristig nachhaltigeren Mobilität ein Stück näher zu kommen?

Im Hinblick auf diese grundlegenden Fragen wurden sieben spezifische Forschungshypothesen formuliert, welche anhand der erhobenen Datenbasis empirisch überprüft werden sollen. Nachfolgend werden diese noch einmal angeführt:

H1: Je positiver die **Einstellung** *gegenüber der Nutzung von Carsharing-Fahrzeugen anstelle eines eigenen Wagens ist, desto stärker fällt die Intention von Jugendlichen und jungen Erwachsenen aus, zukünftig Carsharing-Fahrzeuge anstelle eines eigenen Autos nutzen zu wollen.*

H2: Je stärker die **Nutzung von Carsharing anstelle eines eigenen Wagens durch bedeutsame Dritte befürwortet** *wird, desto stärker fällt die Intention von Jugendlichen und jungen Erwachsenen aus, zukünftig Carsharing-Fahrzeuge anstelle eines eigenen Autos nutzen zu wollen.*

H3: Je größer die **wahrgenommene Verhaltenskontrolle für die eigene Nutzung von Carsharing** *wahrgenommen wird, desto stärker fällt die Intention von Jugendlichen und jungen Erwachsenen aus, zukünftig Carsharing-Fahrzeuge anstelle eines eigenen Autos nutzen zu wollen.*

H4: Je stärker das **Bewusstsein für die umweltbelastende Wirkung des motorisierten Individualverkehrs** *ausgeprägt ist, desto stärker fällt die Intention von Jugendlichen und jungen Erwachsenen aus, zukünftig Carsharing-Fahrzeuge anstelle eines eigenen Autos nutzen zu wollen.*

H5: Je stärker ein privater Pkw mit der Möglichkeit zur **Autonomie** *verknüpft wird, desto geringer fällt die Intention von Jugendlichen und jungen Erwachsenen aus, zukünftig Carsharing-Fahrzeuge anstelle eines eigenen Autos nutzen zu wollen.*

H6: Je stärker ein privater Pkw als Repräsentant des eigenen **sozialen Status** *verstanden wird, desto geringer fällt die Intention von Jugendlichen und jungen Erwachsenen aus, zukünftig Carsharing-Fahrzeuge anstelle eines eigenen Autos nutzen zu wollen.*

H7: Je stärker die Nutzung von Carsharing-Fahrzeugen anstelle eines eigenen Wagens als eine Option zum **Einsparen von Kosten** *wahrgenommen wird, desto stärker fällt die Intention von Jugendlichen und jungen Erwachsenen aus, zukünftig Carsharing-Fahrzeuge anstelle eines eigenen Autos nutzen zu wollen.*

Wie bereits bekannt, sollen diese Forschungshypothesen mithilfe einer multivariaten linearen Regression überprüft werden. Dieses Verfahren kommt in der empirischen Forschung häufig zur Anwendung, da es der Bearbeitung vieler verschiedener Fragestellungen gerecht wird. Die entsprechende theoretische Methodik, die praktische Umsetzung an sich sowie die daraus resultierenden Ergebnisse werden in den nachfolgenden Abschnitten präsentiert und näher erläutert.

10.7.1 Das multivariate lineare Regressionsmodell

Die multivariate lineare Regression ermöglicht den Effekt einer unabhängigen Variablen (uV), jeweils unter Kontrolle aller anderen integrierten unabhängigen Variablen, auf eine zu erklärende abhängige Variable (aV) zu schätzen. Durch eine entsprechende Berechnung mit Hilfe des Statistikprogrammes SPSS gilt es daher das nachfolgend präsentierte multivariate Regressionsmodell zu spezifizieren:

$$
\begin{aligned}
INT_i \;=\; & b_0 + b_1 \cdot EIN_i + b_2 \cdot SN_i + b_3 \cdot WVK_i + b_4 \cdot PN_i + b_5 \cdot AUT_i + b_6 \cdot STA_i + \\
& b_7 \cdot KOS_i + b_8 \cdot FRAU_i + b_9 \cdot ALTER_i + b_{10} \cdot BIL2_i + b_{11} \cdot BIL3_i + \\
& b_{12} \cdot BIL4_i + b_{13} \cdot ORT2_i + b_{14} \cdot ORT3_i + b_{15} \cdot MIG_i
\end{aligned}
$$

Die abhängige Variable ist demnach das Konstrukt der Intention (INT_i), zukünftig Carsharing-Fahrzeuge anstelle eines eigenen Autos nutzen zu wollen. Diese gilt es durch die entsprechenden unabhängigen Variablen (Einstellung EIN_i, subjektive Norm SN_i, wahrgenommene Verhaltenskontrolle WVK_i, persönliche Norm PN_i, Autonomie AUT_i, Status STA_i und Kostenersparnis KOS_i) sowie den Kontrollvariablen (Geschlecht $FRAU_i$, Alter $ALTER_i$, aktuelle Bildungsinstitution $BIL2_i/BIL3_i/BIL4_i$, Wohnumgebung $ORT2_i/ORT3_i$ und Migrationshintergrund MIG_i) zu erklären.

Ziel der Regressionsrechnung ist es, eine lineare Funktionsgerade bzw. Funktionsfläche zu definieren, welche der Modellkonstante b_0 sowie den Parametern b_1 bis b_{15} entsprechende Werte zuordnet. Dies geschieht unter der Voraussetzung, dass die Residuen U_i möglichst gering ausfallen. Unter Residuen werden die Abstände zwischen den empirisch beobachteten und den geschätzten Y-Werten der Regression verstanden. Dieser Unterschied zwischen dem geschätzten und dem tatsächlich beobachteten Wert resultiert daraus, dass sowohl berücksichtigte Einflussfaktoren wie auch weitere Faktoren, die zwar nicht direkt beobachtet wurden, jedoch durch ihr Fehlen einen indirekten Effekt auf die Parameter ausüben, den beobachteten Wert beeinflussen. Um die entsprechenden Werte für die einzelnen Parameter, die die Funktionsgerade definieren, berechnen zu können, wird im Zuge der linearen Regression die Methode der kleinesten Quadrate (OLS = ordinary least squares) angewendet. Hierbei werden die Modellkonstante sowie die Parameter der unabhängigen Variablen so berechnet, dass die Summe der quadrierten Residuen minimal ausfällt (vgl. Backhaus et al. 2011, S. 67).

Da es sich bei den integrierten Kontrollvariablen Geschlecht (FRAU), Bildung (BIL), Wohnumgebung (ORT) und Migrationshintergrund (MIG) um kategoriale Variablen handelt, muss an dieser Stelle noch betont werden, dass diese im Zuge der Regressionsrechnung als Dummy-Variablen mit den Ausprägungen 0 und 1 kodiert werden müssen. Nur so können sie bei der Berechnung der linearen Regression berücksichtigt werden. Bei kategorialen Variablen mit mehr als zwei Ausprägungen, wie es bei den Variablen Bildung und Wohnumgebung der Fall ist, ist zudem zu beachten, dass jeweils eine Referenzkategorie besteht, die lediglich indirekt in die Berechnung einfließt. Es gehen demnach nicht alle Kategorien einer solchen Variablen als Dummy-Variable in die Regressionsberechnung ein, da ansonsten ein perfektes lineares Determinationsverhältnis, die sogenannte Multikollinearität, zwischen diesen vorliegen würde (vgl. Urban/Mayerl 2011, S. 277 f.). Im Falle der Bildungsvariablen soll daher die Antwortkategorie ,Realschule' als Referenz dienen. Bei der Wohnumgebung wird das Wohnen in einem Dorf als Referenzkategorie verwendet.

10.7.2 Die theoretischen Annahmen einer linearen Regression

Um die formulierten Forschungshypothesen testen zu können, gilt es anhand der erhobenen Datenbasis eine präzise Regressionsschätzung durchzuführen. Um diesem Anspruch gerecht zu werden, müssen sowohl modellbezogene Annahmen, wie die Linearität, als auch regressionstheoretische Annahmen erfüllt werden.

Im Hinblick auf die regressionstheoretischen Annahmen gilt es allgemein den drei Kriterien der Unverzerrtheit, der Effizienz und der Konsistenz gerecht zu werden. Unter Unverzerrtheit versteht man in diesem Zusammenhang, „dass der Erwartungswert eines Schätzers gleich dem wahren Wert [...] der entsprechenden Variablenbeziehung in der Population" (Urban/Mayerl 2011, S. 116) entspricht. Unter dem Erwartungswert ist dabei genau der Wert zu verstehen, der sich bei wiederholten/unendlichen Berechnungen im Durchschnitt ergeben würde. Aufgrund des Kriteriums der Unverzerrtheit geht man also davon aus, dass man anhand der einmaligen Schätzung einen Wert erhält, der im Vergleich zum wahren Wert weder zu einer Unter- noch Überschätzung führt. Das zweite Kriterium der Effizienz ist dann erfüllt, wenn genau derjenige Schätzer resultiert, der die vergleichsweise geringste Streuung aufweist. Die Varianz sollte also möglichst gering ausfallen. Die Konsistenz sieht man darüber hinaus als gegeben an, wenn sich bei der Vergrößerung einer Stichprobe zum einen die Verzerrung des Schätzwertes sowie zum anderen dessen Varianz verkleinert. Werden diese drei Kriterien erfüllt, resultieren aus regressionstheoretischer Sicht einwandfreie Schätzungen. Im Falle der linearen Regression können unter den beschriebenen Voraussetzungen Schätzwerte ermittelt werden, die die sogenannte BLUE-Eigenschaft besitzen. BLUE steht dabei für ,best linear unbiased estimation' (vgl. Urban/Mayerl 2011, S. 116 ff.). Die Schätzer einer linearen Regression besitzen die BLUE-Eigenschaft laut dem Gaus-Markov-Theorem genau dann, wenn die in Tabelle 20 dargestellten Annahmen A1 bis A4 zutreffen (vgl. Urban/Mayerl 2011, S. 122 ff.).

Tabelle 20: Annahmen des linearen Regressionsmodells

A1.	$\text{Erw}(U_i) = 0$ Die Störgrößen weisen einen Erwartungswert von Null auf.
A2.	$\text{Cov}(U_i, U_j) = 0 \qquad$ mit $i \neq j$ Die Störgrößen sind untereinander unkorreliert (keine Autokorrelation).
A3.	$\text{Cov}(U_i, X_i) = 0$ Zwischen den erklärenden Variablen und der Störgröße besteht keine Korrelation.

Fortsetzung

A4.	$\text{Var}(U_i) = \sigma^2$ Die Störgrößen weisen eine konstante Varianz σ^2 auf (Homoskedastizität).
A5.	Es besteht keine Multikollinearität, d.h. dass zwischen den unabhängigen Variablen keine lineare Abhängigkeit vorliegt.
A6.	$U_i \sim N(0, \sigma^2)$ Die Störgrößen sind normalverteilt mit einem Mittelwert von Null und einer konstanten Varianz.

Quelle: vgl. Backhaus et al. 2011, S. 85 ff.; Urban/Mayerl 2011, S. 122 ff.

Die Tabelle 20 beinhaltet darüber hinaus zwei weitere Annahmen, die es im Zuge der Regressionsrechnung zu erfüllen gilt. Die Annahme A5 bezieht sich dabei auf die bereits erwähnte Multikollinearität. Trifft die Annahme A5 nicht zu, resultieren zwar Schätzer mit der BLUE-Eigenschaft, entsprechende Teststatistiken, wie der t-Test, welcher im Zuge der Regressionsrechnung durchgeführt wird, können dadurch jedoch beeinträchtigt werden. Der Grund hierfür ist, dass bei vorliegender Multikollinearität der Standardfehler unkalkulierbar anwächst und somit das jeweilige Konfidenzintervall vergrößert wird. Dies wiederum kann dann zu Fehlentscheidungen beim Testen von Hypothesen führen (vgl. Urban/Mayerl 2011, S. 229 ff.). Die Annahme A6 zur Normalverteilung ist wie die Annahme A5 keine Voraussetzung für Schätzer mit der BLUE-Eigenschaft. Sie ist jedoch ebenso eine wichtige Voraussetzung dafür, dass weiterführende Testverfahren (bspw. Signifikanztests) durchgeführt und angemessene Ergebnisse abgeleitet werden können.

Verstöße gegenüber den präsentierten Annahmen führen dazu, dass die berechneten Schätzer nicht der BLUE-Eigenschaft unterliegen bzw. durch statistische Testverfahren unangemessene Ergebnisse resultieren. Trotz der Vielzahl an einzuhaltenden Annahmen hat sich durch die Forschungspraxis jedoch auch gezeigt, dass die Methodik der linearen Regressionsrechnung recht robust gegenüber gewissen Verletzungen dieser Annahmen ist (vgl. Backhaus et al. 2011, S. 96 f.).

10.7.3 Die praktische Umsetzung der Annahmenprüfung

Mit Hilfe des Statistikprogrammes SPSS wird das entsprechende multivariate Regressionsmodell berechnet[70]. Ob dieses Modell verlässliche Schätzer für die Parameter b_0 bis b_{15} liefert, muss durch die Überprüfung der zuvor dargestellten Annahmen zunächst kontrolliert werden. Wie bereits bekannt, sind nur unter dieser Voraussetzung sinnvolle Interpretationen der Regressionsergebnisse möglich und das damit verbundene Testen der Forschungshypothesen zielführend.

Im folgenden Abschnitt wird zunächst die vorliegende Datenbasis auf mögliche Ausreißer überprüft. An diesen Prozess schließt sich die Überprüfung der zentralen Annahmen des Gauss-Markov-Theorems an. Verschiedenste Prüfverfahren beruhen dabei jeweils auf der Analyse der spezifischen Residuen.

---

[70] Der entsprechende Regressionsoutput findet sich im Anhang 6 dieser Arbeit.

Als Ausreißer versteht man solche Fälle, die aufgrund ihrer Werteausprägungen vergleichsweise weit von der geschätzten Regressionsfläche entfernt liegen. Bei der Berechnung des Regressionsmodells können Ausreißer daher nicht angemessen berücksichtigt werden und führen möglicherweise zu einer Verzerrung der Regressionsergebnisse (vgl. Urban/Mayerl 2011, S.185). Die Aufdeckung von Ausreißern stellt somit für die Regressionsrechnung einen nicht zu vernachlässigenden Aspekt dar. Eine allgemeine Möglichkeit, um Ausreißer zu identifizieren, bietet die Analyse der Residuen hinsichtlich der Standardabweichungen. Laut einer diesbezüglichen Daumenregel sollten die Residuenwerte das Intervall von +/- 2,00 Standardabweichungen nicht unter- bzw. überschreiten (vgl. Urban/Mayerl 2011, S.187). Das Statistikprogramm SPSS identifiziert in diesem Zusammenhang 80 Fälle, deren entsprechender Wert außerhalb des vorgegebenen Intervalls von +/- 2,00 Standardabweichungen liegt. Neben dieser recht intuitiven Methode können Ausreißer jedoch auch über formale Entscheidungsregeln aufgedeckt werden. Diesbezüglich ist der Rückgriff auf Maßzahlen zur Extremität von Werten der unabhängigen Variablen (bspw. der zentrierter Leverage-Index), Maßzahlen zur Extremität von Residuen (bspw. die Externally Studentized Residuals) oder auch Maßzahlen des Fall-Einflusses auf die Regressionsschätzung (bspw. DFFITS= Difference in FIT, Standardized) möglich[71]. Für alle drei Verfahren können mithilfe von SPSS die jeweiligen Werte berechnet werden. Diese gilt es dann mit einem entsprechenden Schwellenwert zu vergleichen, welcher jeweils separat berechnet werden muss (vgl. Urban/Mayerl 2011, S. 187). Die Anwendung der drei exemplarisch angeführten Verfahren kommt in diesem Zusammenhang zu den folgenden Ergebnissen. Nach dem zentrierten Leverage-Index gelten 26 Fälle als Ausreißer. Darunter finden sich zwei Fälle, die bereits auf Basis der Analyse der Residuen hinsichtlich der Standardabweichungen als Ausreißer identifiziert wurden. Die Berechnung und der Vergleich der Externally Studentized Residuals mit dem entsprechenden Schwellenwert führen zur Identifikation von insgesamt neun Ausreißern. Diese finden sich alle auch auf der Liste der zuvor auf Basis der Standardabweichungen identifizierten Ausreißer wieder. Im Falle des DFFITS wird hingegen keiner der Fälle im Datensatz als Ausreißer deklariert.

Der Vergleich der unterschiedlichen Ergebnisse macht somit deutlich, dass verschiedene Methoden zur Identifizierung von Ausreißern in den Daten zu unterschiedlichen Ergebnissen führen können. Eine Anwendung von verschiedenen Verfahren ist in diesem Kontext somit sinnvoll. Es stellt sich nun jedoch die Frage, ob auf Basis der vorangehenden Ergebnisse grundsätzlich Fälle als Ausreißer aus der Regression ausgeschlossen werden sollen und wenn ja welche.

Um herauszufinden, ob identifizierte Ausreißer tatsächlich zu einer Verzerrung der Regressionsergebnisse führen, besteht eine einfache Überprüfungsmöglichkeit. Man erzeugt dafür eine Dummy-Variable, welche den Ausreißerfällen den Wert 1 zuweist, alle anderen Fälle erhalten den Wert 0. Diese Dummy-Variable wird an das ursprüngliche Regressionsmodell angehängt. Ist dieser Dummy-Koeffizient bei einer erneuten Berechnung der Regression signifikant, stellen die Ausreißer ein nicht zu vernachläs-

---

[71] Eine ausführliche Beschreibung dieser und weiterer Verfahren findet sich in Urban/Mayerl 2011, S. 188 f..

sigendes Problem dar (vgl. Urban/Mayerl 2011, S. 190). Im Falle der vorliegenden Datenbasis werden in diesem Zusammenhang zwei Ausreißer-Dummy-Variablen gebildet. Die erste Dummy-Variable markiert diejenigen Fälle, die im Zuge aller Analyseverfahren als Ausreißer identifiziert wurden. Die zweite Dummy-Variable markiert hingegen lediglich die zehn Fälle, die übereinstimmend von den verschiedenen Analyseverfahren als Ausreißer identifiziert wurden. Die separate Integration beider Dummy-Variablen in das Regressionsmodell weist im Fall der ersten Dummy-Variable keinen signifikanten Koeffizienten auf. Die zweite Dummy-Variable erweist sich jedoch als signifikant. Die übereinstimmend identifizierten zehn Ausreißer üben demnach einen nicht zu vernachlässigenden Einfluss auf das Endergebnis der Regression aus. Auf Basis dieser Erkenntnis wird daher entschieden, diese zehn Ausreißer aus der Regressionsanalyse auszuschließen. Die Stichprobengröße der Regressionsrechnung verringert sich somit von 1470 auf 1460 Fälle.

In einem nächsten Schritt soll die Annahme *A6* überprüft werden. Diese geht davon aus, dass die Residuen normalverteilt sind. Dies ist eine zentrale Voraussetzung für die Durchführung von entsprechenden Signifikanztests. Der Grund dafür ist, dass bei fehlender Normalverteilung verzerrte Standardfehler resultieren, welche eine zweifelhafte Inferenzstatistik zur Folge haben. Die BLUE-Eigenschaft der Schätzer ist hingegen auch bei einer Verletzung der Annahme gegeben (vgl. Urban/Mayerl 2011, S. 193).
Die Überprüfung der Normalverteilung ist durch verschiedenste Verfahren leistbar. Eine Möglichkeit besteht in der visuellen Analyse der empirischen Residuenverteilung. Das entsprechende Histogramm aller Residuen sowie die integrierte Normalverteilungskurve werden in Abbildung 21 präsentiert. Ausgehend von dieser Grafik, kann die Normalverteilungsannahme durchaus als bestätigt angesehen werden. Die typische Glockenkurve der Normalverteilung spiegelt sich demnach in den Residuen wider.

Abbildung 21: Residuen-Histogramm mit Normalverteilungskurve

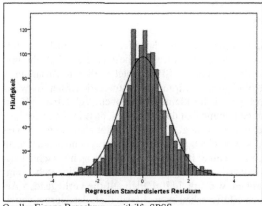

Quelle: Eigene Berechnung mithilfe SPSS

Eine weitere Möglichkeit, die Normalverteilungsannahme zu überprüfen, besteht in der ebenfalls visuellen Analyse des Normalverteilungsplots. Am häufigsten kommt hierbei der sogenannte P-P-Plot zum Einsatz. Jedes P steht dabei für Probability wie Wahrscheinlichkeit. Dieser stellt somit ein doppeltes Wahrscheinlichkeitsstreudiagramm dar. Konkret werden die kumulierten theoretischen Wahrscheinlichkeiten der Normalverteilung (Y-Achse), sowie die kumulierten relativen Häufigkeiten der beobachteten Residuen (X-Achse) abgetragen. Liegt eine perfekte Normalverteilung vor, dann platzieren sich die Wahrscheinlichkeitswerte der Residuen direkt auf der Diagonale des Plots (vgl. Urban/Mayerl 2011, S. 198). Das Ergebnis des entsprechenden Verfahrens wird durch die Abbildung 22 präsentiert. Da die Wahrscheinlichkeitswerte der Residuen sehr dicht um die Diagonale streuen, kann auch auf Basis dieser Methodik von einer annähernden Normalverteilung ausgegangen werden.

Abbildung 22: P-P-Wahrscheinlichkeitsdiagramm der Residuenverteilung

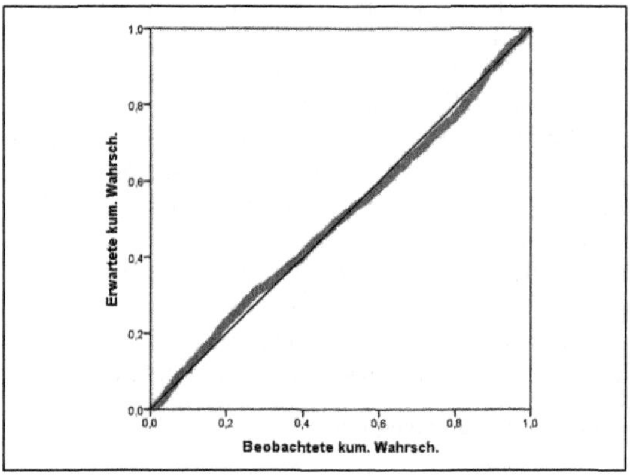

Quelle: Eigene Berechnung mithilfe SPSS

Neben einer visuellen Überprüfung besteht auch die Möglichkeit, entsprechende formale Normalverteilungstests anzuwenden. Diesbezüglich besteht eine Vielzahl verschiedener Testverfahren. Das Statistikprogramm SPSS bietet in diesem Zusammenhang den häufig verwendeten Kolmogorov-Smirnov-Test sowie den Shapiro-Wilk-Test an. Ersterer eignet sich jedoch primär für kleine Stichproben (vgl. Urban/Mayerl 2011, S. 197 f.). Beide Testverfahren kommen zu dem Ergebnis, dass im Falle der vorliegenden Daten keine Normalverteilung vorliegt. Dieses Resultat steht somit im Gegensatz zur visuellen Erkenntnis. Wie bereits bekannt, ist dieses Ergebnis jedoch nicht verwunderlich. In der empirischen Forschung hat sich gezeigt, dass sich verschiedenste statistische Testverfahren zur Normalverteilung primär für kleine Stichproben eignen. Im Falle von großen Stichproben, was mit 1470 Fällen auf die vorliegende Arbeit zutrifft, reagieren diese jedoch häufig sehr sensibel bezüglich der Normalverteilung und lehnen sie auch bereits bei geringfügigen Abweichungen ab. Insbesondere die Methodik der linearen Regression erweist sich bei großen Stichproben jedoch recht robust gegenüber geringen Abweichungen von der Normalverteilung (vgl. Atkinson

1985, S. 80 f.; Dufour et al. 1998, S. 155). Ausgehend von den visuell analysierten Überprüfungsmöglichkeiten zur Normalverteilung, welche recht eindeutig für eine (annähernde) Normalverteilung sprechen, wird die Annahme A6 somit als bestätigt betrachtet.

Eine Verletzung der Annahme *A5*, also das Vorliegen von Multikollinearität, bringt, ebenso wie im Falle der Annahme A6, noch immer Schätzer mit der BLUE-Eigenschaft mit sich. Aus einer zunehmenden Multikollinearität ergeben sich jedoch unkalkulierbar anwachsende Standardfehler und somit auch vergrößerte Konfidenzintervalle. Fehlentscheidungen beim Testen von Hypothesen können daraus resultieren (vgl. Urban/Mayerl 2011, S. 229 ff.). Die vorliegenden Daten müssen daher auch auf das Vorhandensein von Multikollinearität überprüft werden. Prinzipiell muss in diesem Zusammenhang jedoch festgehalten werden, dass in der Forschungspraxis Multikollinearität in der Regel nicht vollständig zu vermeiden ist. Es stellt sich daher viel eher die Frage, wie stark die Multikollinearität im jeweiligen Datensatz ausgeprägt ist und ob ein Risiko für die Regressionsschätzung zu erwarten ist (vgl. Urban/Mayerl 2011, S. 226 f.). Auch in diesem Fall besteht eine Vielzahl an verschiedenen Überprüfungsmöglichkeiten. Die vorliegende Arbeit greift in diesem Zusammenhang auf die Betrachtung der Maßzahl zur Toleranz sowie den VIF (Varianz-Inflations-Faktor) zurück (vgl. Urban/Mayerl 2011, S. 2231) [72]. Beides kann mithilfe von SPSS berechnet werden.

Tabelle 21: Kollinearitätsstatistik

	Kollinearitätsstatistik	
	Toleranz	VIF
Einstellung	0,634	1,577
Subjektive Norm	0,756	1,323
Wahrgenommene Verhaltenskontrolle	0,554	1,806
Persönliche Norm	0,629	1,591
Autonomie	0,584	1,712
Status	0,665	1,505
Kosten	0,778	1,286
Weiblich	0,890	1,123
Alter	0,386	2,593
Gymnasium	0,407	2,460
Berufs(fach)schule	0,305	3,278
Universität	0,240	4,163
Im Vorort einer (Groß-)Stadt	0,748	1,336
Im Zentrum einer (Groß-)Stadt	0,687	1,456
Migrationshintergrund	0,910	1,099

Quelle: Eigene Berechnung mithilfe SPSS

---

[72] Eine genauere Ausführung zu beiden Maßzahlen sowie weiteren Überprüfungsmöglichkeiten findet sich in Urban/Mayerl 2011, S. 230 ff..

Für die Beurteilung der Maßzahl zur Toleranz wird in der Literatur ein Grenzwert von 0,10 vorgeschlagen. Dieser sollte nicht unterschritten werden. Im Falle des VIF wird angenommen, dass bei einem Wert größer 10 von einer gravierenden Multikollinearitätsproblematik ausgegangen werden kann (vgl. Urban/Mayerl 2011, S. 232). Die in der Tabelle 21 diesbezüglich präsentierten Werte lassen den Schluss zu, dass im Falle der vorliegenden Datenbasis Multikollinearität keine Bedrohung darstellt. Die Annahme A5 kann dadurch als bestätigt betrachtet werden.

Das Gauss-Markov-Theorem geht davon aus, dass lediglich unter der Annahme einer linearen Einflussbeziehung in den Parametern die Methode der kleinesten Quadrate zu einem optimalen Regressionsergebnis führt (vgl. Urban/Mayerl 2011, S. 202). Die Linearitätsannahme muss also ebenso spezifisch überprüft werden. Auch in diesem Fall bestehen verschiedene Möglichkeiten, die Annahme der Linearität zu überprüfen. Im Folgenden wird eine visuelle Überprüfungsmöglichkeit der Linearität herangezogen[73]. Dafür muss zwischen den partiellen Residuen[74] und den X-Werten der jeweiligen (metrischen) unabhängigen Variablen ein Streudiagramm erzeugt werden. Allgemein betrachtet kann genau dann von Linearität ausgegangen werden, wenn die Residuen zufällig um die eigene 0-Achse streuen. Das bedeutet, dass kleine X-Werte (bzw. große X-Werte) sowohl niedrige als auch hohe Residuenwerte aufweisen. Ist jedoch beispielsweise ein U-förmiger Zusammenhang erkennbar, muss davon ausgegangen werden, dass die Linearitätsannahme nicht zutrifft (vgl. Urban/Mayerl 2011, S. 205). Die im Hinblick auf die vorliegende Datenbasis erzeugten acht Streudiagramme werden in der nachfolgenden Abbildung 23, in der linken Spalte, präsentiert.

---

[73] Das ausgewählte Statistikprogramm SPSS bietet in diesem Zusammenhang lediglich eingeschränkte Überprüfungsmöglichkeiten an. Die gewählte visuelle Überprüfung kann jedoch als ein adäquates Mittel angesehen werden (vgl. Urban/Mayerl 2011, S. 205).

[74] Partielle Residuen ergeben sich aus der Summe des normalen Residualwerts (U_i) mit der linearen Komponente ($b_j X_{ji}$) der Regression (vgl. Urban/Mayerl 2011, S. 178).

Abbildung 23: Streudiagramm zwischen partiellen Residuen und den jeweiligen uV-Werten. Links: ursprüngliches Regressionsmodell, rechts: neues Regressionsmodell, wenn Einstellung[2] und WVK[3] integriert werden

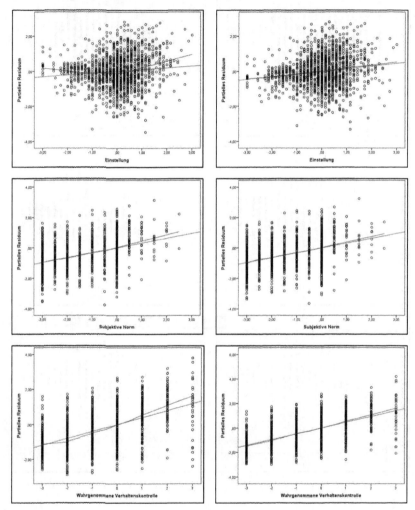

Fortsetzung

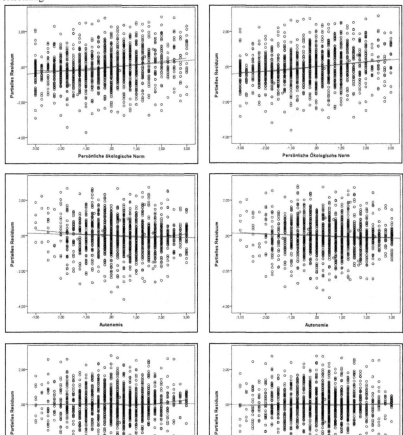

Fortsetzung

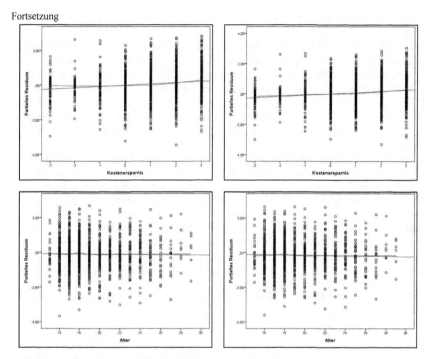

Quelle: Eigene Berechnung mithilfe von SPSS

Die Betrachtung dieser Diagramme zeigt, dass bei allen Kombinationen prinzipiell eine recht willkürliche Streuung um die 0-Achse vorliegt. Im Falle der drei ersten Diagramme ist dies jedoch weniger eindeutig ersichtlich. Eine gewisse Tendenz zu systematischen Mustern ist zu erkennen, was für die Verletzung der Linearitätsannahme sprechen würde. Diese Vermutung bekräftigt sich für das Streudiagramm eins und drei, wenn man die in den Diagrammen zusätzlich eingezeichnete Linearitätsgerade mit der Loess[75]-Linie vergleicht. Die Loess-Linie stellt einen sogenannten nichtparametrischen Smoother dar, also „eine Anpassungslinie, die ohne Vorannahmen über Linearität oder Nicht-Linearität explorativ aus vielen kleinen aneinander gereihten Geraden gebildet wird" (Urban/Mayerl 2011, S. 206). Sie bietet dem Empiriker somit die Möglichkeit, auf visueller Basis einen besseren Eindruck davon zu bekommen, ob ein angenommener Variablenzusammenhang, in diesem Falle die Linearität, sich tatsächlich in den vorliegenden Daten widerspiegelt (vgl. Jacoby 2007, S. 579). Wie bereits angemerkt, zeigt sich insbesondere im Streudiagramm der partiellen Residuen mit den Werten der Einstellungen sowie der wahrgenommenen Verhaltenskontrolle bei der Betrachtung der Loess-Linie ein abweichender Verlauf. Im Falle der wei-

---

[75] Loess stellt eine Abkürzung für *lo*cally weighted regr*ess*ion dar (vgl. Cleveland 1979).

teren sechs Streudiagramme in der linken Spalte zeigt sich hingegen eine sehr gute Anpassung der Loess-Linie an die Linearitätsgerade.

Diese Erkenntnis bedeutet jedoch nicht, dass der Einsatz des linearen Regressionsmodells im Falle der vorliegenden Daten verworfen werden muss. Häufig können solche Zusammenhänge recht einfach durch entsprechende Datentransformationen in lineare Beziehungen überführt werden. In entsprechender Literatur finden sich diesbezüglich Vorschläge, welche Transformationen sich für die jeweiligen Zusammenhänge eignen (vgl. Urban/Mayerl, S. 211 f.). Die Betrachtung der Loess-Linie lässt vermuten, dass im Fall der Einstellungsdaten die Einführung eines quadratischen Terms, also die Einstellungswerte im Quadrat berechnet, hilfreich sein könnte. Im Falle der wahrgenommenen Verhaltenskontrolle könnte die Hinzunahme eines Polynoms 3. Grades hilfreich sein. Berechnet man auf Basis dieses Regressionsmodells erneut die entsprechenden Streudiagramme zwischen den partiellen Residuen und den jeweiligen Werten der unabhängigen Variablen, zeigt sich eine deutlich positivere Situation hinsichtlich der Linearitätsannahme (vgl. rechte Spalte der Abbildung 23). Die Loess-Linie schmiegt sich nun im Hinblick auf die bisher kritischen Fälle eins und drei (Einstellungen und wahrgenommene Verhaltenskontrolle) ebenfalls an die Linearitätsgerade an. Auch bei den restlichen Streudiagrammen lässt sich erkennen, dass durch die Hinzunahme der Terme EIN_i^2 und WVK_i^3 eine zusätzliche Optimierung stattgefunden hat.

Die Linearitätsannahme wird daher anhand des neu spezifizierten Regressionsmodells als gegeben betrachtet. Dieses gestaltet sich nun wie folgt:

$$
\begin{aligned}
INT_i = & \ b_0 + b_1 \cdot EIN_i + b_{11} \cdot \boldsymbol{EIN_i^2} + b_2 \cdot SN_i + b_3 \cdot WVK_i + b_{33} \cdot \boldsymbol{WVK_i^3} + \\
& b_4 \cdot PN_i + b_5 \cdot AUT_i + b_6 \cdot STA_i + b_7 \cdot KOS_i + b_8 \cdot FRAU_i + b_9 \cdot ALTER_i \\
& + b_{10} \cdot BIL2_i + b_{11} \cdot BIL3_i + b_{12} \cdot BIL4_i + b_{13} \cdot ORT2_i + b_{14} \cdot ORT3_i + \\
& b_{15} \cdot MIG_i
\end{aligned}
$$

Es folgt nun die nähere Auseinandersetzung mit den vier zentralen regressionstheoretischen Annahmen A1 bis A4, die bereits in Tabelle 20 präsentiert wurden.

In diesem Zusammenhang kann zunächst festgehalten werden, dass die Annahme *A1*, welche lautet, dass die Störgröße U_i einen Erwartungswert von Null besitzt, empirisch nicht überprüfbar ist. Der Grund hierfür ist, dass sich der Erwartungswert der Störgröße U_i nicht auf die Residuen des Regressionsmodells bezieht, sondern auf die Verteilung der Residuen im Populationsmodell. Dieses Modell ist jedoch nicht bekannt und dasselbe gilt somit auch für dessen Residuen. Der Verstoß gegen die A1 ist allerdings für die Berechnung der zentralen Regressionsparameter b_1 bis b_{15} nicht weiter bedeutsam, da in solch einem Fall die Konstante b_0 des Regressionsmodells verzerrt geschätzt wird. Die Modellkonstante ist jedoch im Allgemeinen nur von geringfügigem Interesse hinsichtlich Theorie oder Analytik - so auch im vorliegenden Fall (vgl. Urban/Mayerl 2011, S.201).

Die Überprüfung der Annahme *A2* zur Autokorrelation ist darüber hinaus im Falle der vorliegenden Querschnittsdaten nicht notwendig. Der Grund hierfür ist, dass Autokorrelation primär bei Zeitreihendaten zu beobachten ist. Ein spezifischer Beobachtungswert kann hierbei häufig von einem Vorgängerwert, welcher zu einem anderen Zeitpunkt erhoben wurde, abhängig sein. Solch eine Abhängigkeit mit einem vorangehenden oder auch nachfolgenden Wert ist nach dem Gauss-Markov-Theorem nicht mit der BLUE-Eigenschaft vereinbar (vgl. Backhaus et al. 2011, S. 92; Urban/Mayerl 2011, S. 124).

Die Annahme A3, dass zwischen den erklärenden Variablen und der Störgröße keine Korrelation besteht, kann ebenfalls durch die visuelle Untersuchung eines Streudiagramms überprüft werden. Im multivariaten Fall greift man hierbei auf ein Streudiagramm zwischen der standardisierten Residuumsvariablen sowie den standardisierten geschätzten Werten der abhängigen Variablen zurück. Ist eine Verletzung der Annahme A3 zu vermuten, zeigt sich im Streudiagramm eine gewisse Regelmäßigkeit der Residuen, beispielsweise wenn mit zunehmendem geschätzten Wert auch der Residuenwert ansteigt (vgl. Urban/Mayerl 2011, S. 222). Im Fall der vorliegenden Daten ergibt sich die in Abbildung 24 präsentierte Grafik.

Abbildung 24: Streudiagramm standardisiertes Residuum und standardisierter geschätzten Wert

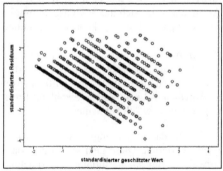

Quelle: Eigene Berechnung mithilfe SPSS

Ein erster Blick auf das Streudiagramm lässt zunächst eine gewisse Regelmäßigkeit der Residuen vermuten, da kleine geschätzte Werte eher große Residuen aufweisen und große geschätzte Werte eher kleine Residuen aufweisen. Bei der Interpretation dieser Grafik muss jedoch berücksichtigt werden, dass aufgrund der verwendeten Antwortskalen im Fragebogen der Streuung prinzipiell nur ein gewisser ‚Datenkorridor‘ zur Verfügung steht. Dieses Argument kann besser anhand eines Streudiagramms zwischen dem ‚Roh‘-Residuum und dem unstandardisierten geschätzten Wert deutlich gemacht werden[76] (vgl. Abbildung 25).

---

[76] Im Rahmen der Residuumsanalyse wird in der Literatur empfohlen nicht auf die ‚Roh‘-Residuumsvariable sondern viel eher auf standardisierte Formen zurückzugreifen. Der Grund dafür ist, dass bei Streudiagrammen auf Basis der ‚Roh‘-Residuumsvariable häufig vermutet werden muss, dass spezifische Modellannahmen nicht eingehalten werden, obwohl diese tatsächlich zutref-

Abbildung 25: Streudiagramm Residuum und geschätzter Wert

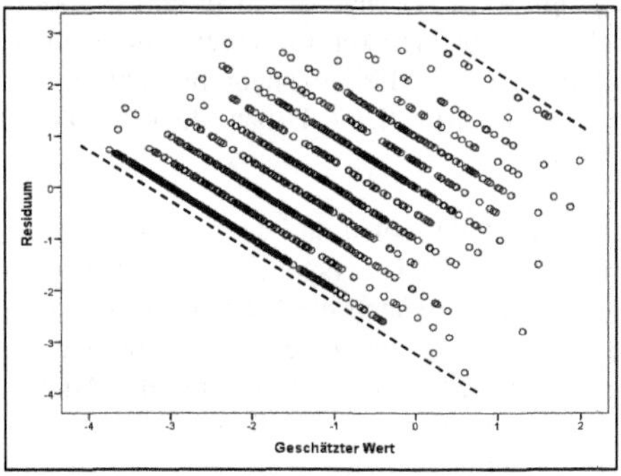

Quelle: Eigene Berechnung mithilfe SPSS

Dabei muss einem bewusst sein, dass die Summe aus dem geschätzten Wert und dem Residuum den empirischen Wert darstellt. Ein Koordinatenpunkt von (-2/-2) ist demnach per Definition nicht möglich, da dies bedeuten würde, dass der entsprechende Proband einen empirischen Wert von -4 aufweist, jedoch nur maximal ein Wert von -3 möglich war. Berücksichtigt man dieses Argument, zeigt sich die Streuung im möglichen Datenkorridor (in Abbildung 25 durch gestrichelte Linien gekennzeichnet) ohne systematisches Muster.

Darüber hinaus kommt die Berechnung einer bivariaten Korrelation zwischen der standardisierten Residuumsvariablen sowie den standardisierten geschätzten Werten zu dem Ergebnis, dass zwischen beiden Komponenten eindeutig keine signifikant von Null verschiedene Korrelation vorliegt. Die Annahme A3 kann somit sowohl auf Basis der visuellen als auch der statistischen Überprüfung als erfüllt betrachtet werden.

Zuletzt soll in diesem Zusammenhang auf die Annahme A4 bezüglich der Homoskedastizität bzw. Streuungsgleichheit eingegangen werden. Diese geht davon aus, dass die Störgrößen eine konstante Varianz aufweisen. Bei Nichterfüllung der Annahme liefert die OLS-Methode zwar unverzerrte Schätzungen, effiziente Ergebnisse resultieren dann jedoch nicht. Als Folge daraus können ungültige statistische Rückschlüsse resultieren, da Signifikanztest verfälscht werden (vgl. Hayes/Cai 2007, S. 710). Das kann bedeuten, dass beispielsweise für spezifische Modellvariablen ein signifikanter Einfluss auf eine zu erklärende Variable festgestellt wird, obwohl dies nicht der Fall ist.

Allgemein soll an dieser Stelle festgehalten werden, dass sich durch die empirische Forschung gezeigt hat, dass insbesondere dieser Annahme bei vielen Regressionsanalysen häufig keine Rechnung getragen werden kann (vgl. Ng/Wilcox 2011, S. 244).

Um die Annahme zur Homoskedastizität in der vorliegenden Arbeit untersuchen zu können, kann auch hier die visuelle Residuenanalyse als eine Überprüfungsmöglich-

---

fen (vgl. Urban/Mayerl 2011, S. 177). Zu einer besseren Verdeutlichung der Argumentation bietet sich jedoch der Einsatz von nichtstandardisierten Werten in diesem Fall an.

keit herangezogen werden. Im multivariaten Fall müssen diesbezüglich entsprechende Streudiagramme zwischen den Werten der partiellen Residuen sowie den einzelnen Werten der unabhängigen Variablen erzeugt werden. Homoskedastizität (Streuungsgleichheit) liegt genau dann vor, wenn sich in den Streudiagrammen keine systematischen Muster erkennen lassen. Ist hingegen beispielsweise eine Trichterform o.ä. erkennbar, muss von Heteroskedastizität (Streuungsungleichheit) ausgegangen werden (vgl. Urban/Mayerl 2011, S. 242 f.). Die entsprechenden Streudiagramme wurden bereits zur Prüfung der Linearität herangezogen und werden in der vorangehenden Abbildung 23 dargestellt. Wie bereits bekannt, kann bei einigen dieser Streudiagramme das Vorliegen von systematischen Mustern recht eindeutig ausgeschlossen werden. Bei anderen Diagrammen ist die Entscheidung für oder gegen das Vorliegen von Homoskedastizität über einen visuellen Weg jedoch weniger eindeutig. Es wird daher die weitere Überprüfungsmöglichkeit der Homoskedastizität über formale Tests herangezogen. Exemplarisch wird dabei auf den Levene-Test, den Breusch-Pagan-Test, den Koenker-Test[77] sowie den Test nach Gljser[78] zurückgegriffen. Alle Tests kommen dabei übereinstimmend zu dem Ergebnis, dass die Homoskedastizitätsannahme in den vorliegenden Daten nicht haltbar ist. Es muss somit von Heteroskedastizität ausgegangen werden.

Das Vorliegen von Heteroskedastizität ist in der Regel ein Hinweis darauf, dass weitere Einflussfaktoren bestehen, die im Zuge der Modellspezifikation keine Berücksichtigung gefunden haben. Heteroskedastizität zeigt demnach an, „dass es noch einen bedeutenden Anteil von systematischer Variation in der abhängigen Y-Variablen gibt, der in der Regressionsschätzung nicht berücksichtigt werden konnte und deshalb zu systematisch variierenden Residuen führt" (Urban/Mayerl 2011, S, 249). Eine Neuspezifikation des Regressionsmodells um weitere erklärende Variablen könnte in diesem Zusammenhang Abhilfe schaffen. Aus theoretischer und analytischer Sichtweise sind jedoch alle bedeutsamen Einflussfaktoren in das Erklärungsmodell integriert worden. Eine Neuspezifikation des Modells wird im vorliegenden Fall demnach nicht als zielführend eingestuft. Hayes/Cai (2007) schlussfolgern in genau diesem Zusammenhang: „If we insist that models be correctly specified before we attempt to draw inferences from them, we may as well stop testing hypotheses using models, because we will never achieve perfect specification." (Hayes/Cai 2007, S. 712).

Neben der Neuspezifikation des Erklärungsmodells bestehen darüber hinaus weitere Möglichkeiten, der Problematik der Heteroskedastizität entgegen zu treten. Einschlägige Literatur verweist in diesem Zusammenhang beispielsweise auf die Möglichkeit einer entsprechenden Transformation der abhängigen Variablen. Es kann dadurch eine Varianzstabilisation erreicht werden (vgl. bspw. Box/Cox 1946, Carroll/Ruppert 1988, Cook/Weisberg 1999, Hayes/Cai 2007). Kritisch ist hierbei jedoch anzumerken, dass für eine erfolgreiche Transformation ein gewisses Wissen über die Form der vorliegenden Heteroskedastizität bekannt sein muss, da nur unter dieser Bedingung die

---

[77] Der Breusch-Pagan-Test sowie Koenker-Test ist nicht serienmäßig in das Statistikprogramm SPSS implementiert. Es wurde in diesem Zusammenhang auf das entsprechende Macro von Pryce/Garcia-Granero (2002) zurückgegriffen.

[78] Der Gljser-Test ist ebenfalls nicht direkt in SPSS implementiert, kann jedoch über selbständige Transformationen und Berechnungen durchgeführt werden (vgl. Grüner 2014).

Transformation zum Erfolg führt (vgl. Hayes/Cai 2007, S. 711). Modifizierte Schätz-methoden sind ebenfalls eine Möglichkeit um der Heteroskedastizität entgegen zu wir-ken. In diesem Zusammenhang wird beispielsweise auf die gewichtete Kleinste-Quadrate-Technik (weighted least squares = WLS) verwiesen (vgl. bspw. Cook/Weisberg 1983, Draper/Smith 1981, Hayes/Cai 2007, Rosopa et al. 2013). Bei der klassischen Kleinste-Quadrate-Technik führt die Minimierung der einfachen Quad-ratsumme der Residuen zum Schätzergebnis. Liegt jedoch Heteroskedastizität vor, ist die Varianz der Residuen sehr unterschiedlich und es wird daher schwieriger, die op-timale Regressionsgerade zu schätzen. Durch die unterschiedliche Gewichtung der Residuen wird denjenigen Residuen mit großer Varianz eine geringere Bedeutung im Schätzprozess zugewiesen (vgl. Urban/Mayerl 2011, S. 250 f.). Die beschriebene Problematik wird dadurch abgemildert. Das Problem dieser Methode ist jedoch, dass, wenn die eingesetzten Gewichtungen unpassend im Hinblick auf die vorliegende Hete-roskedastizitätsform sind, die durch die WLS-Methode geschätzten Standardfehler weiterhin ineffizient sein können (vgl. Hayes/Cai 2007, S. 711).

Ein weiterer Lösungsansatz im Hinblick auf die Heteroskedastizitätsproblematik ist der Einsatz der sogenannten HCSE-Methode (HCSE = heteroskedasticity-consistent standard error) (vgl. bspw. Rosopa et al. 2013, Hayes/Cai 2007, Long/Ervin 2000, Hinkley 1977). Auf diese wird im Falle der vorliegenden Daten zurückgegriffen. Das Regressionsmodell wird dabei ebenfalls über die Kleinste- Quadrate-Technik ge-schätzt. Der große Vorteil dieser Methodik ist jedoch, dass der Schätzung keine An-nahme bezüglich der Homoskedastizität zugrunde liegt. Liegt Heteroskedastizität vor, resultieren demnach trotz allem effiziente Schätzer und statistische Schlussfolgerungen sind möglich. Zudem ist bei diesem Verfahren, anders als im Falle der zuvor vorge-stellten Methoden, kein spezifisches Wissen über die Form der Heteroskedastizität notwendig. Im Zeitverlauf wurden unterschiedlichste solcher HCSE-Schätzer einge-führt (HC0 bis HC5), wobei neuere Schätzer jeweils den Anspruch vertraten, die be-reits bestehenden Versionen zu verbessern. Grundlegend beruhen diese jeweils auf einer Schätzung anhand der Varianz-Kovarianz-Matrix der Regressionskoeffizienten[79] (vgl. Hayes/Cai 2007, S. 711 f.; Rosopa et al. 2013, S. 344 f.). Da das Statistikpro-gramm SPSS die HCSE-Methode nicht serienmäßig implementiert hat, wird in diesem Zusammenhang auf ein entsprechendes Macro von Hayes/Cai (2007) zurückgegriffen. Dieses ermöglicht prinzipiell den Einsatz von HC0 bis HC4. Im Falle der vorliegenden Daten wird der HC4 eingesetzt[80].

Zusammenfassend lässt sich an dieser Stelle somit festhalten, dass im Zuge der Über-prüfung zentraler Voraussetzungen für die Durchführung einer erfolgreichen Regressi-onsanalyse zunächst 10 Fälle als Ausreißer aus der Analyse ausgeschlossen wurden. Darüber hinaus kann die Normalverteilungsannahme der Daten als gegeben betrachtet werden. Multikollinearität spielt im Falle der vorliegenden Daten keine Rolle. Um die

---

[79] Hayes/Cai (2007) bieten einen umfassenden Überblick über die formal-technische Konzeption der unterschiedlichen HCSE. In Ng/Wilcox (2011) findet sich eine Auflistung der jeweiligen Entwick-ler von HC0 bis HC5.

[80] Die HCSE-Methode wurde ebenso mit HC0 bis HC3 durchgeführt. Dabei zeigten sich keine grund-legenden Unterschiede in der Signifikanz der Ergebnisstruktur.

notwendige Linearität in den Parametern zu erreichen, wurde das ursprüngliche Regressionsmodell um zwei zusätzliche Terme erweitert. Konkret handelt es sich hierbei um die Werte der Einstellungen in quadrierter Form sowie die Werte der wahrgenommenen Verhaltenskontrolle als Polynom dritten Grades. Die Annahme, dass zwischen den erklärenden Variablen und der Störgröße keine Korrelation besteht, konnte anhand einer Residuenanalyse gezeigt werden. Die Homoskedastizitätsannahme bestätigte sich hingegen nicht. Insbesondere diese Annahme kann in der empirischen Forschung jedoch sehr häufig nicht bestätigt werden (vgl. Ng/Wilcox 2011, S. 244). Um diesem Verstoß entgegen zu wirken, wird daher auf sogenannte *heteroskedasticity-consistent standard error erstimators* zurückgegriffen.

10.7.4 Die Ergebnisse der multivariaten linearen Regression

Nach der erfolgreichen Überprüfung der zentralen Annahmen eines linearen Regressionsmodells und der in diesem Zusammenhang erkannten Notwendigkeit spezifischer Anpassungen sowie der Erweiterung des Modells, können im Folgenden nun die endgültigen Regressionsergebnisse präsentiert und interpretiert werden[81]. Die nachfolgende Tabelle 22 stellt die entsprechenden Ergebnisse tabellarisch dar. Dabei werden in den einzelnen Zeilen die spezifischen Erklärungskonstrukte sowie Kontrollvariablen nebst Koeffizienten abgebildet, von welchen ein Einfluss auf die zu erklärende Variable der Intention, zukünftig Carsharing-Fahrzeuge anstelle eines eigenen Wagens nutzen zu wollen, erwartet wird. Die Beta-Werte dienen darüber hinaus einer vergleichenden Gegenüberstellung der jeweiligen Einflussstärke der berücksichtigten Konstrukte[82]. Im unteren Abschnitt der Tabelle werden zudem allgemeine Informationen zur Regressionsrechnung bereitgestellt.

---

[81] Zum Vergleich findet sich im Anhang 7 der entsprechende Regressionsoutput, der sich auf Basis der klassischen OLS-Regression nach der Modellanpassung ergeben hat. Da im Zuge der Annahmenprüfung 10 Fälle ausgeschlossen wurden ist dieser nicht identisch mit dem zunächst resultierenden Regressionsoutput (vgl. Anhang 6). Grundlegende Tendenzen der Regressionsrechnung sind dabei dieselben wie im präsentierten Modell in Tabelle 22. Der Verstoß gegen die Homoskedastizitätsannahme übt demnach auch im Falle einer klassischen OLS-Rechnung nur einen geringfügigen Effekt auf die resultierenden Koeffizienten aus.

[82] Der Beta-Koeffizient ist ein standardisierter Koeffizient. Durch die Standardisierung resultiert dabei ein Koeffizient im Wertebereich zwischen -1 und 1. Der Vorteil dieses Koeffizienten im Vergleich zum Regressionskoeffizienten b_i ist, dass die Interpretation unabhängig von den jeweiligen Messeinheiten erfolgen kann (vgl. Urban/Mayerl 2011, S. 71 ff.).

Tabelle 22: Regressionsergebnisse, nach Annahmenprüfung

Intention, zukünftig CS-Fahrzeuge anstelle eines eigenen Autos zu nutzen	Koeffizienten	Beta
Einstellung	0,1508***	0,099
Einstellung im Quadrat	0,0825***	0,087
Subjektive Norm	0,3199***	0,289
Wahrgenommene Verhaltenskontrolle	0,4729***	0,530
Wahrgenommene Verhaltenskontrolle hoch drei	-0,0141***	-0,124
Persönliche Norm	0,1265***	0,131
Autonomie	-0,0425*	-0,037
Status	0,0019	0,000
Kostenersparnis	0,0850***	0,096
Weiblich	-0,0604	-0,020
Alter	-0,0084	-0,016
Aktuelle Bildungsinstitution[1]		
Gymnasium	0,0013	0,000
Berufs(fach)schule	-0,0143	0,000
Universität	0,0621	0,016
Wohnumgebung[2]		
im Vorort einer (Groß-)Stadt	0,1579***	0,051
im Zentrum einer (Groß-)Stadt	0,1032	0,031
Migrationshintergrund	0,0181	0,000
Konstante	-0,5751	-
N	1460	
R²	0,6288	
Referenzkategorie	[1] Realschule [2] in einem Dorf	
Signifikanz	* p<0,10 ** p<0,05 *** p<0,01	

Quelle: Eigene Berechnung mithilfe von SPSS

Auf Basis der durchgeführten Regressionsrechnung kann somit die entsprechende Regressionsgleichung spezifiziert werden. Diese lautet:

$$INT_i = -0{,}5751 + 0{,}1508 \cdot EIN_i + 0{,}0825 \cdot EIN_i^2 + 0{,}3199 \cdot SN_i$$
$$+ 0{,}4729 \cdot WVK_i - 0{,}0141 \cdot WVK_i^3 + 0{,}1265 \cdot PN_i - 0{,}0425 \cdot AUT_i$$
$$+ 0{,}0019 \cdot STA_i + 0{,}0850 \cdot KOS_i - 0{,}0604 \cdot FRAU_i - 0{,}0084 \cdot ALTER_i$$
$$+ 0{,}0013 \cdot BIL2_i - 0{,}0143 \cdot BIL3_i + 0{,}0621 \cdot BIL4_i + 0{,}1579 \cdot ORT2_i$$
$$+ 0{,}1032 \cdot ORT3_i - 0{,}5751 \cdot MIG_i$$

Was diese Ergebnisse im Speziellen für die abgeleiteten Hypothesen bedeuten, wird nachfolgend näher ausgeführt. Zuvor sollen jedoch einige allgemeine Aspekte zur Regressionsrechnung betrachtet werden.

Wie bereits bekannt, hat sich im Vergleich zum ursprünglichen Regressionsmodell die Fallzahl von 1470 auf 1460 Personen verringert. Der Grund hierfür war der Ausschluss von identifizierten Ausreißerfällen. Das Bestimmtheitsmaß R^2, welches Aufschluss darüber gibt, welcher Anteil an Varianz innerhalb der Daten durch das Modell erklärt werden kann (vgl. Urban/Mayerl, S. 170), ist gegenüber dem ursprünglichen Modell leicht angestiegen. Diesbezüglich muss jedoch berücksichtigt werden, dass eine Hinzunahme von erklärenden Variablen per se zur Steigerung des R^2 führt (vgl. Urban/Mayerl, S. 109). Solch eine Erweiterung um zwei Variablen war im Zuge der Linearitätsprüfung notwendig[83]. Umfassend betrachtet kann festgehalten werden, dass rund 63 Prozent der Varianz durch das formulierte Modell erklärt werden kann. Dieser Wert ist durchaus zufriedenstellend. Das Ergebnis eines F-Tests führt zudem zu der Erkenntnis, dass das Modell selbst statistisch signifikant ist.

Ein erster Blick auf die Regressionsergebnisse aus Tabelle 22 macht deutlich, dass bis auf das Erklärungskonstrukt Status alle aus der Theorie abgeleiteten Einflussfaktoren im vorliegenden Kontext einen hoch signifikanten Einfluss auf die zu erklärende Variable der Intention ausüben. Die grundlegenden Überlegungen der Theorie des geplanten Verhaltens nach Ajzen (1991) bestätigen sich somit auch für die vorliegende Thematik. Dasselbe gilt für den Einfluss der persönlichen Norm im Hinblick auf die Intention von Individuen (vgl. Schwartz 1977, Hunecke et al. 2001). Für die berücksichtigten symbolisch-affektiven Dimensionen der Autonomie sowie des Status nach Hunecke (2000a) zeigt sich ein konträres Bild. Für das Konstrukt Autonomie ergibt sich demnach eine vergleichsweise schwächer ausgeprägte Signifikanz. Im Falle des Konstrukts Status liegt, wie bereits angedeutet, keine Signifikanz vor. Der Aspekt der Kostenersparnis, der sich insbesondere durch die vorangestellte qualitative Untersuchung als bedeutsam herausgestellt hat, erscheint anhand der vorliegenden Datenbasis hingegen ebenfalls als einflussreich. Die als Kontrollvariablen integrierten soziodemografischen Faktoren zeigen allerdings, bis auf eine Ausnahme im Hinblick auf die Wohnumgebung, keinerlei signifikanten Einfluss.

Im Folgenden werden nun die sieben formulierten Forschungshypothesen mit Hilfe der obigen Regressionsergebnisse einzeln überprüft. Im Hinblick auf die Interpretation der abhängigen Variablen soll an dieser Stelle noch einmal in Erinnerung gerufen werden, dass vergleichsweise niedrige Werte bezüglich der abhängigen Variablen als Indikator für eine geringe Intention stehen, zukünftig Carsharing-Fahrzeuge anstelle eines eigenen Wagens nutzen zu wollen. Höhere Werte stellen folglich die umgekehrte Situation dar. Wie bereits bekannt, wird die Messung der Intention im vorliegenden Fall über eine Skala von -3 (geringe Intention) bis 3 (starke Intention) vollzogen. Der entsprechende Mittelwert dieses abhängigen Konstrukts liegt anhand der vorliegenden Datenbasis bei -1,5037 Skalenpunkten.

---

[83] Es handelt sich hierbei um die Konstrukte ‚Einstellungen im Quadrat' sowie ‚Wahrgenommene Verhaltenskontrolle hoch drei'.

Hypothese 1

*Je positiver die **Einstellung** gegenüber der Nutzung von Carsharing-Fahrzeugen anstelle eines eigenen Wagens ist, desto stärker fällt die Intention von Jugendlichen und jungen Erwachsenen aus, zukünftig Carsharing-Fahrzeuge anstelle eines eigenen Autos nutzen zu wollen.*

Nach Ajzens Theorie des geplanten Verhaltens (1991) wird davon ausgegangen, dass positive Einstellungen gegenüber einer Verhaltensweise einen positiven Effekt auf die jeweilige Intention, dieses Verhalten tatsächlich umsetzen zu wollen, ausüben. Im vorliegenden Kontext wird daher davon ausgegangen, dass Personen, die hinsichtlich der Nutzung von Carsharing-Fahrzeugen anstelle eines eigenen Wagens positiv eingestellt sind, eine ebenso vergleichsweise positivere Intention an den Tag legen, diese Mobilitätsform zukünftig tatsächlich nutzen zu wollen. Durch die deskriptive Betrachtung dieses Konstrukts konnte bereits gezeigt werden, dass die zugrundeliegende Stichprobe im Durchschnitt betrachtet eine eher indifferente Haltung diesbezüglich zeigt. Mit einem Mittelwert von -0,0244 Skalenpunkten, auf einem möglichen Antwortintervall von -3 bis +3, ergibt sich demnach keine eindeutige Tendenz hinsichtlich einer vermehrt negativen bzw. positiven Einstellung im Hinblick auf die Nutzung von Carsharing anstelle eines eigenen Autos.

Anhand der durchgeführten linearen Regression kann der direkte Effekt der interessierenden Einstellungsvariablen auf die Intention geschätzt werden. Dies erfolgt dabei unter Kontrolle aller anderen berücksichtigten Einflussfaktoren. Da es sich im Fall des Einstellungskonstrukts nicht um einen einzelnen Koeffizienten sondern um eine Kombination aus einem linearen sowie quadratischen Term handelt ($0,1508 \cdot EIN_i + 0,0825 \cdot EIN_i^2$), ist das Regressionsergebnis hier nicht intuitiv interpretierbar. Allgemein betrachtet zeigt sich jedoch, dass beide Koeffizienten statistisch hoch signifikant sind.

Um den kombinierten Effekt interpretieren zu können, wird in einem ersten Schritt zunächst das nachfolgende Schaubild herangezogen, welches den Effekt der Einstellungsvariablen auf die Intention grafisch veranschaulicht (vgl. Abbildung 26).

Abbildung 26: Marginaler Effekt von Einstellungen

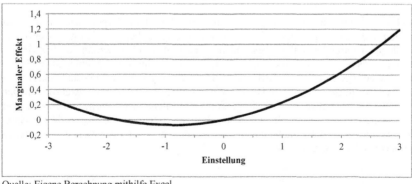

Quelle: Eigene Berechnung mithilfe Excel

Der abgetragene Graph macht deutlich, dass es sich in diesem Fall um keinen rein monoton steigenden bzw. fallenden Zusammenhang handelt. Dieser visuell beobachtete Effekt kann formal auch über die Bildung der entsprechenden partiellen Ableitung gezeigt werden.

Hierbei gilt: $\frac{\partial INT}{\partial EIN} = 0,1508 + 0,1650 \cdot EIN$

Der resultierende Term führt demnach ebenso zu dem Schluss, dass für das Konstrukt Einstellungen kein monotoner Zusammenhang erkennbar ist. Die zusätzliche Berechnung des Wendepunktes, welcher bei rund -0,91 liegt[84], führt zu einer weiteren formalen Klärung in diesem Fall. Für Werte größer des Wendepunktes von rund -0,91 besteht demnach ein positiver Zusammenhang zwischen dem Konstrukt Einstellungen und der interessierenden Intention. Konkret bedeutet dies, dass, wenn der Wert der Einstellung in diesem Intervall ansteigt, auch die jeweilige Intention, zukünftig Carsharing-Fahrzeuge anstelle eines eigenen Wagens nutzen zu wollen, größer wird. Diese Situation steht demnach im Einklang mit der formulierten Hypothese 1. Für Werte kleiner -0,91 gilt dieser Zusammenhang im betrachteten Intervall bis -3 jedoch nicht. Im Falle von stark negativ ausgeprägten Einstellungen hinsichtlich der Nutzung von Carsharing-Fahrzeugen anstelle eines eigenen Wagens ergeben sich anhand der vorliegenden Datenbasis vergleichsweise positivere Effekte als bei einer weniger stark negativ ausgeprägten Einstellung. Dies ist somit konträr zur formulierten Hypothese 1. An dieser Stelle muss allerdings betont werden, dass lediglich für rund 15 Prozent der Fragebogenteilnehmer/innen Werte in diesem Intervall resultieren. Zudem zeigt die deskriptive Betrachtung dieses Konstrukts, dass insbesondere der negative Einstellungswert von -3 im Vergleich zu anderen Werten in diesem Intervall sehr häufig vertreten ist[85]. Die Schätzung der Koeffizienten basiert in diesem Abschnitt demnach auf vergleichsweise wenigen Beobachtungen bzw. Extremwerten. Eine präzise Schätzung könnte für diesen Abschnitt demnach erschwert worden sein.

Zusammenfassend kann an dieser Stelle somit festgehalten werden, dass die formulierte Hypothese 1, zum positiven Einfluss des Einstellungskonstrukts auf die Intention, nur bedingt beibehalten werden kann.

Hypothese 2

*Je stärker die **Nutzung von Carsharing anstelle eines eigenen Wagens durch bedeutsame Dritte befürwortet** wird, desto stärker fällt die Intention von Jugendlichen und jungen Erwachsenen aus, zukünftig Carsharing-Fahrzeuge anstelle eines eigenen Autos nutzen zu wollen.*

Die Hypothese 2 geht in Anlehnung an Ajzen (1991) davon aus, dass durch bedeutsame Dritte, beispielsweise die Eltern oder Freunde, ein Einfluss auf die individuelle Intention für eine Sache ausgeübt wird. Im vorliegenden Kontext wurde daher die Hy-

---

[84] Zur Berechnung des Wendepunktes: $0,1508 + 0,1650 \, EIN = 0 \rightarrow EIN = -\frac{0,1508}{0,1650} \approx -0,91$

[85] Die entsprechende Häufigkeitsverteilung zum Konstrukt ‚Einstellungen' wird im Anhang 5 u.a. grafisch dargestellt.

pothese aufgestellt, dass, wenn bedeutsame Dritte die Nutzung von Carsharing stark befürworten, die Intention des Individuums, dieses Konzept zukünftig als Alternative zum eigenen Wagen zu nutzen, positiver ausfällt. Gemessen wurde das entsprechende Gesamtkonstrukt der subjektiven Norm ebenfalls über eine Skala von -3 bis 3. Negative Werte bedeuten in diesem Zusammenhang, dass die subjektive Norm (eher) gering ausgeprägt ist, positive Zahlen stehen hingegen für eine (eher) starke Ausprägung der subjektiven Norm. Die deskriptive Betrachtung dieses Konstrukts hat bereits deutlich gemacht, dass im Falle der vorliegenden Stichprobe kein besonders intensiver Erwartungsdruck durch bedeutsame Dritte wahrgenommen wird, der die Carsharing-Nutzung anstelle eines eigenen Wagens befürwortet. Der entsprechende Mittelwert liegt bei -1,6378.

Welchen Einfluss übt die subjektive Norm trotz allem auf die interessierende Intention aus? Durch die Ergebnisse der Regressionsanalyse zeigt sich durchaus empirische Evidenz, welche im Einklang mit der Hypothese 2 steht. Unter Kontrolle der weiteren Erklärungsvariablen weist die subjektive Norm einen hoch signifikanten positiven Effekt auf die Intention aus. Der resultierende Regressionskoeffizient führt dabei zu dem konkreten Ergebnis, dass bei einem Anstieg der subjektiven Norm um eine empirische Einheit, die Intention, zukünftig Carsharing anstelle eines eigenen Wagens nutzen zu wollen, ebenso um 0,3199 Skalenpunkte ansteigt.

Je stärker die subjektive Norm zum Thema Carsharing-Nutzung beim Individuum somit ausgeprägt ist, desto positiver fällt auch die individuelle Intention, Carsharing zukünftig selbst nutzen zu wollen, aus. Die abgeleitete Hypothese 2 kann somit beibehalten werden.

Hypothese 3

*Je größer die **wahrgenommene Verhaltenskontrolle für die eigene Nutzung von Carsharing** wahrgenommen wird, desto stärker fällt die Intention von Jugendlichen und jungen Erwachsenen aus, zukünftig Carsharing-Fahrzeuge anstelle eines eigenen Autos nutzen zu wollen.*

Nach den Überlegungen der ToPB (vgl. Ajzen 1991) ist davon auszugehen, dass, je stärker die individuell wahrgenommene Verhaltenskontrolle eingeschätzt wird, desto positiver auch die jeweilige Verhaltensintention ausfällt. Im Falle des Carsharings bedeutet dies somit, dass die Intention zur Nutzung von Carsharing-Fahrzeugen gerade dann positiv ausfällt, wenn Personen überzeugt davon sind, dass sie Carsharing im Alltag (relativ) einfach nutzen können. Durch die zugrundeliegende Befragung konnten jeweils Werte zwischen -3 (geringe wahrgenommene Verhaltenskontrolle) und +3 (hohe wahrgenommene Verhaltenskontrolle) erreicht werden. Die deskriptive Betrachtung dieses Konstrukts machte deutlich, dass die befragten Personen die wahrgenommene Verhaltenskontrolle bezüglich Carsharing eher als gering einschätzen. Es resultiert ein Mittelwert von -1,10 Skalenpunkten.

Der direkte Einfluss dieses Aspekts auf die interessierende Intention, unter der Kontrolle aller weiteren berücksichtigten Faktoren, kann ebenfalls anhand der durchgeführten Regressionsrechnung dargestellt werden. Wie im Fall der ersten Hypothese zum Einfluss des Konstrukts Einstellungen handelt es sich hierbei ebenfalls um einen kombinierten Effekt aus einem linearen sowie einem kubischen Term $(0,4729 \cdot WVK_i - 0,0141 \cdot WVK_i^3)$. Allgemein betrachtet zeigt sich hierbei, dass beide Koeffizienten statistisch hoch signifikant sind. Um den Einfluss dieses kombinierten Effekts auf die Intention, zukünftig Carsharing anstelle eines eigenen Wagens nutzen zu wollen, in entsprechender Weise interpretieren zu können, wird auch in diesem Fall zunächst das nachfolgende Schaubild herangezogen (vgl. Abbildung 27).

Abbildung 27: Marginaler Effekt von WVK

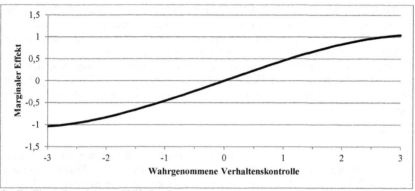

Quelle: Eigene Berechnung mithilfe Excel

Hierbei zeigt sich im zugrundeliegenden Antwortintervall von -3 bis +3 ein monoton steigender Effekt. Das bedeutet, dass eine Erhöhung des Werts der wahrgenommenen Verhaltenskontrolle ebenso zu einer Steigerung im Wert der interessierenden Intention führt. Dieser grafisch abgebildete Zusammenhang lässt sich formal durch die Bildung der partiellen Ableitung des entsprechenden Terms zeigen.

Hierbei gilt: $\dfrac{\partial INT}{\partial WVK} = 0,4729 - 0,0423 \cdot WVK^2$

Da die partielle Ableitung für den kombinierten Term der wahrgenommenen Verhaltenskontrolle im gesamten Intervall von -3 bis +3 stets größer Null ist, zeigt dies, dass dieses Konstrukt einen positiven Effekt auf die Intention, zukünftig Carsharing anstelle eines eigenen Wagens nutzen zu wollen, ausübt. Auf Basis dieser Erkenntnis kann daher auch die Hypothese 3 beibehalten werden.

Hypothese 4

*Je stärker das **Bewusstsein für die umweltbelastende Wirkung des motorisierten Individualverkehrs** ausgeprägt ist, desto stärker fällt die Intention von Jugendlichen und jungen Erwachsenen aus, zukünftig Carsharing-Fahrzeuge anstelle eines eigenen Autos nutzen zu wollen.*

Die Hypothese 4 beschäftigt sich mit dem Einfluss der persönlichen Norm auf die Intention, zukünftig Carsharing anstelle eines eigenen Pkws nutzen zu wollen. Es wird dabei davon ausgegangen, dass mit zunehmendem Bewusstsein um die umweltbelastende Wirkung des motorisierten Individualverkehrs die Intention zur zukünftigen Carsharing-Nutzung ansteigt. Die persönliche Norm kann ebenfalls wie zuvor Werte zwischen -3 (gering persönliche Norm) sowie 3 (starke persönliche Norm) annehmen. Wie bereits bekannt, liegt der entsprechende Mittelwert dieses Konstrukts im negativen Bereich, nämlich bei -0,3678 Skalenpunkten. Auch in diesem Fall zeigt sich für die getroffene Annahme, unter Kontrolle der weiteren Erklärungsvariablen, empirische Evidenz. Die persönliche Norm übt demnach einen hoch signifikanten positiven Effekt auf die individuelle Intention zur Carsharing-Nutzung aus. Auf Grundlage der erhobenen Daten kann gefolgert werden, dass, wenn der Wert der persönlichen Norm um eine empirische Einheit ansteigt, die Intention, Carsharing nutzen zu wollen, sich um 0,1265 Skalenpunkte erhöht. Personen mit einer vergleichsweise höheren persönlichen Norm zeigen demnach auch eine stärkere Intention hinsichtlich der zukünftigen Nutzung von Carsharing. Es gilt daher, dass die Hypothese 4 zum Einfluss der persönlichen Norm anhand der vorliegenden Datenbasis beibehalten werden kann.

Hypothese 5

*Je stärker ein privater Pkw mit der Möglichkeit zur **Autonomie** verknüpft wird, desto geringer fällt die Intention von Jugendlichen und jungen Erwachsenen aus, zukünftig Carsharing-Fahrzeuge anstelle eines eigenen Autos nutzen zu wollen.*

Der Autonomiegedanke hinsichtlich des Pkws subsummiert Gefühlszustände wie Flexibilität, Individualität, Selbstbestimmung und Freiheit. Im Zuge der Hypothese 5 wird daher davon ausgegangen, dass, wenn dieser Aspekt bei einer Person stark ausgeprägt ist, die Intention zur Nutzung von Carsharing als Alternative zum eigenen Wagen geringer ausfällt. Wie bereits bekannt, kann der Autonomiegedanke hinsichtlich des Pkws prinzipiell Werte zwischen -3 (geringe Autonomie) sowie 3 (hohe Autonomie) annehmen. Die deskriptive Auswertung hat in diesem Zusammenhang gezeigt, dass der entsprechende Mittelwert bei 0,5432 Skalenpunkten liegt. Der Autonomiegedanke ist bei den Befragten demnach durchaus positiv konnotiert.

Das Ergebnis der linearen Regression lässt den Schluss zu, dass die formulierte Hypothese gerechtfertigt ist. Unter Kontrolle aller weiteren Einflussfaktoren zeigt sich ein hoch signifikant negatives Ergebnis. Der resultierende negative Koeffizient gibt dabei an, dass, wenn die Autonomie um eine empirische Einheit ansteigt, die Intention als Folge daraus um 0,0425 Skalenpunkte absinkt.

Eine starke Ausprägung des Autonomiegedankens senkt demnach die Intention zur Nutzung von Carsharing, eine geringe Ausprägung spricht hingegen für eine stärker ausgeprägte Intentionshaltung. Allgemein betrachtet kann also auch in diesem Falle festgehalten werden, dass die Hypothese 5 beibehalten werden kann.

Hypothese 6

*Je stärker ein privater Pkw als Repräsentant des eigenen **sozialen Status** verstanden wird, desto geringer fällt die Intention von Jugendlichen und jungen Erwachsenen aus, zukünftig Carsharing-Fahrzeuge anstelle eines eigenen Autos nutzen zu wollen.*

Dem vermeintlichen Statuscharakter eines eigenen Automobils wird anhand theoretischer Überlegungen ebenfalls ein gewisser Effekt, hinsichtlich der Intention Carsharing-Fahrzeuge nutzen zu wollen, zugesprochen. Konkret wird dabei davon ausgegangen, dass, wenn Personen ein Auto sehr stark als Möglichkeit zur Repräsentation ihres sozialen Status wahrnehmen, eine vergleichsweise schwächer ausgeprägte Intention zur Carsharing-Nutzung an den Tag gelegt wird. Im Falle der vorliegenden Daten bringen Statuswerte im negativen Bereich zum Ausdruck, dass der Statusgedanke lediglich gering ausgeprägt ist (maximal ist der Wert -3 möglich), hohe Werte geben hingegen eine starke Statusausprägung an (maximal ist der Wert 3 zu erreichen). Der Mittelwert dieses Konstrukts liegt, wie bereits bekannt, bei 0,2130 Skalenpunkten. Der Pkw als Statussymbol spielt somit durchaus eine gewisse Rolle.

Durch die lineare Regression ergibt sich in diesem Zusammenhang ein Koeffizient von 0,0019. Dieser Wert spricht gegen den vermuteten Zusammenhang. Personen mit hohem Statuswert bezüglich des Pkws weisen diesem Ergebnis nach eine erhöhte Intention zur Carsharing-Nutzung bzw. bei geringerer Statusausprägung ebenso eine geringere Intention auf.

Dieser Wert ist allerdings, unter Kontrolle der weiteren Einflussfaktoren, statistisch nicht signifikant. Anders als zuvor kann die Hypothese 6 zum Einfluss des Status auf die Intention anhand der vorliegenden Datenbasis somit weder beibehalten noch verworfen werden.

Hypothese 7

*Je stärker die Nutzung von Carsharing-Fahrzeugen anstelle eines eigenen Wagens als eine Option zum **Einsparen von Kosten** wahrgenommen wird, desto stärker fällt die Intention von Jugendlichen und jungen Erwachsenen aus, zukünftig Carsharing-Fahrzeuge anstelle eines eigenen Autos nutzen zu wollen.*

Durch eine qualitative Vorstudie wurde deutlich, dass Kosten hinsichtlich der individuellen Mobilität einen nicht zu vernachlässigenden Faktor darstellen. Auch ökonomisch orientierte Theorien zur Erklärung des Mobilitätsverhaltens betonen diesen Aspekt (vgl. bspw. Franzen 1997). Im Zuge von Hypothese 7 wird daher vermutet, dass Personen, die Carsharing als eine Option zum Einsparen von Kosten ansehen, eine gesteigerte Intention hinsichtlich dessen Nutzung aufweisen. Im Zuge der Datenerhebung wurde daher abgefragt, ob der Aspekt der Kosteneinsparung durch die Nutzung von Carsharing-Fahrzeugen entscheidungserleichternd auf die interessierende Intention wirkt. Das Konstrukt Kosteneinsparung wurde dabei ebenfalls über eine Skala von -3 bis 3 erhoben, wobei der negative Skalenbereich für (eher) keine Entscheidungserleichterung steht. Werte im positiven Bereich verdeutlichen hingegen, dass die Möglichkeit der Kosteneinsparung durch Carsharing entscheidungserleichternd wirkt. Die deskriptive Auswertung hat in diesem Zusammenhang deutlich gemacht, dass der dazugehörige Mittelwert bei 0,91 Skalenpunkten liegt. Die Möglichkeit der Kosteneinsparung durch die Nutzung von Carsharing erscheint demnach durchaus als bedeutsam für die Fragebogeteilnehmer/innen. Durch die Regressionsrechnung ergibt sich in diesem Zusammenhang ein Koeffizient von 0,0850. Dieser Wert ist statistisch hoch signifikant. Äquivalent zu den vorherigen Ergebnissen bedeutet dies somit, dass, wenn der Wert der Kosteneinsparung um einen Skalenpunkt ansteigt, sich die interessierende Intention zur Carsharing-Nutzung ebenfalls um 0,0850 Skalenpunkte erhöht.

Es zeigt sich also, dass das das Wissen um das Einsparen von Mobilitätskosten durch die Nutzung von Carsharing-Fahrzeugen anstelle eines eigenen Wagens einen positiven Effekt auf die interessierende Intention ausübt. Die formulierte Hypothese 7 wird daher beibehalten.

Die nachfolgende Tabelle 23 bietet einen abschließenden Überblick über die zuvor durchgeführte Hypothesenprüfung. Durch die lineare Regressionsrechnung konnte demnach gezeigt werden, dass die subjektiven Norm sowie die wahrgenommene Verhaltenskontrolle bezüglich der Nutzung von Carsharing-Fahrzeugen, die persönliche Norm zu einer umweltfreundlichen Mobilität, der Autonomiegedanke hinsichtlich des Pkws wie auch die Möglichkeit der Kosteneinsparung durch die Nutzung von Carsharing einen signifikanten Einfluss auf die interessierende Intention ausüben. Für die theoretisch vermuteten Einflussrichtungen zeigt sich dabei empirische Evidenz. Im Fall der Hypothese 1 ist, trotz Signifikanz, keine eindeutige Aussage anhand der vorliegenden Datenbasis möglich. Für das Konstrukt Status zeigt sich darüber hinaus keine statistische Signifikanz. Die formulierte Hypothese 6 kann demnach nicht überprüft werden.

Tabelle 23: Übersicht zur Hypothesenüberprüfung

Hypothese		Beibehalten	Verwerfen
H1	*Je positiver die **Einstellung** gegenüber der Nutzung von Carsharing-Fahrzeugen anstelle eines eigenen Wagens ist, desto stärker fällt die Intention von Jugendlichen und jungen Erwachsenen aus, zukünftig Carsharing-Fahrzeuge anstelle eines eigenen Autos nutzen zu wollen.*	(X)	(X)
H2	*Je stärker die **Nutzung von Carsharing anstelle eines eigenen Wagens durch bedeutsame Dritte befürwortet** wird, desto stärker fällt die Intention von Jugendlichen und jungen Erwachsenen aus, zukünftig Carsharing-Fahrzeuge anstelle eines eigenen Autos nutzen zu wollen.*	X	

Fortsetzung

H3	Je größer die **wahrgenommene Verhaltenskontrolle für die eigene Nutzung von Carsharing** wahrgenommen wird, desto stärker fällt die Intention von Jugendlichen und jungen Erwachsenen aus, zukünftig Carsharing-Fahrzeuge anstelle eines eigenen Autos nutzen zu wollen.	X	
H4	Je stärker das **Bewusstsein für die umweltbelastende Wirkung des motorisierten Individualverkehrs** ausgeprägt ist, desto stärker fällt die Intention von Jugendlichen und jungen Erwachsenen aus, zukünftig Carsharing-Fahrzeuge anstelle eines eigenen Autos nutzen zu wollen.	X	
H5	Je stärker ein privater Pkw mit der Möglichkeit zur **Autonomie** verknüpft wird, desto geringer fällt die Intention von Jugendlichen und jungen Erwachsenen aus, zukünftig Carsharing-Fahrzeuge anstelle eines eigenen Autos nutzen zu wollen.	X	
H6	Je stärker ein privater Pkw als Repräsentant des eigenen **sozialen Status** verstanden wird, desto geringer fällt die Intention von Jugendlichen und jungen Erwachsenen aus, zukünftig Carsharing-Fahrzeuge anstelle eines eigenen Autos nutzen zu wollen.	-	-
H7	Je stärker die Nutzung von Carsharing-Fahrzeugen anstelle eines eigenen Wagens als eine Option zum **Einsparen von Kosten** wahrgenommen wird, desto stärker fällt die Intention von Jugendlichen und jungen Erwachsenen aus, zukünftig Carsharing-Fahrzeuge anstelle eines eigenen Autos nutzen zu wollen.	X	

Quelle: Eigene Darstellung

Neben diesen zentralen Erklärungskonstrukten wurden außerdem soziodemografische Kontrollvariablen in die Regressionsrechnung integriert. Konkret handelt es sich hierbei um das Geschlecht, das Alter, die aktuell besuchte Bildungsinstitution, die jeweilige Wohnumgebung sowie ein möglicher Migrationshintergrund. Im Abschnitt zu den Mittelwertsvergleichen (vgl. Kapitel 10.6) wurde bereits deutlich, dass sich die Mittelwerte der Intention, differenziert nach diesen Kontrollvariablen, zum Teil durchaus unterscheiden. So zeigten Frauen, Personen aus städtischen Wohnumgebungen, Befragte der Altersgruppe der 22- bis 29- Jährigen sowie Studierende eine etwas weniger stark ausgeprägte negative Intention gegenüber der zukünftigen Carsharingnutzung. Wie gestaltet sich jedoch dieser Einfluss, wenn die zentralen, aus der Theorie abgeleiteten Erklärungsvariablen explizit Berücksichtigung finden?

Wie bereits einleitend angedeutet, zeigt sich im Zuge der Regressionsrechnung lediglich für eine Kategorie der Wohnumgebung ein signifikanter Zusammenhang mit der interessierenden Intention. Personen, die nach eigener Einschätzung im Vorort einer (Groß-) Stadt leben, weisen demnach im Vergleich zur Referenzkategorie derjenigen, die in einem Dorf leben, eine um 0,1579 Skalenpunkte höhere Intention hinsichtlich der zukünftigen Carsharing-Nutzung auf. Dieses Ergebnis ist statistisch hoch signifikant. Im Falle der dritten Wohnkategorie, nämlich das Leben im Zentrum einer (Groß-) Stadt, zeigt sich mit einem Koeffizienten von 0,1032 dieselbe Tendenz. Dieser Wert ist jedoch statistisch nicht signifikant. Mit einem p=0,1262 verfehlt dieser Wert das 10%-Signifikanzniveau allerdings nur knapp. Die Ursache für den geringeren Effekt hinsichtlich der Wohnumgebung ‚Zentrum' könnte sein, dass insbesondere Personen, die zentral in einer Stadt leben, in der Regel auch über ein gutes öffentliches Verkehrsnetz verfügen können. Der Mobilitätszugewinn durch Carsharing, wenn man selbst über kein Auto verfügt, kann dann möglicherweise als geringer eingestuft werden. Solch eine Einstellung zeigte sich beispielsweise bei einigen Personen, die an den vorab durchgeführten Diskussionsrunden beteiligt waren.

Durch die Betrachtung des Beta-Koeffizienten, welcher in der dritten Spalte der Tabelle 22 ebenfalls angeführt wurde, ist darüber hinaus eine vergleichende Gegenüberstellung der jeweiligen Einflussstärke der berücksichtigten Konstrukte möglich. Hierbei zeigt sich, dass insbesondere die wahrgenommene Verhaltenskontrolle sowie die subjektive Norm hinsichtlich der Nutzung von Carsharing-Fahrzeugen bedeutsame Einflussfaktoren im Hinblick auf die interessierende Intention darstellen. Auch die persönliche Norm, welche das Bewusstsein für die umweltbelastende Wirkung des motorisierten Individualverkehrs und eine damit einhergehende Bereitschaft widerspiegelt, umweltfreundlich mobil zu sein, erscheint demnach als vergleichsweise bedeutsam. Diesen drei Aspekten sollte demnach ein besonderes Augenmerk in Bezug auf eine positive Beeinflussung der Intention von Jugendlichen und jungen Erwachsenen, zukünftig Carsharing anstelle eines eigenen Wagens zu nutzen, gewidmet werden.

Die vorangehenden Ausführungen haben deutlich gemacht, dass die durchgeführte multivariate Regressionsrechnung aufschlussreiche Erkenntnisse hinsichtlich der theoretisch abgeleiteten Forschungshypothesen leisten konnte. Darüber hinaus wurden in diesem Kapitel weitere bedeutsame Ergebnisse der empirischen Datenerhebung präsentiert und erläutert. Abschließend gilt es diese Erkenntnisse in einen übergeordneten Kontext zu stellen sowie daraus abzuleitende zukünftige Herausforderungen zu formulieren. Im folgenden Kapitel werden jedoch zunächst einige Limitationen der vorliegenden Arbeit herausgearbeitet. Diese gilt es bei der Interpretation der Forschungsergebnisse jeweils im Hinterkopf zu behalten.

11. Limitationen der Forschungsarbeit

Ein zentraler Aspekt im Hinblick auf die Limitationen dieser Forschungsarbeit stellt die Zusammensetzung der vorliegenden Stichprobe dar. Es handelt sich hierbei um einen Ausschnitt an Jugendlichen und jungen Erwachsenen, die in Baden-Württemberg leben. Anhand der vorliegenden Datenbasis kann demnach per se keine allgemeine Aussage im Hinblick auf deutsche Jugendliche und junge Erwachsene im Allgemeinen getroffen werden. Aufgrund ähnlicher Lebenssituationen und Lebensstile dieser Personengruppe ist jedoch davon auszugehen, dass die gewonnenen Erkenntnisse in ähnlicher Weise auch für die Gesamtheit der deutschen Jugendlichen und jungen Erwachsenen zutreffend sind.

Eine weitere Limitation im Hinblick auf die Stichprobe bezieht sie auf den Aspekt der aktuell besuchten Bildungsinstitution der Befragten. Bei der Akquise der einzelnen Studienteilnehmer/innen wurde darauf geachtet, dass Personen mit unterschiedlichem formalem Bildungshintergrund bei der Erhebung Berücksichtigung finden. Daher sind sowohl Realschüler/innen, Gymnasiasten, Berufs(fach)schüler/innen sowie Studierende in der vorliegenden Stichprobe vertreten. Die Gegenüberstellung der jeweiligen prozentualen Anteile mit Daten des Bildungsberichts 2014 verdeutlicht jedoch, dass insbesondere Studierende in der vorliegenden Stichprobe unterrepräsentiert sind, Berufsschüler/innen hingegen überrepräsentiert (vgl. Bundesministerium für Bildung und Forschung 2014, S. 227). Da verschiedene Studien gezeigt haben, dass typische Nutzer des Carsharing-Angebots in der Regel ein formal höheres Bildungsniveau aufweisen (vgl. bspw. Firnkorn/Müller 2012, S. 269; Martin et al. 2010, S. 7), muss aufgrund der Unterrepräsentation der Studierenden davon ausgegangen werden, dass die Intention, zukünftig ein Carsharing-Fahrzeug anstelle eines eigenen Wagens nutzen zu wollen, unter Berücksichtigung einer entsprechenden repräsentativen Anzahl an Studierenden positiver ausfallen könnte.

Ein weiterer Punkt, der in diesem Zusammenhang berücksichtigt werden muss, ist der Aspekt, dass die gewonnene Erkenntnis zur Intention von Jugendlichen und jungen Erwachsenen kein starres, unveränderbares Ergebnis darstellt. Verschiedene Ereignisse im Zeitverlauf können beispielswiese sowohl die individuellen Einstellungen, die subjektive Norm als auch die wahrgenommene Verhaltenskontrolle nachhaltig beeinflussen und dadurch zu Veränderungen in der jeweiligen Intention führen (vgl. Ajzen 2011, S. 1115). Denkbar sind in diesem Kontext zum Beispiel persönliche Veränderungen wie ein räumlicher Umzug oder die Gründung einer Familie. Solche Ereignisse können zu veränderten Mobilitätsvorstellungen und Mobilitätsmöglichkeiten führen, was die Sichtweise auf das Konzept Carsharing nachhaltig beeinflussen kann.

Darüber hinaus wurde im Zuge der Erhebung nicht explizit zwischen stationsbasiertem und vollflexiblem Carsharing unterschieden. Beide Modelle wurde im Fragebogen zwar vorgestellt, die spezifischen Fragen bezogen sich hingegen auf Carsharing im Allgemeinen. Der Entschluss für diese Handhabung basiert auf der pragmatischen Entscheidung, den Umfang des schriftlichen Fragebogens möglichst gering zu halten und somit eine gesteigerte Beantwortungsmotivation bei den Jugendlichen und jungen Erwachsenen erzielen zu können. Es sollte allerdings im Hinterkopf behalten werden, dass im Falle einer differenzierten Betrachtung beider Systeme Unterschiede in der Ergebnisstruktur resultieren könnten. Peer-to-peer Carsharing, also die gemeinschaftliche Nutzung von privaten Fahrzeugen, welche kommerziell organisiert wird, blieb im Zuge der Befragung zudem gänzlich unberücksichtigt. Der Grund hierfür war, dass Peer-to-peer Carsharing vergleichsweise weniger stark verbreitet ist und zudem für die Bevölkerung eine eher unbekannte Mobilitätsform darstellt (vgl. Shaheen et al. 2012, S. 72). Bei zunehmender Etablierung dieses Konzepts sollten zukünftige Forschungen diese Carsharing-Form jedoch ebenso in den Fokus nehmen.

Trotz dieser Limitationen stellt die gewählte theoretische Basis sowie die Datenanalyse der zugrundeliegenden Stichprobe eine gute Möglichkeit dar, einen Einblick und erste Ergebnisse hinsichtlich der interessierenden Forschungsfragen zu erhalten. Dies ist besonders deshalb bedeutsam, da wissenschaftliche Forschung zu genau diesem Themenfeld, sowohl national als auch international betrachtet, rar ist. Im abschließenden Kapitel dieser Arbeit sollen die zentralen Aspekte und Erkenntnisse der vorliegenden Forschungsarbeit zusammengefasst und in einen übergeordneten Kontext gestellt werden. Zudem gilt es daraus resultierende Herausforderungen für die Zukunft näher zu spezifizieren.

12. Die Gesellschaft von Morgen – ein (umwelt-) bewusster Umgang mit Automobilität?

Im Verlauf des vergangenen Jahrhunderts hat sich das Automobil als das zentrale Fortbewegungsmittel der deutschen Bevölkerung herauskristallisiert. Der Bestand an privaten Pkws steigt dabei noch immer von Jahr zu Jahr an (vgl. Statistisches Bundesamt 2014c, S. 92). Gleichzeitig stellen die zunehmenden Umweltbelastungen, insbesondere die im Zeitverlauf rasant angestiegenen CO_2-Emissionen, eine gravierende Problematik für sowohl gegenwärtige als auch zukünftige Generationen dar. Der Verkehrsbereich und demnach auch das Automobil gelten dabei als besonders bedeutsame Verursacher von CO_2-Emissionen (vgl. Öko Institut 2011, S. 8 f.). Um diese Problematik eindämmen und eine langfristig nachhaltigere Mobilität erreichen zu können, ist eine grundlegende Veränderung im individuellen Mobilitätsverhalten der Menschen somit unumgänglich. Alternative Mobilitätskonzepte zum Besitz eines eigenen Wagens stellen in diesem Zusammenhang einen bedeutsamen Ansatzpunkt dar. Das im Zuge der vorliegenden Arbeit betrachtete Konzept Carsharing ist eine solche Mobilitätsalternative. Wissenschaftliche Studien konnten dieser Mobilitätsalternative zum eigenen Pkw verschiedenste ökologisch wertvolle Effekte attestieren (vgl. Kapitel 3.3). Dieses Mobilitätskonzept ist zwar keine Erfindung neuerer Zeit, erfährt jedoch vor allem aktuell eine zunehmende Beachtung und zeigt eine steigende Anzahl an Nutzern (vgl. Bundesverband CarSharing 2015b). Vor allem jüngere Kohorten stellen dabei eine bedeutsame Nutzergruppe dar (vgl. Schmöller/Bogenberger 2014, S. 16; Shaheen/Cohen 2013, S. 5; Firnkorn/Müller 2011, S. 1524).

Einhergehend mit der zunehmenden Verbreitung von Carsharing finden sich vor allem im öffentlichen Diskurs immer häufiger Stimmen, die eine Abkehr der Jugend vom Automobil proklamieren. Insbesondere Carsharing wird dabei als bedeutsame Alternative im Hinblick auf die Bewältigung der individuellen Mobilität dieser Gruppe eingestuft (vgl. Krizak 2014, Nefzger 2013, Doll 2011). Wissenschaftliche Studien, die sich vertiefend mit diesem Thema auseinander gesetzt haben, sind jedoch rar. Es liegen demnach kaum wissenschaftlich fundierte Ergebnisse zur interessierenden Thematik vor (vgl. TÜVRheinland 2015, Kubitzki 2014, Efthymiou et al. 2013, Bratzel et al. 2011). Das Forschungsvorhaben der vorliegenden Arbeit hat sich daher genau dieser Forschungslücke gewidmet.

12.1 Carsharing oder eigenes Automobil?

Ausgehend von der grundlegenden Überlegung „Carsharing oder eigenes Automobil?" wurde im Zuge der Forschungsarbeit der spezifischen Frage nachgegangen, wie populär das Mobilitätskonzept Carsharing tatsächlich bei deutschen Jugendlichen und jungen Erwachsenen ist und ob es sich gegenüber dem Besitz eines eigenen Wagens in der Zukunft behaupten kann? Darüber hinaus stellte die Frage nach den zentralen Treibern, zukünftig Carsharing-Fahrzeuge anstelle eines eigenen Wagens nutzen zu wollen, einen wesentlichen Forschungsaspekt der vorliegenden Arbeit dar. Im Hinblick auf die Durchsetzung einer langfristig nachhaltigeren Mobilität war in diesem Zusammenhang insbesondere das Bewusstsein um die umweltbelastende Wirkung des motorisierten Individualverkehrs und eine damit einhergehende Bereitschaft zu umweltentlastender Mobilität von wesentlichem Interesse. Anhand einer quantitativen Befragung von Jugendlichen und jungen Erwachsenen in Baden-Württemberg konnten aufschlussreiche Erkenntnisse zu genau diesen Forschungsfragen gewonnen werden.

Durch die Analyse der erhobenen Daten zeigt sich allgemein betrachtet, dass der Besitz des Pkw-Führerscheins sowie eines eigenen Wagens durchaus eine bedeutende Rolle für die befragten Jugendlichen und jungen Erwachsenen spielen. Rund 77 Prozent der Befragten im führerscheinberechtigten Alter haben diesen bereits erworben, 96 Prozent derjenigen ohne Führerschein möchten ihn zukünftig ebenfalls erlangen. Darüber hinaus ist knapp die Hälfte der Führerscheinbesitzer bereits im Besitz eines eigenen Autos. Rund 87 Prozent derjenigen, die noch keinen eigenen Wagen besitzen, möchten sich zeitnah bzw. mittelfristig betrachtet einen solchen anschaffen. Lediglich ein geringer Anteil der Fragebogenteilnehmer/innen steht demnach dem Besitz eines eigenen Autos (eher) ablehnend gegenüber.

Obwohl verschiedene Studien jüngerer Zeit, sowohl im europäischen als auch amerikanischen Raum, Rückgänge in den Führerscheinzahlen als auch dem Interesse am Automobil an sich feststellen konnten (vgl. Sivak/Schoettle 2013, Kuhnimhof et al. 2012, Schönduwe et al. 2012, Institut für Mobilitätsforschung 2011), stehen die Ergebnisse der vorliegenden Arbeit durchaus auch im Einklang mit bestehenden Forschungsbeiträgen. Insbesondere für deutsche Jugendliche und junge Erwachsene konnte in diesem Zusammenhang festgestellt werden, dass zwar ein Rückgang in den Führerscheinerwerbszahlen zu beobachten ist, diese sich jedoch auch weiterhin auf einem sehr hohen Niveau bewegen. Es ist demnach trotz allem eine gewisse Persistenz hinsichtlich des Führerscheinerwerbs und dem Besitz eines eigenen Wagens zu erkennen (vgl. Kubitzki 2014, Füssel et al. 2013, Institut für Mobilitätsforschung 2011). Eine aktuelle Studie der Allianz Deutschland AG kommt diesbezüglich beispielsweise zu dem Ergebnis, dass lediglich 7 Prozent aller 18- bis 24- jährigen Deutschen ohne Fahrerlaubnis diese auch zukünftig nicht erwerben möchten. Der entsprechende Anteil für Jugendliche und junge Erwachsene aus den deutschen Millionenstädten fällt mit 8 Prozent dabei nur marginal höher aus (vgl. Kubitzki 2014, S. 35). Zudem wollen lediglich 3 Prozent der deutschen 18- bis 24- Jährigen, die keinen eigenen Pkw besitzen, auch zukünftig kein Auto anschaffen (vgl. Kubitzki 2014, S. 7). Das Antwortverhalten dieser Untersuchung ähnelt damit sehr stark den Ergebnissen der vorliegenden Arbeit.

Neben dem Diskurs zu den Führerscheinzahlen und der Autoerwerbsbereitschaft von Jugendlichen und jungen Erwachsenen in Deutschland entwickelt sich in neuerer Zeit zudem eine Debatte, die von einem Wandel hinsichtlich des Statussymbolcharakters des Automobils ausgeht. Empirische Studien kommen in diesem Zusammenhang zu dem Ergebnis, dass gerade für jüngere Generationen das Auto als Statussymbol an Bedeutung verliert (vgl. bspw. Scholl 2012, Terporten et al. 2012, Progenium 2011, Bratzel/Lehman 2010). Wie bereits an entsprechender Stelle ausgeführt, wurde jedoch an solchen, teils recht marketingorientierten Studien durchaus Kritik geübt. Eine Überinterpretation der empirischen Ergebnisse, untaugliche Messindikatoren als auch überstrapazierte Stichproben wurden in diesem Zusammenhang bemängelt (vgl. Schönduwe et al. 2012, Rust 2011). Auch im Zuge der vorliegenden Arbeit wurde der Statussymbolcharakter des Automobils daher erhoben. Hierbei zeigt sich, dass das Auto durchaus von einem gewissen Anteil an Befragten als ein solches wahrgenommen wird. Neben dem Statussymbol-Aspekt wurde auch der Autonomie-Gedanke im Hinblick auf das Auto abgefragt. Die Möglichkeit zur flexiblen und selbstbestimmten Mobilität durch das Auto wird von der Gesamtheit der befragten Jugendlichen und jungen Erwachsenen dabei vergleichsweise etwas stärker positiv betont als der Gedanke des Autos als Statussymbol. Es kann somit festgehalten werden, dass sowohl der Statussymbolcharakter eines Autos als auch die damit assoziierte Autonomie durchaus Aspekte sind, die deutsche Jugendliche und junge Erwachsene hinsichtlich des Pkws betonen. Eine reine Betrachtung des Autos als funktionales Gut greift demnach zu kurz. Die symbolisch-affektive Komponente des Autos spielt noch immer eine gewisse Rolle für die untersuchte Personengruppe.

Im Hinblick auf das Bewusstsein der umweltbelastenden Wirkung des motorisierten Individualverkehrs und einer entsprechenden Bereitschaft, umweltfreundlich mobil zu sein, zeigt sich hingegen eine negative Tendenz bei den Befragten. Dieses Ergebnis steht dabei durchaus im Einklang mit bestehender Empirie. Verschiedenste Forschungsarbeiten kommen in diesem Zusammenhang zu der Erkenntnis, dass viele Jugendliche und junge Erwachsene ihr Mobilitätsverhalten nicht nachhaltig gestalten (wollen) und falls doch, dies häufig lediglich der jeweiligen Lebenssituation geschuldet ist. Dies erfolgt darüber hinaus, obwohl ihnen der umweltbelastende Effekt des Pkws bewusst ist (vgl. Kubitzki 2014, Schönduwe 2012, Rust 2011, Line et al. 2010).

Umfassend betrachtet kann im Falle der vorliegenden Stichprobe das im öffentlichen Diskurs proklamierte aktuell geringe Interesse von deutschen Jugendlichen und jungen Erwachsenen am Automobil und damit in Verbindung stehenden Themen demnach nicht bestätigt werden. Sowohl der Führerschein als auch der Besitz bzw. zukünftige Erwerb eines eigenen Autos sind für diese nachweisbar von großer Bedeutung. Der Autonomie-Gedanke hinsichtlich des Autos wird ebenfalls positiv konnotiert. Dasselbe gilt in leicht abgeschwächter Intensität auch für den Aspekt des Autos als Statussymbol. Ob sich tatsächlich ein Interessenverlust im Zeitverlauf vollzieht, kann durch das gewählte Forschungsdesign jedoch nicht dargestellt werden. Bei den gewonnenen Erkenntnissen handelt es sich um eine Momentaufnahme der Einschätzungen von Jugendlichen und jungen Erwachsenen zum Thema Automobilität. Diese fallen zum Zeitpunkt der Befragung dennoch durchaus positiv aus.

Der Eindruck einer andauernden Bedeutsamkeit des Besitzes eines eigenen Wagens verstärkt sich zudem durch die Auswertung spezifischer Fragen zum Thema Carsharing. Dem Großteil der Fragebogenteilnehmer/innen ist Carsharing zwar bekannt, einige sind sogar bereits Mitglied in einer entsprechenden Organisationen, 12 Prozent haben jedoch vor der Befragung noch nie von diesem Mobilitätskonzept gehört.

Die deskriptive Auswertung zum zentralen Konstrukt der individuellen Intention, zukünftig Carsharing-Fahrzeuge anstelle eines eigenen Wagens nutzen zu wollen, zeigt darüber hinaus, dass diese deutlich negativ ausfällt. Auf der Antwortskala von -3 (geringe Intention) bis +3 (hohe Intention) resultiert durch die Befragung ein Mittelwert von -1,5037 Skalenpunkten. Allgemein betrachtet kann sich ein Großteil der befragten Jugendlichen und jungen Erwachsenen demnach (eher) nicht vorstellen, zukünftig auf ein eigenes Auto zu verzichten und viel eher individuelle Mobilitätsbedürfnisse über Carsharing-Fahrzeuge abzudecken. Die Bedeutsamkeit des eigenen Wagens wird demnach auch in diesem Zusammenhang deutlich.

Diese Zurückhaltung der untersuchten Stichprobe gegenüber der zukünftigen Nutzung von Carsharing als vollständige Alternative zum eigenen Pkw spiegelt sich ebenso in bereits bestehenden Daten zu dieser Thematik wider. So kommt eine aktuelle Studie des TÜV Rheinlands u.a. zu dem Schluss, dass junge Menschen weiterhin zum eigenen Auto tendieren, wenn auch zeitverzögert im Vergleich zu früheren Generationen. Carsharing wird sich dieser Studie zu Folge langfristig nicht gegen den privaten Pkw durchsetzen können (vgl. TÜVRheinland 2015). Auch Bratzel et al. (2011) kommen zu dem Ergebnis, dass weniger als 10 Prozent der von ihnen Befragten deutschen jungen Erwachsenen sich vorstellen können, vollständig auf einen eigenen Wagen zu verzichten und viel eher Carsharing-Fahrzeuge zu nutzen.

Der durchgeführte Mittelwertsvergleich des Intention-Konstrukts, differenziert nach verschiedenen typischen soziodemografischen Merkmalen, führt im Falle der vorliegenden Arbeit zudem zu dem Ergebnis, dass diese negative Intention bei männlichen Befragten, die aus ländlichen Regionen stammen und über ein aktuell formal niedrigeres Bildungsniveau verfügen, signifikant stärker ausgeprägt ist. Insbesondere die Einflussfunktion des Bildungsniveaus steht dabei im Einklang mit allgemeinen Studienergebnissen zum Thema Carsharing. Personen mit vergleichsweise höherem Bildungsniveau sind diesen Studien zufolge vor allem typische Nutzer des Carsharing-Angebots (vgl. Firnkorn/Müller 2012, Martin et al. 2010). Die Bedeutsamkeit der jeweiligen Wohnumgebung hinsichtlich der individuellen Mobilität von Jugendlichen und jungen Erwachsenen hat sich darüber hinaus durch Studien aus der allgemeinen Mobilitätsforschung bereits ebenfalls bestätigt. Gerade für Personen aus dem ländlichen Raum stellt demzufolge der eigene Pkw das zentrale Fortbewegungsmittel dar (vgl. Schulz 2002).

Über die allgemeine Forschungsfrage hinausgehend, ob Carsharing prinzipiell eine Alternative zum Besitz eines eigenen Pkws darstellt, hat sich die vorliegende Arbeit jedoch auch mit der zentralen Frage auseinandergesetzt, welche Faktoren einen bedeutenden Einfluss auf die Intention, zukünftig Carsharing-Fahrzeuge anstelle eines eigenen Wagens nutzen zu wollen, ausüben. In diesem Zusammenhang wurden sieben konkrete Forschungshypothesen anhand theoretischer Überlegungen abgeleitet und mithilfe einer multivariaten linearen Regression überprüft. Hierbei zeigte sich für fünf Hypothesen eine klare empirische Evidenz.

Folgt man den entsprechenden Ergebnissen ist davon auszugehen, dass, mit Bezug auf Ajzens ToPB (1991), die Meinung von bedeutsamen Dritten sowie die wahrgenommene Verhaltenskontrolle, einen signifikant positiven Effekt auf die interessierende Intention ausüben. Konkret bedeutet dies, dass wenn für ein Individuum wichtige Personen (beispielsweise die Eltern oder Freunde) die Nutzung von Carsharing-Fahrzeugen anstelle eines eigenen Wagens für gut heißen, ein positiver Effekt hinsichtlich der eigenen Intention, diese tatsächlich zukünftig nutzen zu wollen, zu erwarten ist. Derselbe positive Effekt zeigt sich auch hinsichtlich des Einflussfaktors der wahrgenommenen Verhaltenskontrolle. Wird die wahrgenommene Verhaltenskontrolle im Hinblick auf die tatsächliche Nutzung von Carsharing-Fahrzeugen als hoch eingeschätzt - das Individuum geht also davon aus, dass eine Carsharing-Nutzung im Alltag einfach umgesetzt werden kann - resultiert ebenso eine vergleichsweise positivere Intention, zukünftig Carsharing anstelle eines eigenen Wagens nutzen zu wollen. Für das dritte Konstrukt ‚Einstellungen', dass im Zuge der ToPB als ebenso einflussreich proklamiert wird, ergibt sich anhand der vorliegenden Datenbasis hingegen keine eindeutige empirische Evidenz. Der vermutete Zusammenhang, dass mit zunehmender positiver Einstellung hinsichtlich der Nutzung von Carsharing anstelle eines eigenen Wagens auch die entsprechende Nutzungsintention ansteigt, zeigt sich dabei nur bedingt.

Generell kann an dieser Stelle daher festgehalten werden, dass die ToPB auch im Fall der speziellen Thematik des Carsharings einen entsprechenden Erklärungsbeitrag leisten kann. Bisher wurde dieser theoretische Ansatz lediglich zur Erklärung der Verkehrsmittelwahl im Allgemeinen herangezogen, wobei ebenfalls empirische Evidenz generiert werden konnte (vgl. bspw. Bamberg et al. 2007, Haustein/Hunecke 2007, Bamberg/Schmidt 2003, Heath/Gifford 2002).

Das Wissen um den umweltbelastenden Effekt des motorisierten Individualverkehrs und die Bereitschaft, die individuelle Mobilität nachhaltiger zu gestalten, wurde darüber hinaus ebenso als Einflussfaktor in die Regression miteinbezogen. Es wurde hierbei auf das theoretische Konstrukt der persönlichen Norm zurückgegriffen (vgl. Haustein et al. 2009, Schwartz 1977). Das Ergebnis der multivariaten Regression zeigt, dass der vermutete positive Effekt dieses Konstrukts in diesem Zusammenhang tatsächlich greift. Je positiver die persönliche Norm ausfällt, desto größer ist demnach auch die Intention, zukünftig Carsharing-Fahrzeuge anstelle eines eigenen Wagens nutzen zu wollen. Diese Erkenntnis deckt sich mit Ergebnissen der Studie von Efthymiou et al. (2013), welche das individuelle Umweltbewusstsein von jungen Erwachsenen als positiven Einflussfaktor hinsichtlich der Beitrittsbereitschaft zu einer Carsharing-Organisation identifizieren konnten.

Auch die Aspekte der Autonomie sowie der Statussymbolcharakter eines Pkws wurden im Zuge der Regressionsrechnung berücksichtigt (vgl. Hunecke 2000a). Im Hinblick auf den Autonomie-Gedanken, welcher Gefühlszustände wie Flexibilität, Individualität, Selbstbestimmung und Freiheit unter sich subsummiert, kommt die Regression zu dem Ergebnis, dass der erwartete negative Zusammenhang empirisch signifikant ist. Für Personen mit starker Autonomieausprägung hinsichtlich des Pkws resultiert demnach eine geringer ausgeprägte Carsharing-Intention. Für den vermuteten negativen Zusammenhang zwischen dem Aspekt des Statussymbols und der interessierenden Intention ergibt sich hingegen kein signifikantes Ergebnis. Die entsprechende Hypothese kann anhand der vorliegenden Datenbasis somit weder beibehalten noch verworfen werden.

Der Einfluss von monetären Kosten wurde ebenfalls in die Regressionsrechnung integriert. Hierbei war der Gedanke zentral, dass, wenn man die Nutzung von Carsharing-Fahrzeugen als eine Möglichkeit ansieht, Kosten einsparen zu können, dies einen positiven Effekt auf die Intention, zukünftig diese Mobilitätsoption nutzen zu wollen, ausübt. Der entsprechende Regressionskoeffizient in diesem Zusammenhang erweist sich als statistisch signifikant und der angenommene Zusammenhang ergibt sich dabei als folgerichtig.

Neben diesen primär theoretisch basierten Einflussfaktoren auf die interessierende Intention wurden im Zuge der Regression ebenso typische soziodemografische Faktoren als weitere Kontrollvariablen integriert. Deren möglicher Einflussfaktor zeichnete sich primär durch Gruppendiskussionen ab, welche im Vorfeld zur quantitativen Erhebung geführt wurden. Ebenso haben sich diese Faktoren bereits im Zuge allgemeiner Mobilitätsforschungen als bedeutsam herauskristallisiert (vgl. Kubitzki 2014, Füssl et al. 2013, Umweltbundesamt 2010, Klocke 2002, Klöckner 2002, Schulz 2002, Tully 1998). Für Personen, die im Vorort einer (Groß-) Stadt leben, ergibt sich demnach eine vergleichsweise stärker ausgeprägte Carsharing-Intention im Vergleich zu Personen aus ländlichen Wohnumgebungen. Für die Wohnumgebung ‚Zentrum einer (Groß-) Stadt' ergibt sich zwar dieselbe Tendenz in leicht abgeschwächter Form, der entsprechende Wert ist jedoch nicht signifikant.

Alle weiteren berücksichtigten soziodemografischen Aspekte sind hingegen als Einflussfaktoren auf die interessierende Intention, unter Kontrolle der theoretisch abgeleiteten Einflusskonstrukte, unbedeutend.

Ausgehend von diesen Ergebnissen kann somit im Hinblick auf die einleitend formulierten Forschungsfragen allgemein festgehalten werden, dass Carsharing für einen Großteil der befragten Jugendlichen und jungen Erwachsenen in Baden-Württemberg zum jetzigen Zeitpunkt keine tatsächliche Mobilitätsalternative zum Besitz eines eigenen Wagens und dessen Nutzung darstellt. Dieses Ergebnis steht dabei durchaus im Einklang mit den einigen wenigen wissenschaftlichen Studien, die sich genauer mit diesem Thema beschäftigt haben (vgl. TÜVRheinland 2015, Kubitzki 2014, Bratzel et al. 2011). Aussagen aus dem öffentlichen Diskurs, die davon ausgehen, dass der Besitz eines eigenen Autos im Fall einer Vielzahl an Jugendlichen und jungen Erwachsenen zunehmend durch Carsharing-Angebote substituiert wird, greifen in diesem Zusammenhang demnach zu kurz. Den vorliegenden Studienergebnissen zu Folge dominiert langfristig betrachtet auch bei einem Großteil dieser Personengruppe der Wunsch nach einem eigenen Wagen.

Veränderte Lebensbiografien im Vergleich zu früheren Generation (vgl. Tully/Baier 2006, S. 205) könnten in diesem Zusammenhang ein Grund dafür sein, dass der Kauf eines eigenen Pkws im Falle der heutigen Jugendgeneration lediglich später vollzogen wird. Durch den mittlerweile längeren Verbleib von Jugendlichen und jungen Erwachsenen im Elternhaus verlängert und vereinfacht sich demnach auch die Mitbenutzungsmöglichkeit der jeweiligen Familien-Pkws. Der Kauf eines eigenen Wagens während dieses Lebensabschnitts ist somit nicht zwingend notwendig um (auto-)mobil sein zu können. Die Daten der vorliegenden Arbeit haben beispielsweise deutlich gemacht, dass fast alle Nicht-Autobesitzer die Möglichkeit haben, Autos von Verwandten/Bekannten nach Absprache mit zu benutzen.

Auch die Ausbildungsphasen von heute Jugendlichen und jungen Erwachsenen sind im Vergleich zur Elterngeneration größtenteils länger und werden später abgeschlossen. Gerade in dieser Lebensphase verfügen Personen in der Regel über ein vergleichsweise geringes Einkommen. Die Anschaffung eines eigenen Wagens ist daher möglicherweise (noch) nicht realisierbar. Zudem finden Ausbildungsphasen, wie beispielsweise das Studium, primär in urbanen Räumen statt. Hier herrscht in der Regel ein gutes ÖV-Angebot vor, so dass der Besitz eines eigenen Wagens während dieses Lebensabschnittes nicht zwingend erforderlich ist.

Es ist jedoch davon auszugehen, dass Veränderungen der individuellen Lebenssituation auch das Mobilitätsverhalten beeinflussen. Im Zuge der durchgeführten Gruppendiskussionen wurde in diesem Zusammenhang durch verschiedenste Teilnehmer/innen darauf verwiesen, dass insbesondere mit der Gründung einer Familie der Verzicht auf einen eigenen Pkw unvorstellbar erscheint. Dieser Aspekt kristallisierte sich beispielsweise auch in der qualitativen Studie von Rust (2011) heraus (vgl. Rust 2011, S. 151). Im Zuge der eigenen qualitativen Vorstudie wurde darüber hinaus angeführt, dass, wenn man über ein entsprechendes Gehalt verfügen kann, auf jeden Fall ein Auto angeschafft werden soll.

Die sich abzeichnende anhaltende Dominanz des eigenen Pkws ist jedoch insbesondere im Hinblick auf die Zielerreichung einer langfristig nachhaltigeren Mobilität kritisch zu betrachten. Durch die Untersuchung der Forschungsfrage, welche Einflussfaktoren hinsichtlich der Carsharing-Intention von Jugendlichen und jungen Erwachsenen als bedeutsam einzustufen sind, konnten jedoch zentrale Stellschrauben in diesem Kontext offen gelegt werden.

Der positive Einfluss der wahrgenommenen Verhaltenskontrolle hinsichtlich der Nutzung von Carsharing-Fahrzeugen, der Einfluss von bedeutsamen Dritten, der Aspekt der Kostenersparnis sowie insbesondere auch der positive Einfluss des Bewusstsein um die umweltbelastende Wirkung des motorisierten Individualverkehrs und eine damit einhergehende Bereitschaft, nachhaltig mobil zu sein, sind hierbei im Speziellen zu nennen. An diesen Aspekten gilt es anzusetzen, um eine langfristig nachhaltigere Mobilität effektiv stärken zu können.

Ausgehend von dieser Erkenntnis resultieren somit zukünftigen Herausforderungen, sowohl für den wissenschaftlichen, sozialen als auch wirtschaftlichen Bereich. Diese sollen im abschließenden Abschnitt dieser Arbeit thematisiert werden.

12.2 Zukünftige Herausforderungen

Die vorliegende Arbeit konnte anhand der durchgeführten Befragung von Jugendlichen und jungen Erwachsenen in Baden-Württemberg aufschlussreiche Erkenntnisse gewinnen. Weitere nationale wie auch internationale Forschungsbeiträge zum Thema Carsharing aus der Perspektive der heutigen Jugendgeneration sind jedoch unbedingt notwendig. Die Weiterverfolgung einer solchen Empirie ist insbesondere unter der Annahme von Interesse, dass gerade die Ausgestaltung sowie die spezifischen Einstellungen von Jugendlichen und jungen Erwachsenen gegenüber der individuellen Mobilität im Allgemeinen sowie Carsharing im Speziellen wichtige Indikatoren dafür sein können, wie sich Mobilitätsstrukturen zukünftig entwickeln werden. Dies gilt speziell im Hinblick auf die notwendige nachhaltigere Mobilität in der Zukunft, wobei Carsharing als ein möglicher Hebel betrachtet werden kann. Aus wissenschaftlicher Perspektive geht insbesondere von einem Forschungsdesign im Längsschnitt ein großes Potential aus (vgl. bspw. die Erhebungsreihe ‚Mobilität in Deutschland'). Die wiederholte Befragung derselben Personen bietet dabei den Vorteil, dass tatsächliche Veränderungstendenzen im Zeitverlauf erfasst werden können. Es kann somit festgestellt werden, ob sich die interessierende Intention beispielsweise aufgrund spezifischer Lebensereignisse verändert, ob private Pkws tatsächlich vom Großteil der Personen angeschafft werden oder ob sich vielleicht doch eine zunehmende Bereitschaft und tatsächliche Nutzung im Hinblick auf Carsharing-Fahrzeuge zeigt. Auch die wiederholte Erhebung derselben Fragen anhand verschiedener Alterskohorten birgt ein großes Potential um solche Veränderungstendenzen im Zeitverlauf aufdecken zu können. Bestehende Jugendstudien, wie beispielsweise die Shell-Studie, sollten das Thema Carsharing daher explizit in ihren Fragekatalog mit aufnehmen.

Neben einer verstärkten wissenschaftlichen Forschungsbereitschaft auf diesem Gebiet müssen sich jedoch auch öffentliche Institutionen, wie Schulen oder Universitäten, vergleichsweise stärker mit dieser Thematik auseinander setzen. Die zentralen Aspekte einer nachhaltigeren Mobilität sollten fester Bestandteil eines jeden Lehrplans werden. Die bestehenden Umweltrisiken und daraus resultierende Folgen müssen aktiv mit Jugendlichen und jungen Erwachsenen diskutiert werden, um sie somit für diese Thematik zu sensibilisieren. Die durchgeführte Regressionsrechnung hat in diesem Zusammenhang eindeutig gezeigt, dass im Fall eines verstärkten Bewusstseins hinsichtlich der umweltbelastenden Auswirkungen des motorisierten Individualverkehrs die Intention für eine Nutzung von Carsharing, anstelle eines eigenen Wagens, positiver ausfällt. An dieser Erkenntnis sollte daher angesetzt werden.
Darüber hinaus müssen Mobilitätsalternativen zum eigenen Wagen explizit aufgezeigt werden. Die vorliegende Datenerhebung hat gezeigt, dass Carsharing zwar den meisten Befragten bekannt ist, jedoch haben sich nur wenige tatsächlich bereits intensiv mit dieser Form der Mobilität auseinander gesetzt. Das Mobilitätskonzept Carsharing muss daher verstärkt in das Bewusstsein von Jugendlichen und jungen Erwachsenen gerückt werden. Schulen, insbesondere auch Berufs(fach)schulen mit häufig bereits älteren Schüler/innen im fahrberechtigten Alter, könnten sich durch Mobilitätsaktionstage dem Thema Carsharing annähern. Vertreter der jeweils ortsansässigen Carsharing-Organisationen könnten dabei ihr Angebot vorstellen und den Schüler/innen beispielsweise eine kostenlose Registrierung ermöglichen. Die Auseinandersetzung mit Carsharing und der Eintritt in eine solche Organisation sollte fahrberechtigten Personen demnach möglichst einfach gemacht werden.
Der Aspekt, dass man durch die Nutzung von Carsharing-Fahrzeugen anstelle eines eigenen Wagens durchaus auch Mobilitätskosten einsparen kann, sollte in diesem Zusammenhang ebenso aktiv signalisiert werden. Wie sich durch die Regressionsrechnung gezeigt hat, sind Personen, die mit dem Carsharing eine Möglichkeit der Kostenersparnis verbinden nämlich eher dazu bereit, Carsharing zukünftig nutzen zu wollen.
Neben der aktiven Diskussion des Themas Carsharing in öffentlichen Institutionen ist es jedoch auch wichtig, dass im privaten Umfeld von Jugendlichen und jungen Erwachsenen dieses Thema in das Bewusstsein der Menschen gerückt wird. Durch die Etablierung einer subjektiven Norm, die die Nutzung von Carsharing-Fahrzeugen an-

stelle eines eigenen Wagens für gut heißt, kann laut den Ergebnissen der Regressionsrechnung ein positiver Effekt hinsichtlich der im Zentrum stehenden Intention generiert werden. Bedeutsame Dritte von Jugendlichen und jungen Erwachsenen, wie beispielsweise die Eltern, können demnach in diesem Kontext positiv auf diese einwirken.

Im Hinblick auf die Ausgestaltung einer langfristig nachhaltigeren Mobilität muss jedoch auch der wirtschaftliche Sektor seine Verantwortung diesbezüglich wahrnehmen. Dabei ist wichtig, dass ebenso vermeintlich weniger lukrative Bereiche, wie beispielsweise der ländliche Raum, umfassend mit Carsharing-Angeboten ausgestattet werden. Carsharing kann nur als tatsächliche Alternative zum Besitz eines eigenen Wagens wahrgenommen werden, wenn der Nutzer sich sicher sein kann, dass Pkw-bezogene Mobilitätsbedürfnisse auch tatsächlich bei Bedarf befriedigt werden können. Einige wenige Carsharing-Fahrzeuge bzw. Carsharing-Stationen in einem Gebiet stellen für potentielle Nutzer demnach eine größere Unsicherheit dar. Wird dieser Unsicherheit jedoch mit einem flächendeckenden Carsharing-Netz begegnet, können Hemmungen abgebaut und die Bereitschaft zum Carsharing gesteigert werden und somit letztlich auch der wirtschaftliche Erfolg entsprechender Unternehmen.

In diesem Zusammenhang ist es ebenso denkbar und vermutlich unumgänglich, dass durch die Politik verstärkt Subventionierungen für das Mobilitätskonzept Carsharing bereitgestellt werden. So könnten beispielsweise private Gemeinschaften, Gemeinden oder Kommunen aus ländlichen Regionen, die prinzipiell offen gegenüber Carsharing sind, im Aufbau eines Carsharing-Angebots oder zur Ansiedlung eines bestehenden Anbieters monetär unterstützt werden. Denkbar ist hierbei zum Beispiel auch die Bereitstellung von Parkraumfläche für entsprechende Carsharing-Fuhrparks. Erste Überlegungen in Form von Vorzugsregelungen beim Parken von Carsharing-Fahrzeugen zeigen sich aktuell auf Ebene der Bundesregierung. Diese Bemühungen gilt es zukünftig zu konkretisieren sowie umzusetzen.

Darüber hinaus ist es wichtig, dass weitere Kooperationen zwischen dem öffentlichen Verkehr und Carsharing-Organisationen geschaffen und etabliert werden. Carsharing soll den umweltfreundlichen öffentlichen Verkehr ergänzen, nicht substituieren. Gerade Schüler/innen und Studierende sind häufig im Besitz von spezifischen Zeitkarten des öffentlichen Verkehrs, beispielsweise Schülermonatskarten oder Semestertickets. Wird durch solche Abonnements zum Beispiel auch eine (ermäßigte) Mitgliedschaft in einer Carsharing-Organisation ermöglicht, erhalten diese Personen einerseits einen erleichterten Zugang zum Carsharing sowie andererseits ein umfassendes Mobilitätsangebot, das sowohl die Nutzung des öffentliches Verkehrs als auch, falls nötig, Automobilität gewährleistet. Jugendliche und junge Erwachsene können dadurch bereits in einer frühen Lebensphase entsprechende Erfahrungen sammeln. Im Idealfall erkennen sie dadurch außerdem, dass individuelle Mobilität auch ohne einen eigenen Pkw gestaltet werden kann und viel eher Angebote des öffentlichen Verkehrs sowie des Carsharings herangezogen werden sollten.

Das betrachtete Forschungsfeld stellt demnach einen Bereich mit großem Potential dar. Dies gilt sowohl aus wissenschaftlicher, wirtschaftlicher als auch gesellschaftlicher Perspektive. Die Zukunft wird zeigen, ob und wie sich eine langfristig nachhaltigere Mobilität etablieren kann. Wichtige Grundfundamente dafür müssen jedoch bereits jetzt im Bewusstsein und im Handeln der Generation von morgen verankert werden.

13. Literaturverzeichnis

Acock, Alan C. (2005): Working With Missing Values, Journal of Marriage and Family, Vol. 67 (4), S. 1012–1028.

Ajzen, Icek (1991): The Theory of Planned Behavior, Organizational Behavior and Human Decision Processes, Vol. 50 (2), S.179–211.

Ajzen, Icek (2002): Constructing a TpB Questionnaire: Conceptual and Methodological Considerations
http://chuang.epage.au.edu.tw/ezfiles/168/1168/attach/20/pta_41176_7688352_571 38.pdf
Abruf: 6.2.2014

Ajzen, Icek (2011): The theory of planned behaviour: Reactions and reflections, Psychology and Health, Vol. 26 (9), S. 1113-1127.

Ajzen, Icek/ Fisbein, Martin (1980): Understanding Attitudes and Predicting Social Behavior, Engelwood-Cliffs, N.J.: Prentice-Hall.

Allison, Paul D. (2002): Missing Data, Thousand Oaks, CA: Sage.

Anable, Jillian (2005): ‚Complacent Car Addicts‘ or ‚Aspiring Environmentalists‘? Identifying travel behaviour segments using attitude theory, Transport Policy, Vol. 12 (1), S. 65-78.

Armitage, Christopher J./ Conner, Mark (2001): Efficacy of the Theory of Planned Behaviour: A meta-analytic review, British Journal of Social Psychology, Vol. 40 (4), S. 471-499.

Atkinson, Anthony C. (1985): Plots, Transformations and Regression: An Introduction to Graphical Methods of Diagnostic Regression Analysis, Oxford: University Press.

Backhaus, Klaus/ Erichson, Bernd/ Plinke, Wulff/ Weiber, Rolf (2011): Multivariate Analysemethoden, Berlin Heidelberg: Springer.

Bagozzi, Richard P./ Yi, Youjae (1988): On the Evaluation of Structural Equation Models, Journal of the Academy of Marketing Science, Vol. 16 (1), S. 74-94.

Bamberg, Sebastian (1996): Allgemeine oder spezifische Einstellungen bei der Erklärung umweltschonenden Verhaltens eine Erweiterung der Theorie des geplanten Verhaltens um Einstellungen gegenüber Objekten, Zeitschrift für Sozialpsychologie, Vol. 27 (1), S. 47-60.

Bamberg, Sebastian/ Schmidt, Peter (2003): Incentives, morality, and habit? Predicting student's car use for university routes with the models of Ajzen, Schwartz, and Triandis, Environment and Behavior, Vol. 35 (2), S. 1-22.

Bamberg, Sebastian/ Hunecke, Marcel/ Blöbaum, Anke (2007): Social context, personal norms and the use of public transportation: Two field studies, Journal of Environmental Psychology, Vol. 27 (3), S. 190-203.

Bamberg, Sebastian/ Davidov, Eldad/ Schmidt, Peter (2008): Wie gut erklären „enge" oder „weite" Rational-Choice-Versionen Verhaltensveränderungen?, In: Diekmann, Andreas/ Eichner, Klaus/ Schmidt, Peter/ Voss, Thomas (Hrsg.): Rational Choice: Theoretische Analysen und empirische Resultate, Wiesbaden: VS Verlag für Sozialwissenschaften.

Bandura, Albert (1977): Social Learning Theory, New Jersey: Prentice-Hall.

Baptista, Patrícia/ Melo, Sandra/ Rolim, Catarina (2014): Energy, environmental and mobility impacts of car-sharing systems. Empirical results from Lisbon, Portugal, Procedia – Social and Behavioral Sciences, Vol. 111, S. 28-37.

Baslington, Hazel (2008): Travel Socialisation: A social theory of travel mode behavior, International Journal of Sustainable Transportation, Vol.2 (2), S. 91-114.

Bastian, Thomas (2010): Mobilitätsbezogene Einstellungen beim Übergang vom Kindes- ins Jugendlichenalter. Querschnittliche Altersvergleiche bei 14-bis 16-Jährigen, Wiesbaden: VS Research.

Beck, Lisa/ Ajzen, Icek (1991): Predicting dishonest actions using the theory of planned behavior, Journal of Applied Social Psychology, Vol. 25 (3), S. 285-301.

Bortz, Jürgen/ Döring, Nicola (2006): Forschungsmethoden und Evaluation für Human-und Sozialwissenschaftler, Heidelberg: Springer Medizin Verlag.

Botsman, Rachel/ Rogers, Roo (2010): What's Mine is Yours: The Rise of Collaborative Consumption. New York: Harper's Business.

Box, George E. P./ Cox, David R. (1964): An Analysis of Transformations, Journal of the Royal Statistical Society B, Vol. 26 (2), S. 211-252.

Bratzel, Stefan/ Lehman, Lars (2010): Jugend und Automobile 2010 – Eine empirische Studie zu Einstellungen und Verhaltensmustern von 18-25jährigen in Deutschland, Center of Automotive Management, Bergisch Gladbach (Arbeitspapier).

Bratzel, Stefan/ Lehman, Lars/ Tellermann, Ralf (2011): iCar: Die junge Generation und das vernetze Auto. Empirische Befragung zu den Einstellungen und Verhaltensmustern der 18-25-Jährigen in Deutschland, Center of Automotive Management, Bergisch Gladbach (Arbeitspapier).

Bundesministerium für Bildung und Forschung (2014): Bildung in Deutschland 2014.
http://www.bildungsbericht.de/daten2014/bb_2014.pdf
Abruf: 24.11.2014

Bundesministerium für Justiz und Verbraucherschutz (1990): Sozialgesetzbuch (SGB) – Achtes Buch (VII) – Kinder- und Jugendhilfe.
http://www.gesetze-im-internet.de/sgb_8/BJNR111630990.html
Abruf: 7.4.2014

Bundesministerium für Verkehr und digitale Infrastruktur (2014): Verkehrsverflechtungsprognose 2013.
http://www.verkehrsrundschau.de/sixcms/media.php/4513/verkehrsverflechtungsprognose-2030-schlussbericht-los-3.pdf
Abruf: 30.10.2014

Bundesregierung (2004): Perspektiven für Deutschland – Unsere Strategie für eine nachhaltige Entwicklung.
http://bfn.de/fileadmin/NBS/documents/Nachhaltigkeitsstrategie-langfassung.pdf
Abruf: 8.5.2014

Bundesverband CarSharing e.V. (2010): Aktueller Stand des Car-Sharing in Europa,
http://www.carsharing.de/images/stories/pdf_dateien/wp2_endbericht_deutsch_final_4.pdf
Abruf: 3.9.2013

Bundesverband CarSharing e.V. (2013): Bundesverband CarSharing Jahresbilanz 2012: So viel CarSharing-Zuwachs wie noch nie
http://www.carsharing.de/images/stories/pdf_dateien/pm_carsharing-bilanz_2012_final.pdf
Abruf: 2.9.2013

Bundesverband CarSharing e.V. (2015a): Häufig gestellte Fragen.
http://carsharing.de/alles-ueber-carsharing/faq
Abruf: 6.3.2015

Bundesverband CarSharing e.V. (2015b): Pressemitteilung vom 16.03.2015.
http://www.carsharing.de/pressemitteilung-vom-16032015
Abruf: 22.4.2015

Bundesverband CarSharing e.V. (2015c): CarSharing-Entwicklung in Deutschland.
http://www.carsharing.de/sites/default/files/uploads/presse/pdf/grafik_carsharing-entwicklung_1997-2015_varianten_getrennt_mit_logo.pdf
Abruf: 22.4.2015

Burkhardt Jon E./ Millard-Ball, Adam (2006): Who's attracted to car-sharing?, Transportation Research Record: Journal of the Transportation Research Board, Vol. 1986, S. 98-105.

Cahill Michael/ Ruben Tami/ Winn Sandra (1996): Children and transport: Travel patterns, attitudes and leisure activities of children in Brighton area. Health and Social Policy Research Centre, Report 96/4, Faculty of Health, Department of Community Studies, University of Brighton, England.

Canzler, Weert/ Knie, Andreas (2006): Umdeutung des Automobils: eine sozialwissenschaftliche Unternehmung
http://nbn-resolving.de/urn:nbn:de:0168-ssoar-202314
Abruf: 2.9.2013

Carroll, Raymond J./ Ruppert, David (1988): Transformation and weighting in regression, New York: Chapman and Hall.

Cheema, Jehanzeb R. (2014): A Review of Missing Data Handling Methods in Education Research, Review of Educational Research, Vol. 84 (4), S. 487-508.

Ciari, Francesco/ Bock, Benno/ Balmer, Michael (2014): Modeling Station-based and Free-floating Carsharing Demand: A Test Case Study for Berlin, Germany, 93rd Annual Meeting Transportation Research Board.

Cleveland, William S. (1979): Robust locally weighted regression and smoothing scatterplots, Journal of the American Statistical Association, Vol. 74 (368), S. 829-836.

Cook, R. Dennis/ Weisberg, Sanford (1983): Diagnostics for heteroskedasticity in regression, Biometrika, Vol. 70 (1), S. 1-10.

Cook, R. Dennis/ Weisberg, Sanford (1999): Applied regression including computing and graphics, New York: Wiley.

Cooper, Gigi/ Howes, Deborah/ Mye, Peter (2000): The Missing Link: An Evaluation of CarSharing Portland Inc., Portland, Oregon, Oregon Department of Environmental Quality and CarSharing, Portland, OR, USA.

Cortina, Jose M. (1993): What is Coefficient Alpha? An Examination of Theory and Applications, Journal of Applied Psychology, Vol. 78 (1), S. 98-104.

Diekmann, Andreas (2008): Empirische Sozialforschung. Grundlagen Methoden Anwendungen, Reinbek: rowohlts enzyklopädie.

Doll, Nikolaus (2011): Jugendliche verlieren die Lust am Automobil.
http://www.welt.de/wirtschaft/article12755938/Jugendliche-verlieren-die-Lust-am-Automobil.html
Abruf: 11.11.2013

Draper, Norman R./ Smith Harry (1981): Applied regression analysis, New York: Wiley.

Dufour, Jean-Marie/ Farhat, Abdeljelil/ Gardiol, Lucien/ Khalaf, Lynda (1998): Simulation-based finite sample normality tests in linear regressions, Econometrics Journal, Vol. 1 (1), S. 155-173.

Eckhardt, Carl Friedrich (2006): Marktchancen innovativer Verkehrsangebote im Personenverkehr von Ballungsräumen, S. 91-111, In: Institut für Mobilitätsforschung (Hrsg.): Öffentlicher Personennahverkehr – Herausforderungen und Chancen, Berlin.

Efthymiou, Dimitrios/ Antoniou, Constantions/ Waddell, Paul (2013): Factors affecting the adoption of vehicle sharing systems by young drivers, Transport Policy, Vol. 29, S. 64-73.

European Union Council of Ministers of Transport (2001): Strategy for Integrating Environment and Sustainable Development into the Transport Policy, Brüssel: Council Resolution-2340th Council Meeting, Presse 131, Nr. 7587/01. http://corporate.skynet.be/sustainablefreight/trans-counci-conclusion-05-04-01.htm Abruf: 8.5.2014

Felson, Marcus/ Spaeth, Joe L. (1978): Community Structure and Collaborative Consumption. A Routine Activity Approach, American Behavioral Scientist, Vol. 21 (4), S. 614-634.

Fishbein, Martin/ Ajzen, Icek (2010): Predicting and changing behavior: the reasoned action approach, New York: Psychology Press.

Firnkorn, Jörg/ Müller, Martin (2011): What will be the environmental effects of new free-floating car-sharing systems? The case of car2go in Ulm, Ecological Economics, Vol. 70 (8), S. 1519-1528.

Firnkorn, Jörg/ Müller, Martin (2012): Selling Mobility instead of Cars: New Business Strategies of Automakers and the Impact on Private Vehicle Holding, Business Strategy and the Environment, Vol. 21 (4), S. 264-280.

Firnkorn, Jörg/ Müller, Martin (2015): Free-floating electric carsharing-fleets in smart cities: The dawning of post-private car era in urban environments?, Environmental Science & Policy, Vol. 45, S. 30-40.

Flade, Antje/ Hacke, Ulrike / Lohmann, Günter (2001): Die Bedeutung des Fahrrads für Jugendliche und deren Zukunftsvorstellungen zur Fahrradnutzung, S. 67-116, In: Flade, Antje/ Bamberger, Sebastian (Hrsg.): Ansätze zur Erklärung und Beeinflussung des Mobilitätsverhalten, Darmstadt: Institut Wohnen und Umwelt.

Flade, Antje/ Wullkopf, Uwe (2002): Theorien und Modelle zur Verkehrsmittelwahl, Darmstadt: Institut Wohnen und Umwelt.

Franzen, Axel (1997): Umweltsoziologie und Rational Choice: Das Beispiel Verkehrsmittelwahl, Umweltpsychologie, Vol. 1 (2), S. 40-51.

French, David P./ Hankins, Matthew (2003): The expectancy-value muddle in the theory of planned behaviour – and some proposed solutions, British Journal of Health Psychology, Vol. 8 (1), S. 37-55.

Füssl, Elisabeth/ Oberlader, Manuel/ Seisser, Odilo/ Risser, Alexander/ Risser, Ralf (2013): Heute die Jugend, morgen die ganze Welt – nachhaltige Fortbewegung langfristig fördern, REAL CORP 2013 Tagungsband, S. 1213-1217.

Giles Melanie/ McClenahan Carol/ Cairns Ed/ Mallet John (2004): An application of the Theory of Planned Behaviour to blood donation: the importance of self-efficacy, Health Education Research, Vol. 19 (4), S. 380-391.

Gipper, Angelika (2008): Die Verkehrsentwicklung in Deutschland und deren Auswirkungen
auf die Infrastruktur.
http://www.ise.kit.edu/rd_download/SBT/Kolloquium_SBT_08-11_A._Gipper.pdf
Abruf: 24.6.2013

Glotz-Richter, Michael (2012): Car-Sharing – "Car-on-call" for reclaiming street space, Procedia – Social and Behavioral Sciences, Vol. 48, S. 1454-1463.

Gossen, Maike (2012): Nutzen statt Besitzen. Motive und Potenziale der internetgestützten gemeinsamen Nutzung am Beispiel der Peer-to-Peer Car-Sharing.
http://www.ioew.de/uploads/tx_ukioewdb/IOEW_SR_202_Nutzen_statt_Besitzen.p
df
Abruf: 27.8.2013

Götz, Konrad (2011): Nachhaltige Mobilität, S. 325-347, In: Groß, Matthias (Hrsg.): Handbuch Umweltsoziologie, Wiesbaden: VS Verlag für Sozialwissenschaften.

Götz, Konrad/ Loose, Willi/ Schmied, Martin/ Schubert, Steffi (2003): Mobilitätsstile in der Freizeit. Minderung der Umweltbelastungen des Freizeit- und Tourismusverkehrs. Umweltbundesamt UBA Berichte Nr. 2/03. Berlin: Erich Schmidt Verlag.

Graham, John W. (2009): Missing Data Analysis: Making It Work in the Real World, Annual Review of Psychology, Vol. 60 (1), S. 549-576.

Graham, John W./ Cumsille, Patrico E./ Elek-Fisk, Elvira (2003): Methods for handling missing data, S. 87-114, In: Schinka, John A./ Velicer, Wayne F. (Hrsg.): Handbook of psychology: Research methods in psychology, New York: John Wiley & Sons.

Grischkat, Sylvie/Hunecke, Marcel/Böhler, Susanne (2014): Potential for the reduction of greenhouse gas emissions through the use of mobility services, Transport Policy, Vol. 35, S. 295-303.

Groß, Sven T. (1999): Mobilitätsverhalten von Jugendlichen. Folgen der Verkehrssozialisation, in: Internationales Verkehrswesen 51 (5), S. 180-183.

Grüner, Hans (2014): Tutorial: Regressionsanalyse IV – Überprüfung der Modellannahmen.
http://gruener.userpage.fu-berlin.de/tutorials/regressionsanalyse_IV.htm
Abruf: 9.9.2014

Haefeli, Ueli/ Matti, Daniel/ Schreyer, Christoph/ Maibach, Markus (2006): Evaluation Car-Sharing. Federal Department of the Environment, Transport, Energy and Communications, Bern.

Han, Heesup/ Hsu Liz-Tzang/ Sheu, Chwen (2010): Application of the Theory of Planned Behavior to green hotel choice: Testing the effect of environmental friendly activities, Tourism Management, Vol. 31 (3), S. 325-334.

Harding, Jochen (2013): Aktuelle Entwicklungen im Bereich Carsharing – Fluch oder
Segen für Verkehrsbetriebe, Straßenverkehrstechnik, Vol. 57 (4), S. 222-227.

Harms, Sylvia (2003): Besitzen oder Teilen. Sozialwissenschaftliche Analyse des Car Sharings. Zürich: Verlag Rüegger.

Hauff, Volker (1987): Unsere gemeinsame Zukunft. Der Bericht der Weltkommission für Umwelt und Entwicklung (Brundtland-Bericht), Greven: Eggenkamp.

Haustein, Sonja/ Hunecke, Marcel (2007): Reduced use of environmentally friendly modes of transportation caused by perceived mobility necessities: an extension of the theory of planned behavior, Journal of Applied Social Psychology, Vol. 37 (8), S. 1856-1883.

Haustein, Sonja/ Klöckner, Christian/ Blöbaum, Anke (2009): Car use of young adults: The role of travel socialization, Transportation Research Part F: Traffic Psychology and Behavior, Vol. 12 (2), S. 168-178.

Hawthorne, Graeme/ Elliott, Peter (2005): Imputing cross-sectional missing data: comparison of common techniques, Australian and New Zealand Journal of Psychiatry, Vol. 39 (7), S. 583-590.

Hayes, Andrew/ Cai, Li (2007): Using heteroskedasticity-consistent standard error estimators in OLS regression: An introduction and software implementation, Behavior Research Methods, Vol. *39* (4), S. 709-722.

Heath, Yuko / Gifford, Robert (2002): Extending the theory of planned behavior: prediction the use of public transportation, Journal of Applied Social Psychology, Vol. 32 (10), S. 2154-2189.

Heinrich Böll Stiftung (2012): Nutzen statt Besitzen – auf dem Weg zu einer ressourcenschonenden Konsumkultur.
http://www.boell.de/downloads/Endf_NutzenStattBesitzen_web.pdf
Abruf: 4.6.2013

Heinrichs, Harald/ Grunenberg, Heiko (2012): Sharing Economy, Auf dem Weg in eine neue Konsumkultur?
http://pure.leuphana.de/ws/files/3881633/Heinrichs_Grunenberg_Sharing_Economy.pdf
Abruf: 4.6.2013

Helms, Hinrich/ Jöhrens, Julius/ Hanusch, Jan/ Höpfner, Ulrich/ Lambrecht, U-do/ Pehnt, Martin (2012): UMBReLA Umweltbilanzen Elektromobilität
http://www.erneuerbar-mobil.de/projekte/foerderprojekte-aus-dem-konjunkturpaket-ii-2009-2011/begleitforschung/dokumente-downloads/ErgebnisberichtUMBReLAIFEUfinal.pdf
Abruf: 1.10.2013

Hillmann, Karl-Heinz (2007): Wörterbuch der Soziologie, Stuttgart: Alfred Kröner Verlag.

Hinkley, David V. (1977): Jackknifing in unbalanced situations, Technometrics, Vol. 19 (3), S. 285-292.

Hirschl, Bernd/ Konrad, Wilfried/ Scholl, Gerd/ Zundel, Stefan (2001): Nachhaltige Produktnutzung. Sozial-ökonomische Bedingungen und ökologische Vorteile alternativer Konsumformen, Berlin: edition sigma.

Holtappels, Heinz G./ Hugo, Heinz-Rüdiger/ Malinowski, Peter (1990): Wie umweltbewusst sind Schüler? Ergebnisse einer Befragung von Schülern der Sekundarstufe I über ihr Verhalten, ihre Einstellungen und ihr Problembewusstsein zum Umweltschutz, Die deutsche Schule, Vol. 82, S. 224-235.

Hunecke, Marcel (2000a): Ökologische Verantwortung, Lebensstile und Umweltverhalten, Heidelberg/Kröning: Asanger.

Hunecke, Marcel (2000b): Lebensstile, Mobilitätsstile und mobilitätsbezogene Handlungsmodelle – Forschungsstrategien zur Analyse der personenbezogenen Mobilität, S. 30-39, In: Institut für Landes- und Stadtentwicklung des Landes Nordrhein-Westfalen (Hrsg.): U.Move Jugend und Mobilität, Dortmund: Joussen +Grocke.

Hunecke, Marcel (2002): Umweltbewusstsein, symbolische Bewertung der Mobilität und Mobilitätsverhalten, S. 47-63, In: Hunecke, Marcel/Tully, Claus J./ Bäumer, Doris (Hrsg.): Mobilität von Jugendlichen. Psychologische, soziologische und umweltbezogene Ergebnisse und Gestaltungsempfehlungen, Opladen: Leske + Budrich.

Hunecke, Marcel (2006): Zwischen Wollen und Müssen. Ansatzpunkte zur Veränderung der Verkehrsmittelnutzung, Technikfolgenabschätzung – Theorie und Praxis, Vol. 15 (3), S. 31-37.

Hunecke, Marcel/ Matthies, Ellen / Blöbaum, Anke/ Höger, Rainer (1999): Die Umsetzung einer persönlichen Norm in umweltverantwortliches Handeln. Ansätze zur Reduktion des motorisierten Individualverkehrs in einer Kleinstadt, Umweltpsychologie, Vol. 3 (2), S. 10-22.

Hunecke, Marcel/ Blöbaum, Anke/ Matthies, Ellen/ Höger, Rainer (2001): Responsibility and environment. Ecological Norm Orientation and External Factors in the Domain of Travel Mode Choice Behavior, Environment and Behavior, Vol. 33 (6), S. 830-852.

Hunecke, Marcel/ Tully, Claus J./ Rabe, Sebastian (2002): Mobilität von Jugendlichen und jungen Erwachsenen, S. 209-221, In: Hunecke, Marcel/Tully, Claus J./ Bäumer, Doris (Hrsg.): Mobilität von Jugendlichen. Psychologische, soziologische und umweltbezogene Ergebnisse und Gestaltungsempfehlungen, Opladen: Leske + Budrich.

Hunecke, Marcel/ Schubert, Steffi/ Zinn, Frank (2005): Mobilitätsbedürfnisse und Verkehrsmittelwahl im Nahverkehr. Ein einstellungsbasierter Zielgruppenansatz, Internationales Verkehrswesen, Vol. 57 (1), S. 26-33.

Hunecke, Marcel/ Haustein, Sonja/ Grischkat, Sylvie/ Böhler, Susanne (2007): Psychological, sociodemographic, and infrastructural factors as determinants of ecological impact caused by mobility behavior, Journal of Environmental Psychology, Vol. 27 (4), S. 277-292.

Infas/DLR (2010): Mobilität in Deutschland 2008, Bonn/Berlin.

Institut für Mobilitätsforschung (2011): Mobilität junger Menschen im Wandel – multimodaler und weiblicher.
http://www.ifmo.de/tl_files/publications_content/2011/ifmo_2011_Mobilitaet_jung er_Menschen_de.pdf
Abruf: 6.6.2013

Jacoby, William G. (2000): Loess: a nonparametric, graphical tool for depicting relationships between variables, Electoral Studies, Vol. 19 (4), S. 577-613.

Kähler, Wolf-Michael (2006): Statistische Datenanalyse. Verfahren verstehen und mit SPSS gekonnt einsetzen, Wiesbaden: vieweg.

Katzev, Richard (2003): Car sharing: A new approach to urban transportation problems, Analyses of Social Issues and Public Policy, Vol. 3 (1), 65-86.

Kent, Jennifer L./ Dowling, Robyn (2013): Puncturing automobility? Carsharing practices, Journal of Transport Geography, Vol. 32, S. 86-92.

Klocke, Ulrich (2002): Die Schattenseiten der Mobilität: Wahrnehmungen, Einstellungen und Lösungsvorschläge zur Umweltproblematik und deren Zusammenhang zu Technikeinstellungen, S. 387-423, In: Scholl, Wolfgang/ Sydow, Hubert (Hrsg.): Mobilität im Jugend- und Erwachsenenalter, Münster: Waxmann Verlag.

Klöckner, Christian (2002): Altersabhängigkeit der Mobilitätsstile, S. 130-139, In: Hunecke, Marcel/ Tully, Claus J./ Bäumer, Doris (Hrsg.): Mobilität von Jugendlichen. Psycholigische, soziologische und umweltbezogene Ergebnisse und Gestaltungsempfehlungen, Opladen: Leske + Budrich.

Krietemeyer, Hartmut (1997): Auswirkungen von Carsharing auf die Nachfrage nach ÖPNV-Leistungen, Der Nahverkehr, Vol. 15 (9), S. 14-20.

Krietemeyer, Hartmut (2003): Effekte der Kooperation von Verbund und Car-Sharing-Organisation. Ergebnisse einer repräsentativen Wiederholungsuntersuchung des Münchener Verkehrs- und Tarifverbundes, Der Nahverkehr, Vol. 21 (9), S. 31-39.

Krietemeyer, Hartmut (2012): Effekte einer langjährigen Marketing-Kooperation zwischen dem Münchener Verkehrs- und Tarifverbund (MVV) und der Car-Sharing-Organisation STATTAUTO München, S. 99-116, In: Loose, Willi/Glotz-Richter, Michael (Hrsg.): Car-Sharing und ÖPNV: Entlastungspotenziale durch vernetzte Angebote, Köln.

Krizak, Rebecca (2014): Das eigene Auto wird zum Auslaufmodell. http://www.welt.de/regionales/bayern/article131693747/Das-eigene-Auto-wird-zum-Auslaufmodell.html Abruf: 6.3.2015

Kubitzki, Jörg (2014): Jung und urban. Sicherheit und Mobilität 18-24-Jähriger im motorisierten Straßenverkehr. https://www.allianz.at/v_1413212006000/privatkunden/media-newsroom/news/aktuelle-news/pa-download/20141014allianz-autotag-2014-studie-jung_und_urban-vfinal.pdf Abruf: 30.10.2014

Kuhnimhof, Tobias/ Armoogum, Jimmy/ Buehler, Ralph/ Dargay, Joyce/ Denstadli, Jon Martin/ Yamamoto, Toshiyuki (2012): Men Shape a Downward Trend in Car Use among Young Adults – Evidence from Six Industrialized Countries, Transport Reviews, Vol. 32 (6), S. 761-779.

Lappe, Lothar/ Tully, Claus J./ Wahler, Peter (2000): Das Umweltbewußtsein von Jugendlichen. Eine qualitative Befragung Auszubildender, München: DJI Verlag Deutsches Jugendinstitut.

Line, Tilly/ Chatterjee, Kiron/ Lyons, Glenn (2010): The travel behaviour intentions of young people in the context of climate change, Journal of Transport Geography, Vol. 18 (2), S. 238-246.

Litman, Todd (2007): Evaluating Carsharing Benefits, Transportation Research Record: Journal of the Transportation Research Board, Vol. 1702 (1), S. 31-35.

Little Roderick (1988): A test for missing completely at random for multivariate data with missing values, Journal of the American Statistical Association, Vol. 83 (404), S. 1198-1202.

Long, J. Scott/ Ervin, Laurie H. (2000): Using heteroskedasticity consistent standard errors in the linear regression model, American Statistician, Vol. 54 (3), S. 217-224.

Loose, Willi (2009): Nutzen – Carsharing als stadtverträgliche Mobilität, S. 134-143, In: Christ, Wolfgang (Hrsg.): Access für All – Zugänge zur gebauten Umwelt, Basel: Birkhäuser Verlag.

Loose, Willi (2010): Aktueller Stand des Car-Sharing in Europa, Endbericht D 2.4 Arbeitspaket 2, Bundesverband CarSharing e.V.
http://www.carsharing.de/images/stories/pdf_dateien/wp2_endbericht_deutsch_final_4.pdf
Abruf: 27.8.2013

Lüdtke, Oliver/ Robitzsch, Alexander/ Trautwein, Ulrich/ Köller, Olaf (2007): Umgang mit fehlenden Werten in der psychologischen Forschung. Probleme und Lösungen, Psychologische Rundschau, Vol. 58 (2), S. 103-117.

Martin, Elliot/ Shaheen, Susan A./ Lidicker, Jeffrey (2010): Carsharing's Impact on Household Vehicle Holdings: Results from a North American Shared-Use Vehicle Survey. Institute of Transportation Studies, University of California, Davis.Research Report UCD-ITSRR-10-05.

Ministerium für Umwelt und Verkehr Baden-Württemberg (1996): „Nutzen statt Besitzen" Mieten, Teilen, Leihen von Gütern. Ein Zukunftsmodell?, Heft 47, Verbraucherzentrale Baden-Württemberg e.V.: Stuttgart.

Muheim, Peter (1998): CarSharing – der Schlüssel zur kombinierten Mobilität.
http://www.clubderautofreien.ch/media/dokumente/literatur/carsharing-ua/petermuheim98.pdf
Abruf: 17.12.2014

Nefzger, Andreas (2013): Moderne Konsumgesellschaft: Leihen ist das neue Kaufen.
http://www.faz.net/aktuell/rhein-main/moderne-konsumgesellschaft-leihen-ist-das-neue-kaufen-12136454.html
Abruf: 11.11.2013

Newton, Joshua D./ Ewing, Michael T./ Burney, Sue/ Hay, Margaret (2012): Resolving the theory of planned behaviour's 'expectancy-value muddle' using dimensional salience, Psychology and Health, Vol. 27 (5), S. 588-602.

Ng, Marie/ Wilcox, Rand R. (2011): A comparison of two-stage procedures for testing least-squares coefficients under heteroskedasticity, British Journal of Mathematical and Statistical Psychology, Vol. 64 (2), S. 244-258.

Öko-Insititut e.V. (Hrsg.) (2011): Autos unter Strom, Berlin.
http://www.oeko.de/oekodoc/1283/2011-413-de.pdf
Abruf: 4.9.2013

Orth, Bernhard (1987): Theorie und Methode. Formale Untersuchungen des Modells von Fishbein und Ajzen zur Einstellungs-Verhaltensbeziehung: I. Bedeutsamkeit und erforderliches Skalenniveau, Zeitschrift für Sozialpsychologie, Vol. 18 (1), S. 152-159.

Otis, Joanne/ Godin, Gaston/ Lambert, Jean (1996): AIDS prevention: Intentions of high school students to use condoms, S. 69-100, In: Otis, Joanne/ Godin, Gaston/ Lambert, Jean (Hrsg.):Advances in health education, New York: AMS Press.

Parker, Dianne/ Manstead, Antony S.R./Stradling, Stephen G./ Reason, James T. (1992): Intention to Commit Driving Violations: An Application of the Theory of Planned Behavior, Journal of Applied Psychology, Vol.77 (1), S. 94-101.

Peters, Anja/ Doll, Claus/ Kley, Fabian/ Plötz, Patrick/ Sauer, Andreas/ Schade, Wolfgang/ Thielmann, Axel/ Wietschel, Martin/ Zanker, Christoph (2012): Konzept der Elektromobilität und deren Bedeutung für Wirtschaft, Gesellschaft und Umwelt
http://www.tab-beim-bundestag.de/de/pdf/publikationen/berichte/TAB-Arbeitsbericht-ab153.pdf
Abruf: 1.10.2013

Peugh, James L./ Enders, Craig K. (2004): Missing Data Educational Research: A Review of Reporting Practices and Suggestions for Improvement, Review of Educational Research, Vol. 74 (4), S. 525-556.

Pospeschill, Markus (2010): SPSS. Durchführung fortgeschrittener statistischer Analysen, Hannover: RRZN.

Progenium (2010): Auto ohne Status.
http://www.progenium.com/Publikationen/DE/data/upload/publikation/PROGENIUM_Auswertung_Auto-ohne-1347877253.pdf
Abruf: 2.10.2013

Progenium (2011): Pressemitteilung. Auto nicht mehr Wunschobjekt der Deutschen.
http://www.progenium.com/Publikationen/DE/data/upload/publikation/1347872477.pdfAbruf: 2.10.2013

Pryce, Gwilym/ Garcia-Granero, Marta (2002): Breusch-Pagan & Koenker Test Macro.
http://www.spsstools.net/Syntax/RegressionRepeatedMeasure/Breusch-PaganAndKoenkerTest.txt
Abruf: 9.9.2014.

Przyborski, Aglaja/ Wohlrab-Sahr, Monika (2008): Qualitative Sozialforschung. Ein Arbeitsbuch, München: Oldenbourg Wissenschaftsverlag.

Raab-Steiner, Elisabeth/ Benesch, Michael (2012): Der Fragebogen. Von der Forschungsidee zur SPSS-Auswertung, Wien: facultas wuv.

Rogall, Holger (2009): Nachhaltige Ökonomie. Ökonomische Theorie und Praxis einer Nachhaltigen Entwicklung, Marburg: Metropolis-Verlag.

Rosopa, Patrick J./ Schaffer, Meline M./ Schroeder, Amber N. (2013): Managing Heteroskedasticity in General Linear Models, Psychological Methods, Vol. 18 (3), S. 335-351.

Rubin, Donald B. (1976): Inference and missing data, Biometrika, Vol. 63 (3), S. 581-592.

Rubin, Donald B. (1996): Multiple Imputation After 18+ Years, Journal of American Statistical Association, Vol. 91 (434), S. 473-489.

Rust, Holger (2011): Das kleine Schwarze. Jugendliche Autoträume als Herausforderung für das Zukunftsmanagement, Wiesbaden: VS Verlag.

Sandqvist, Karin (2002): How does a family car matter? Leisure, travel & attitudes of adolescents in inner city Stockholm, World Transport, Policy & Practice, Vol. 8 (1), S. 11-18.

Schaefers, Tobias (2013): Exploring Carsharing usage motives: A hierarchical means-end chain analysis, Transportation Research Part A, Vol. 47, S. 69-77.

Schäfers, Bernhard (1998): Soziologie des Jugendalters, Opladen: Leske + Budrich.

Schafer, Joseph L./ Graham, John W. (2002): Missing Data: Our View of the State of the Art, Psychological Methods Vol. 7 (2), S. 147-177.

Scheer, August-Wilhelm (2009): Webcity – Wie das Internet unser Leben prägt. Berlin: BITKOM Bundesverband Informationswirtschaft, Telekommunikation und neue Medien e.V.

Schmöller, Stefan/ Bogenberger, Klaus (2014): Analyzing External Factors on the Spatial and Temporal Demand of Car Sharing Systems, Procedia – Social and Behavioral Sciences, Vol. 111 (5), S. 8-17.

Scholl, Wolfgang (2002): Verkehrsmittelnutzung: Jugendliche im Übergang zu Erwachsenenalter, S. 173-249, In: Scholl, Wolfgang/ Sydow, Hubert (Hrsg.): Mobilität im Jugend- und Erwachsenenalter, Münster: Waxmann Verlag.

Scholl, Gerd (2009): Marketing nachhaltiger Dienstleistungen. Bedingungen der Übernahme und Empfehlungen zur Vermarktung von eigentumsersetzenden Konsumpraktiken, Marburg: Metropolis Verlag.

Scholl, Gerd (2012): Nutzen statt besitzen. Eine ressourcenleichte Konsumkultur, S. 92-96, In: politische Ökologie (Band 129): Rohstoffquelle Abfall. Wie aus Müll Produkte von morgen werden, München: oekom.

Scholl, Gerd/ Schulz, Lasse/ Süßbauer, Elisabeth/ Otto, Siegmar (2010): Nutzen statt Besitzen – Perspektiven für ressourceneffizienten Konsum durch innovative Dienstleistungen.
http://ressourcen.wupperinst.org/downloads/MaRess_AP12_4.pdf
Abruf: 6.6.2013

Scholl, Gerd/ Gossen, Maike/ Grubbe, Magnus/Brumbauer, Tanja (2013): Alternative Nutzungskonzepte – Sharing, Leasing und Wiederverwendung
http://www.ioew.de/uploads/tx_ukioewdb/PoLRess_ZB_AP2-Vertiefungsanalyse_alternative_Nutzungskonzepte.pdf
Abruf: 6.6.2013

Schönduwe, Robert/ Bock, Benno/ Deibel, Inga (2012): Alles wie immer, nur irgendwie anders? Trends und Thesen zu veränderten Mobilitätsmustern junger Menschen. Berlin: Innovationszentrum für Mobilität und gesellschaftlichen Wandel (InnoZ) GmbH.

Schulz, Ulrike (2002): Betrachtung der ermittelten Mobilitätstypen im Hinblick auf Stadt und Land, S. 103-110,in: Hunecke, Marcel/ Tully, Claus J./ Bäumer, Doris (Hrsg.): Mobilität von Jugendlichen. Psychologische, soziologische und umweltbezogene Ergebnisse und Gestaltungsempfehlungen, Opladen: Leske + Budrich.

Schwartz, Shalom H. (1977): Normative influences on altruism, S. 221-279, In: Berkowitz, Leonard (Hrsg.): Advances inexperimental social psychology, Band 10, San Diego: Academic Press.

Shaheen, Susan/Cohen, Adam/Roberts, Darius (2006): Carsharing in North America: Market Growth, Current Developments, and Future Potential, Transportation Research Record: Journal of the Transportation Research Board, Vol. 1986 (1), S. 116-124.

Shaheen, Susan A./ Cohen, Adam P. (2007): Growth in Worldwide Carsharing. An International Comparison, Transportation Research Record: Journal of the Transportation Research Board, Vol. 1992, S. 81-89.

Shaheen, Susan A./ Cohen, Adam P./ Chung, Melissa S. (2009): North American Carsharing 10-Years Retrospective, Transportation Research Record: Journal of the Transportation Research Board, Vol. 2110, S. 35-44.

Shaheen, Susan A./ Mallery, Mark A./ Kingsley, Karla J. (2012): Personal vehicle sharing services in North America, Research in Transportation Business & Management, Vol. 3, S. 71-81.

Shaheen, Susan A./ Cohen, Adam P. (2013): Carsharing and Personal Vehicle Services: Worldwide Market Developments and Emerging Trends, International Journal of Sustainable Transportation, Vol. 7, S. 5-34.

Shell Deutschland Holding (2011): Jugend 2010 Eine pragmatische Generation behauptet sich, Hamburg: Fischer Taschenbuch Verlag.

Sivak, Michael/ Schoettle, Brandon (2011): Recent changes in the age composition of U.S. drivers: Implications for the extent, safety, and environmental consequences of personal transportation, Traffic Injury Prevention, Vol. 12 (6), S. 588-592.

Sivak, Michael/ Schoettle, Brandon (2013): The reasons for the recent decline in young driver licensing in the U.S.
http://deepblue.lib.umich.edu/bitstream/handle/2027.42/99124/102951.pdf?sequenc
e=1
Abruf: 30.8.2013

Stasko, Timon H./ Buck, Andrew B./ Gao, H. Oliver (2013): Carsharing in a university setting: Impacts demand, and mobility in Ithaca, NY, Transport Policy, Vol. 30, S. 262-268.

Statista (2014): Altersstruktur der Bevölkerung in Deutschland zum 31.Dezember 2013.
http://de.statista.com/statistik/daten/studie/1351/umfrage/altersstruktur-der-
bevoelkerung-deutschlands/
Abruf: 21.11.2014

Statistisches Bundesamt (2014a): Bevölkerung nach Migrationshintergrund.
https://www.destatis.de/DE/ZahlenFakten/GesellschaftStaat/Bevoelkerung/Migratio
nIntegration/Migrationshintergrund/Tabellen/MigrationshintergrundAlter.html
Abruf: 15.8.2014

Statistisches Bundesamt (2014b): Bevölkerung (Zensus): Bundesländer, Stichtag, Geschlecht, Altersgruppen, Stand 09.05.2011.
https://www-genesis.destatis.de/genesis/online;jsessionid=3001CEB6E62A
DDAE1ABB5999B4F8F1F1.tomcat_GO_1_2?operation=previous&levelindex=2&
levelid=1430648597806&step=2
Abruf: 21.11.2014

Statistisches Bundesamt (2014c): Verkehr.
https://www.destatis.de/DE/Publikationen/Thematisch/TransportVerkehr/Querschni
tt/VerkehrAktuellPDF_2080110.pdf?__blob=publicationFile
Abruf: 8.12.2014

Steding, Dirk/ Herrmann, Annett/ Lange, Manfred (2004): Carsharing – sozialinnovativ und kulturell selektiv? Möglichkeiten und Grenzen einer nachhaltigen Mobilität. Zentrum für Umweltforschung der Westfälischen Wilhelms-Universität Münster, UFO-Berichte, Band 3.

Steg, Linda (2005): Car use: lust and must. Instrumental, symbolic and affective motives for car use, Transportation Research Part A: Policy and Practice, Vol. 39 (2-3), S. 147-162.

Steg, Linda/ Vlek, Charles/ Slotegraaf, Goos (2001): Instrumental-reasoned and symbolic-affective motives for using a motor car, Transportation Research Part F: Trafic Psychology and Behaviour, Vol. 4 (3), S. 151-169.

Suiker, Stephan/ van den Elshout, Jos (2013): Effectmeting introductie Car2Go in Amsterdam.
http://nationaalverkeerskundecongres.nl/Uploads/2013/9/NVC-2013-4.2.52-Stephan-Suiker-ea-Tussenevaluatie-Car2Go-Amsterdam.pdf
Abruf: 28.10.2014

Szagun, Gisela/ Mesenholl, Elke/ Jelen, Martina (1994): Umweltbewusstsein bei Jugendlichen. Emotionale, handlungsbezogene und ethische Aspekte, Frankfurt am Main: P. Lang Verlag.

Tegtmeier, Silke (2006): Erklärung der individuellen Existenzgründungsabsicht: die „Theory of Planned Behavior" als sozialpsychologisches Modell im Gründungskontext, Diskussionspapier Nr.1.
http://www.gmlg.de/fileadmin/redakteur_uploads/Diskussionspapiere/Nr1_Tegtmeier.pdf
Abruf: 17.3.2014

Terporten, Michael/ Bialdyga, Dorothee/ Planing, Patrick (2012): Veränderte Kundenwünsche als Chance zur Differenzierung, S. 367-382, In: Proff, Heike/ Schönharting, Jörg/ Schramm, Dieter/ Ziegler, Jürgen (Hrsg.): Zukünftige Entwicklungen in der Mobilität - Betriebswirtschaftliche und technische Aspekte, Wiesbaden: Springer Gabler.

Thomas, Reena Anne Elizabeth (2007): The social travel patterns of youth and young adults.
https://circle.ubc.ca/handle/2429/32364
Abruf: 28.5.2013.

Trautner, Hanns Martin (1992): Lehrbuch der Entwicklungspsychologie Band 1: Grundlagen und Methoden, Göttingen: Hogrefe, Verlag für Psychologie.

Tully, Claus. J. (1998): Rot, cool und was unter der Haube. Jugendliche und ihr Verhältnis zur Umwelt – Eine Jugendstudie, München: Olzog Verlag.

Tully, Claus J. (2002): Bewegte Jugend – kommunikativ und mobil. Ein Kommentar aus jugendsoziologischer Sicht, S. 13-37. In: Hunecke, Marcel/Tully, Claus J./ Bäumer, Doris (Hrsg.): Mobilität von Jugendlichen. Psychologische, soziologische und umweltbezogene Ergebnisse und Gestaltungsempfehlungen, Opladen: Leske + Budrich.

Tully, Claus J./ Wahler, Peter (1999): Umweltbewußt und mobil – Wie Jugendliche Verkehr und Umwelt sehen, S. 183-204, In: Tully, Claus J.(Hrsg.): Erziehung zur Mobilität. Jugendliche in der automobilen Gesellschaft, Frankfurt/New York: Campus Verlag.

Tully, Claus J./ Baier, Dirk (2006): Mobiler Alltag: Mobilität zwischen Option und Zwang – Vom Zusammenspiel biografischer Motive und sozialer Vorgaben, Wiesbaden: VS Verlag für Sozialwissenschaften.

TÜVRheinland (2015): CarSharing in Deutschland – Modeerscheinung oder Herausforderung für die Branche?
http://www.tuv.com/de/deutschland/ueber_uns/presse/meldungen/newspdfde_2306 66.jsp
Abruf: 20.1.2015

Umweltbundesamt (2010): Umweltbewusstsein in Deutschland 2010. Ergebnisse einer repräsentativen Bevölkerungsumfrage. Vertiefungsbericht 3: Umweltbewusstsein und Umweltverhalten junger Erwachsener.
http://www.umweltdaten.de/publikationen/fpdf-l/4236.pdf
Abruf: 13.6.2013

Umweltbundesamt (2012): Daten zum Verkehr.
http://www.umweltdaten.de/publikationen/fpdf-l/4364.pdf
Abruf: 18.6.2013

Umweltbundesamt (2013): Umweltbewusstsein in Deutschland 2012. Ergebnisse einer repräsentativen Bevölkerungsumfrage.
http://www.bmu.de/fileadmin/Daten_BMU/Download_PDF/Umweltinformation_Bi ldung/4396.pdf
Abruf: 13.6.2013

Urban, Dieter/ Mayerl, Jochen (2011): Regressionsanalyse: Theorie, Technik und Anwendung, Wiesbaden: VS Verlag für Sozialwissenschaften.

Verplanken, Bas/ Aarts, Henk/ van Knippenberg, Ad (1997): Habit, information acquisition, and the process of making travel mode choices, European Journal of Social Psychology, Vol. 27 (5), S. 539-560.

Verplanken, Bas/ Aarts, Henk/ van Knippenberg, Ad/ Moonen, Anja (1998): Habit versus planned behaviour: A field experiment, British Journal of Social Psychology, Vol. 37 (1), S. 111-128.

Völklein, Marco (2013): Skepsis bei Anbietern klassischer Carsharing-Angebote.
http://www.sueddeutsche.de/auto/carsharing-fluch-einer-bestechenden-idee-1.1564601-2
Abruf: 5.8.2013

Wirtz, Markus (2004): Über das Problem fehlender Werte: Wie der Einfluss fehlender Informationen auf Analyseergebnisse entdeckt und reduziert werden kann, Rehabilitation Vol. 43 (2), S. 109-115.

Witzke, Sarah/ Meier-Berberich, Jörn (2015): ÖPNV und Carsharing: Ergänzung oder Substitution, Erste Marktforschungsergebnisse zu diesem Thema im Rahmen des Projekts Stuttgart Services, Der Nahverkehr, Vol. 33 (4), S. 12-15.

Wuttke, Joachim (2008): Erhöhter Dokumentationsbedarf bei Imputation fehlender Daten. Anmerkungen zu Lüdtke, Robitzsch, Trautwein und Köller, Psychologische Rundschau 58 (2), 103–117, Psychologische Rundschau, Vol. 59 (3), S. 178-179.

Young, William / Weckman, Gary/ Holland William (2011): A survey of methodologies for the treatment of missing values within datasets: Limitations and benefits, Theoretical Issues in Ergonomics Science, Vol. 12 (1), S. 15-43.

Zimmermann, Gunter E. (1998): Räumliche Mobilität, S. 514-524 In: Schäfers, Bernhard/ Zapf, Wolfgang (Hrsg.): Handwörterbuch zur Gesellschaft Deutschlands, Opladen: Leske + Budrich.

14. Anhang

Anhang 1: Diskussionsleitfaden der qualitativen Vorstudie

Leitfadendiskussion: „Eigenes Auto-Nein Danke?!"	
Ziel	
Das Ziel der Gruppendiskussion ist es herauszuarbeiten, welche Einstellungen junge Verkehrsteilnehmer gegenüber dem ‚Nutzen statt Besitzen'-Konzept am Fallbeispiel Carsharing haben. Im Zentrum stehen hierbei die Vorstellungen zur sowohl gegenwärtigen als auch zukünftigen individuellen Automobilität der Befragten, sowie die Bedeutsamkeit und Notwendigkeit des eigenen Automobils. Zudem soll untersucht werden, was für die Befragten zentrale Treiber darstellen, um sich am Modell Carsharing zu beteiligen.	
Ablauf	
1. kurze Vorstellungsrunde [20 min.] 2. Thema Pkw-Führerschein und Pkw-Besitz [20 min.] 3. Aspekt Umweltbewusstsein im Hinblick auf den Bereich der Mobilität [20 min.] 4. Thema ‚Nutzen statt Besitzen' [20 min.] 5. Thema gemeinschaftliche Autonutzung (Carsharing) [30 min.]	

Vorstellungsrunde	✓
Kurze Vorstellung der einzelnen Teilnehmer (*Namen, Alter, aktuelle Tätigkeit, Wohnort, Führerscheinbesitz, Autobesitz, ...*)	
Insbesondere *hauptsächlich genutzte Verkehrsmittel*	
Warum werden diese bevorzugt genutzt?	
Zufriedenheit mit aktueller Mobilitätssituation	

Führerschein- und Pkw-Besitz	✓
Welche Gründe sprachen für euch dafür, den Pkw-Führerschein zu machen?	
Welche Gründe sprechen möglicherweise gegen den Erwerb des Führerscheins?	
Neben dem reinen Führerscheinbesitz stellt auch das eigene Auto für viele Jugendliche und junge Erwachsene eine große Bedeutung dar.	
Wie sieht das in eurem Fall aus? Ist der Besitz eines eigenen Autos von großer Bedeutsamkeit?	
Welchen Stellenwert besitzt ein eigener Pkw für eure eigene alltägliche Mobilität?	
Gibt es irgendwelche Dinge, die Ihr dem Besitz eines eigenen Autos vorziehen würdet?	

Umweltbewusstsein und individuelle Mobilität	✓
Wie umweltbewusst schätzt ihr euch selbst im Allgemeinen ein?	
Wie zeigt sich dieses Umweltbewusstsein in eurem Alltag?	
Besonders interessant: Spiegelt sich umweltbewusstes Verhalten in eurem Mobilitätsveralten wider? Versucht ihr bspw. auf die Nutzung des Pkws zu verzichten und nutzt als Alternative den ÖV, das Fahrrad oder geht zu Fuss?	
Es wird immer wieder über Verkehrs- und Umweltprobleme im Zusammenhang mit dem Auto diskutiert. Dabei fallen Schlagworte wie die Luftverschmutzung (CO_2-Emissionen), Lärm, Verkehrsinfarkt/ Dauerstau oder auch die Zerstörung von Lebensraum.	
Ist das eurer Ansicht nach berechtigt oder haltet ihr diese Diskussion für übertrieben?	
Um die Umweltbelastungen, die der motorisierte Verkehr mit sich bringt, eindämmen zu können, werden unterschiedlichste Positionen vertreten. Auf der einen Seite wird dafür plädiert, dass der Staat schärfere Gesetze und Grenzwerte bestimmen soll (Tempolimit auf Autobahnen, Benzinpreiserhöhung, Autobahngebühren, Fahrverbote, stärkere Förderung des ÖV) auf der anderen Seite soll die Industrie andere Fahrzeuge anbieten (z.b. 3-Liter-Auto, Elektromobilität). Andere plädieren wiederum dafür, dass die Konsumenten ihr Verhalten ändern sollten (z.b. mehr ÖPNV-Nutzung).	
Welcher Weg ist aus eurer Sicht am erfolgsversprechenden? Warum?	

‚Nutzen statt Besitzen'	✓
Vielleicht haben einige von euch bereits von dem Konzept ‚Nutzen statt Besitzen' oder auch gemeinschaftlicher Konsum von Gütern und Dienstleistungen gehört.	
Ganz allgemein: ‚ Nutzen statt Besitzen'-Konzepte verfolgen das Ziel, die Produktnutzung eines Gegenstandes zur verlängern und zu optimieren.	
Es sollen positive ökologische Effekte erzielt werden.	
Für uns als Verbraucher bedeutet das, dass wir ein bestimmtes Gut nutzen können, ohne das es direkt in unseren persönlichen Besitz übergeht.	
→ klassisches Beispiel: Bohrmaschine, die man aus einem Baumarkt leiht/ Ausleihen von Skiern für den Skiurlaub	
Für Verbraucher praktisch, da man Geld einsparen kann. Man bezahlt nicht den gesamten Produktpreis, sondern nur für die Zeit, in der man das Produkt auch genutzt hat. Auch die Pflege von solchen Produkten fällt beim gemeinschaftlichen Konsum weg. Das übernimmt dann der eigentliche Besitzer, bspw. der Baumarkt oder der Skiverleiher.	
Aus ökologischer Sichtweise spart diese Vorgehensweise zudem enorme Ressourcen ein. Es wird zum Beispiel eine Bohrmaschine	

produziert, die von vielen verschiedenen Personen verwendet werden kann und nicht viele verschiedene Bohrmaschinen, die bei jedem einzelnen im Keller liegen und ab und zu verwendet werden. Ist euch dieses Konzept ‚Nutzen statt Besitzen' bereits bekannt? Habt ihr bereits selbst einmal ein Gut oder eine Dienstleistung auf diese Art genutzt? Wenn ja welches genau? Wie steht Ihr diesem Konzept gegenüber? Hat es Zukunftspotential oder eher nicht? Wenn ja, warum bzw. wenn nein warum nicht?	

Carsharing	✔
Gemeinschaftliche Nutzung eines Pkws (Carsharing) ist ebenfalls eine typische Form des gemeinschaftlichen Konsums. *Geschäftsmodell ermöglicht dem Kunden mit einem beliebigen Fahrzeug zu fahren, ohne dass er ein Auto selbst kaufen und unterhalten muss. Bezahlt wird nur für die jeweilige Nutzungsdauer und/oder die gefahrenen Kilometer.* *Punkte die für diese gemeinschaftliche Nutzung sprechen:* *teils sehr hohen Kosten für die Anschaffung und Unterhaltung eines Pkws (z.B. Pkw-Steuer, Pkw-Versicherung, Benzin)* *sehr hohe ungenutzte Kapazitäten (durchschnittlicher Pkw in Deutschland wird bspw. eine Stunde am Tag bewegt und steht den Rest des Tages abgeparkt auf einem Parkplatz)* *In der Regel unterscheidet man zwei bzw. drei Systeme:* *a) klassische Carsharing-Anbietern* *Mitglieder können Autos an bestimmten Stelle abholen, das Auto für eine gewisse Zeit nutzen und müssen es dann an den entsprechenden Stellplatz zurückbringen.* *b) vollflexible Carsharing-Systeme (Free-Floating System), Bsp. car2go* *Fahrzeuge sind beliebig über ein entsprechendes Geschäftsgebiet auf öffentlichem Parkraum verteilt. Mitglieder können ein freies Auto nutzen und es dann an anderer Stelle wieder abstellen. Es sind einfache Fahrten möglich, z.B. vom Arbeitsplatz zurück zum Wohnort.* *c) privates Autoteilen* *professionell organisiert über kommerzielle Anbieter (sogenanntes Peer-to-Peer Carsharing). Privatpersonen stellen ihr eigenes Auto gegen eine Nutzungsgebühr anderen Privatpersonen zur Verfügung.*	
Wem von euch ist das Konzept Carsharing bekannt? Wer hört heute zum ersten Mal davon?	
Besitzt ihr bereits eigene Erfahrungen mit Carsharing?	

Seid ihr selbst Mitglied bei einer Carsharing-Organisation?	
Nutzen andere Personen aus eurem Verwandten-/Bekanntenkreis dieses Angebot?	
Wie bewertet ihr das Konzept Carsharing?	
Könnt ihr euch vorstellen zukünftig aktives Carsharing-Mitglied zu sein?	
Welche Vor und Nachteile bringt es eurer Ansicht nach mit sich?	
Welche Gründe sprechen dabei in eurem Fall für bzw. gegen die Nutzung des Carsharing-Angebots? *(Möglicher Hinweis: monetäre Gründe, Rationalität, Umweltbewusstsein, Verfügbarkeit von CS-Fahrzeugen)*	
Sind stationsbasierte oder voll-flexible Carsharing-Systeme für euch interessanter?	
Könnt ihr euch vorstellen, dass Carsharing eure individuelle Mobilität abdeckt, die ihr ansonsten mit einem privaten Pkw zurücklegen würdet?	
Könnt ihr euch vorstellen, dass Carsharing in Kombination mit dem öffentlichen Personennahverkehr eure individuelle Mobilität abdeckt, die ihr ansonsten mit einem privaten Pkw zurücklegen würdet?	
Könnt ihr euch vorstellen aufgrund des Carsharing-Angebots auf einen eigenen Pkw vollständig zu verzichten/ euren Pkw zu verkaufen?	
Könnt Ihr euch vorstellen, euren eigenen Pkw mit anderen Personen zu teilen?	
Was spricht aus eurer Sicht dafür, was spricht dagegen?	
Würdet Ihr euch von unbekannten Privatpersonen Autos leihen?	
Was spricht aus eurer Sicht dafür, was spricht dagegen?	
Würden eure Eltern oder gute Freunde es gut finden, wenn Ihr euch aktiv an einem Carsharing-Programm beteiligen würdet?	

Anhang 2: Fragebogen

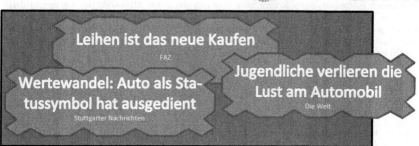

Liebe Studienteilnehmerin, lieber Studienteilnehmer,

was ist dran an diesen Presseschlagzeilen?
Verliert der Besitz eines eigenen Autos tatsächlich an Bedeutung?
Ist das Auto kein Statussymbol mehr?
Wie sieht die individuelle Mobilität der Zukunft aus?
Wir von der Uni Ulm wollen genau das wissen und brauchen dafür deine Hilfe!
Mach mit bei der nachfolgenden Befragung und werde Teil wissenschaftlicher Forschung.
Selbstverständlich werden alle deine Angaben im Rahmen dieser Studie vertraulich behandelt
und in anonymisierter Form ausgewertet.

Viele Grüße vom Team der Stiftungsprofessur Nachhaltiges Wirtschaften der Uni Ulm

1. Besitzt du einen Pkw-Führerschein?
□ Nein (weiter mit Frage 2)   □ Ja (weiter mit Frage 3)
2. Möchtest du zukünftig einen Pkw-Führerschein machen?
□ Nein   □ Ja   □ Weiß ich noch nicht.
(weiter mit Frage 5)   (weiter mit Frage 4)   (weiter mit Frage 5)
3. Besitzt du die Möglichkeit einen privaten Pkw zu nutzen?
□ Ja, ich besitze einen eigenen Pkw. (weiter mit Frage 5)
□ Ja, ich kann nach Absprache private Pkws von Verwandten/Bekannten nutzen. (weiter mit Frage 4)
□ Nein, ich habe keine Möglichkeit einen privaten Pkw zu nutzen. (weiter mit Frage 4)
4. Möchtest du dir zukünftig ein eigenes Auto anschaffen?
□ Ja, möglichst bald.
□ Ja, aber das hat noch Zeit.
□ Nein, eher nicht.
□ Nein, auf keinen Fall.
□ Weiß ich noch nicht.

Ausfüllhinweis:

Alle nachfolgenden Fragen nutzen Antwortskalen von -3 bis +3. Kreuze jeweils diejenige Zahl an, die deine Meinung am besten widerspiegelt. D.h. wenn du (eher) der Aussage am linken Tabellenrand zustimmst, dann kreuze bitte eine entsprechende Minuszahl an. Entspricht deine Meinung jedoch (eher) der Aussage am rechten Tabellenrand, dann kreuze bitte eine entsprechende positive Zahl an. Stehst du der Aussage neutral gegenüber, dann kreuze bitte die Null an. Bitte beantworte alle nachfolgenden Fragen, auch wenn du (noch) keinen Führerschein bzw. (noch) kein eigenes Auto besitzt.

Wie bewertest du die folgenden Aussagen?

5. Autofahren bedeutet Freiheit.

Stimme überhaupt nicht zu	-3	-2	-1	0	+1	+2	+3	Stimme sehr zu

6. Man kann sein Leben gut ohne ein eigenes Auto gestalten.

Stimme überhaupt nicht zu	-3	-2	-1	0	+1	+2	+3	Stimme sehr zu

7. Die Abschaffung eines Autos führt zu einem unzumutbaren Verzicht an Lebensqualität.

Stimme überhaupt nicht zu	-3	-2	-1	0	+1	+2	+3	Stimme sehr zu

8. Ein Auto ist lediglich ein Transportmittel um von A nach B zu kommen und besitzt ansonsten keine tiefere Bedeutung.

Stimme überhaupt nicht zu	-3	-2	-1	0	+1	+2	+3	Stimme sehr zu

9. Das soziale Ansehen einer Person wird durch den Besitz eines Autos gesteigert.

Stimme überhaupt nicht zu	-3	-2	-1	0	+1	+2	+3	Stimme sehr zu

10. Ich bewundere Personen, die ihren Alltag so einrichten, dass sie kein Auto besitzen müssen.

Stimme überhaupt nicht zu	-3	-2	-1	0	+1	+2	+3	Stimme sehr zu

11. Durch den Verzicht auf ein eigenes Auto kann man seinen Alltag nicht mehr selbstbestimmt organisieren.

Stimme überhaupt nicht zu	-3	-2	-1	0	+1	+2	+3	Stimme sehr zu

12. Durch den Besitz eines attraktiven Autos kann man seinen sozialen Status für andere Personen deutlich sichtbar machen.

Stimme überhaupt nicht zu	-3	-2	-1	0	+1	+2	+3	Stimme sehr zu

Der nächste Abschnitt beschäftigt sich mit dem Thema Werteeinstellungen im Bereich Umweltschutz. Auch hier interessiert uns deine Meinung. Wie bewertest du daher die folgenden Aussagen?

13. Ich fühle mich auf Grund meiner Werte/Prinzipien persönlich verpflichtet, bei meinen Wegen umweltfreundliche Verkehrsmittel wie z.B. das Rad oder Bus und Bahn zu benutzen.

Stimme überhaupt nicht zu	-3	-2	-1	0	+1	+2	+3	Stimme sehr zu

14. In meinem persönlichen Wertesystem ist der Aspekt Umweltschutz bei der Verkehrsmittelwahl fest verankert.

Stimme überhaupt nicht zu	-3	-2	-1	0	+1	+2	+3	Stimme sehr zu

15. Bei der Entscheidung für ein Verkehrsmittel fühle ich mich aufgrund meiner persönlichen Werte verpflichtet, auch auf die Umweltbelastung zu achten.							
Stimme überhaupt nicht zu	-3	-2	-1	0	+1	+2	+3	Stimme sehr zu

16. Aufgrund der für mich wichtigen Werte fühle ich mich verpflichtet, so selten wie möglich ein Auto zu nutzen.							
Stimme überhaupt nicht zu	-3	-2	-1	0	+1	+2	+3	Stimme sehr zu

Was ist Carsharing?

Carsharing (gemeinschaftliche Autonutzung) bietet die Möglichkeit verschiedene Fahrzeuge zu nutzen ohne sie selbst kaufen und unterhalten zu müssen. Entsprechend der gefahrenen Kilometer bzw. der Nutzungsdauer muss eine Nutzungsgebühr bezahlt werden. Im Unterschied zur Autovermietung sind Kurzzeitmieten möglich. Beim klassischen, stationsbasierten Carsharing (z.B. teilAuto) können Mitglieder Autos an bestimmten Parkplätzen abholen, für eine bestimmte Zeit nutzen und diese dann an denselben Parkplatz zurückbringen. Bei vollflexiblen Carsharing-Systemen (z.B. car2go) sind die jeweiligen Autos über ein Geschäftsgebiet auf öffentlichem Parkraum verteilt. Mitglieder können ein freies Auto nutzen und es dann an anderer Stelle wieder abstellen.

17. Ist dir das Mobilitätskonzept Carsharing bereits bekannt oder hörst du heute zum ersten Mal davon?
☐ Ja, ich habe bereits davon gehört, mich jedoch noch nicht näher mit Carsharing beschäftigt.
☐ Ja, ich habe bereits davon gehört und mich auch näher mit Carsharing beschäftigt.
☐ Nein, ich höre heute zum ersten Mal davon.
18. Falls Ja: Bist du bereits Mitglied bei einer Carsharing-Organisation?
☐ Ja ☐ Nein

Wie bewertest du die folgenden Aussagen?

19. Die Nutzung von Carsharing-Fahrzeugen anstelle eines eigenen Autos ist:							
unpraktischer	-3	-2	-1	0	+1	+2	+3	praktischer
umweltbelastender	-3	-2	-1	0	+1	+2	+3	umweltschonender
teurer	-3	-2	-1	0	+1	+2	+3	billiger
uncooler	-3	-2	-1	0	+1	+2	+3	cooler
nicht zukunftsfähig	-3	-2	-1	0	+1	+2	+3	zukunftsfähig
unangenehmer	-3	-2	-1	0	+1	+2	+3	angenehmer
schlechter	-3	-2	-1	0	+1	+2	+3	besser

20. Zukünftig Carsharing-Fahrzeuge anstelle eines eigenen Autos zu nutzen wäre für mich:							
schwierig	-3	-2	-1	0	+1	+2	+3	leicht

Was denkst du: Wie wahrscheinlich wären die folgenden Punkte, wenn du zukünftig anstelle eines eigenen Autos ein Carsharing-Fahrzeug nutzen wolltest?

21. Es stände mir ein Carsharing-Fahrzeug in meiner direkten Umgebung zur Verfügung.							
Sehr unwahrscheinlich	-3	-2	-1	0	+1	+2	+3	Sehr wahrscheinlich

22. Ich könnte flexibel und ohne großen Planungsaufwand ein Carsharing-Fahrzeug nutzen.							
Sehr unwahrscheinlich	-3	-2	-1	0	+1	+2	+3	Sehr wahrscheinlich

23. Ich könnte durch die Nutzung eines Carsharing-Fahrzeuges Kosten einsparen.							
Sehr unwahrscheinlich	-3	-2	-1	0	+1	+2	+3	Sehr wahrscheinlich

24. Ich könnte durch die Nutzung von Carsharing-Fahrzeugen je nach Bedarf einen entsprechenden Fahrzeugtypen (z.B. Kleinwagen, Sprinter) nutzen.							
Sehr unwahrscheinlich	-3	-2	-1	0	+1	+2	+3	Sehr wahrscheinlich

Wie stark würden die folgenden Punkte deine Entscheidung erleichtern, zukünftig anstelle eines eigenen Autos ein Carsharing-Fahrzeug zu nutzen?

25. Ein Carsharing-Fahrzeug steht in meiner direkten Umgebung zur Verfügung, wenn ich es tatsächlich benötige.							
Überhaupt nicht erleichtern	-3	-2	-1	0	+1	+2	+3	Sehr erleichtern

26. Die Nutzung eines Carsharing-Fahrzeuges ist flexibel und ohne großen Planungsaufwand möglich.							
Überhaupt nicht erleichtern	-3	-2	-1	0	+1	+2	+3	Sehr erleichtern

27. Die Nutzung eines Carsharing-Fahrzeuges bietet mir die Möglichkeit, Kosten einzusparen.							
Überhaupt nicht erleichtern	-3	-2	-1	0	+1	+2	+3	Sehr erleichtern

28. Die Nutzung eines Carsharing-Fahrzeuges ermöglicht mir, je nach Bedarf einen entsprechenden Fahrzeugtyp (z.B. Kleinwagen, Sprinter) zu nutzen.							
Überhaupt nicht erleichtern	-3	-2	-1	0	+1	+2	+3	Sehr erleichtern

Auch für die nachfolgenden Aussagen interessiert uns deine Meinung. Wie bewertest du sie?

29. Die meisten Menschen, die mir wichtig sind, denken ich sollte zukünftig Carsharing-Fahrzeuge anstelle eines eigenen Autos nutzen.							
Stimme überhaupt nicht zu	-3	-2	-1	0	+1	+2	+3	Stimme sehr zu

30. Die meisten Menschen, die mir wichtig sind, wollen selbst zukünftig Carsharing-Fahrzeuge anstelle eines eigenen Autos nutzen.							
Stimme überhaupt nicht zu	-3	-2	-1	0	+1	+2	+3	Stimme sehr zu

Zwei letzte Fragen zum Thema Carsharing: Wie bewertest du die folgenden Aussagen?

31. Ich beabsichtige zukünftig Carsharing-Fahrzeuge anstelle eines eigenen Autos zu nutzen.							
Sehr unwahrscheinlich	-3	-2	-1	0	+1	+2	+3	Sehr wahrscheinlich

32. Meine Absicht zukünftig Carsharing-Fahrzeuge anstelle eines eigenen Autos zu nutzen ist:							
klein	-3	-2	-1	0	+1	+2	+3	groß

Du hast es fast geschafft! Abschließend noch einige Fragen zu deiner Person:

33. Bist du …?		
□ weiblich	□ männlich	
34. Wie alt bist du?		
Jahre		
35. Welchen Schultyp besuchst du aktuell?		
□ Hauptschule/Werkrealschule	□ Berufs(fach)schule	□ Sonstiges:
□ Realschule	□ Berufskolleg	
□ (Berufliches) Gymnasium	□ Hochschule/Universität	
36. Wo wohnst du?		
□ in einem Dorf	□ im Vorort einer (Groß-)Stadt	□ im Zentrum einer (Groß-)Stadt
37. Sind sowohl deine Mutter als auch dein Vater in Deutschland geboren?		
□ Ja	□ Nein	

Vielen Dank für deine Teilnahme !

Kontakt | Sarah Witzke/ Uni Ulm/ Stiftungsprofessur Nachhaltiges Wirtschaften/ Helmholtzstr. 18/ 89081 Ulm/ Tel. 0731-5032354

Anhang 3: Missing-Value-Analyse

Item		Fehlend	
		N	Prozent
KV2 (34[86])	Wie alt bist du?	22	1,4%
WVK1 (20)	Zukünftig Carsharing-Fahrzeuge anstelle eines eigenen Autos zu nutzen wäre für mich [schwierig/leicht].	20	1,3%
WVEK3 (27)	Die Nutzung eines Carsharing-Fahrzeuges bietet mir die Möglichkeit, Kosten einzusparen. [überhaupt nicht erleichtern/ sehr erleichtern]	18	1,1%
EIN5 (19_5)	Die Nutzung von Carsharing-Fahrzeugen anstelle eines eigenen Autos ist [nicht zukunftsfähig/zukunftsfähig].	17	1,1%
KV5 (37)	Sind sowohl deine Mutter als auch dein Vater in Deutschland geboren? [Ja/ Nein]	16	1,0%
EIN3 (19_3)	Die Nutzung von Carsharing-Fahrzeugen anstelle eines eigenen Autos ist [teurer/billiger].	16	1,0%
AUT3 (7)	Die Abschaffung eines Autos führt zu einem unzumutbaren Verzicht an Lebensqualität [Stimme überhaupt nicht zu/ Stimme sehr zu]	16	1,0%
WVEK4 (28)	Die Nutzung eines Carsharing-Fahrzeuges ermöglicht mir, je nach Bedarf einen entsprechenden Fahrzeugtyp (z.B. Kleinwagen, Sprinter) zu nutzen. [überhaupt nicht erleichtern/ sehr erleichtern]	15	1,0%
WVEK2 (26)	Die Nutzung eines Carsharing-Fahrzeuges ist flexibel und ohne großen Planungsaufwand möglich. [überhaupt nicht erleichtern/ sehr erleichtern]	14	0,9%
EIN7 (19_7)	Die Nutzung von Carsharing-Fahrzeugen anstelle eines eigenen Autos ist [besser/schlechter].	14	0,9%
WMV6 (18)	Falls Ja: Bist du bereits Mitglied bei einer Carsharing-Organisation? [Ja/ Nein]	13	0,8%
INT1 (31)	Ich beabsichtige zukünftig Carsharing-Fahrzeuge anstelle eines eigenen Autos zu nutzen. [Sehr unwahrscheinlich/Sehr wahrscheinlich]	12	0,8%
SN2 (30)	Die meisten Menschen, die mir wichtig sind, wollen selbst zukünftig Carsharing-Fahrzeuge anstelle eines eigenen Autos nutzen. [Stimme überhaupt nicht zu/ Stimme sehr zu]	12	0,8%

---

[86] Diese Zahl entspricht der Nummerierung im Fragebogen. Dies gilt auch für alle weiteren Zahlen in Klammern dieser Spalte sowie für die nachfolgenden Anhänge.

Fortsetzung

ZWK4 (24)	Ich könnte durch die Nutzung von Carsharing-Fahrzeugen je nach Bedarf einen entsprechenden Fahrzeugtypen (z.B. Kleinwagen, Sprinter) nutzen. [sehr unwahrscheinlich/ sehr wahrscheinlich]	12	0,8%
EIN4 (19_4)	Die Nutzung von Carsharing-Fahrzeugen anstelle eines eigenen Autos ist [uncooler/cooler].	12	0,8%
INT2 (32)	Meine Absicht zukünftig Carsharing-Fahrzeuge anstelle eines eigenen Autos zu nutzen ist [klein/groß].	11	0,7%
ZWK3 (23)	Ich könnte durch die Nutzung eines Carsharing-Fahrzeuges Kosten einsparen. [sehr unwahrscheinlich/ sehr wahrscheinlich]	11	0,7%
ZWK1 (21)	Es stände mir ein Carsharing-Fahrzeug in meiner direkten Umgebung zur Verfügung. [sehr unwahrscheinlich/ sehr wahrscheinlich]	11	0,7%
EIN1 (19_1)	Die Nutzung von Carsharing-Fahrzeugen anstelle eines eigenen Autos ist [unpraktischer/praktischer].	11	0,7%
EIN2 (19_2)	Die Nutzung von Carsharing-Fahrzeugen anstelle eines eigenen Autos ist [umweltbelastender/umweltschonender].	11	0,7%
EIN6 (19_6)	Die Nutzung von Carsharing-Fahrzeugen anstelle eines eigenen Autos ist [unangenehmer/angenehmer].	11	0,7%
WMV5 (17)	Ist dir das Mobilitätskonzept Carsharing bereits bekannt oder hörst du heute zum ersten Mal davon? [Ja, ich habe bereits davon gehört, mich jedoch noch nicht näher mit Carsharing beschäftigt./ Ja, ich habe bereits davon gehört und mich auch näher mit Carsharing beschäftigt./ Nein, ich höre heute zum ersten Mal davon.]	11	0,7%
KV4 (36)	Wohnst du [in einem Dorf/ im Vorort einer (Groß-)Stadt/ im Zentrum einer (Groß-)Stadt]?	10	0,6%
SN1 (29)	Die meisten Menschen, die mir wichtig sind, denken ich sollte zukünftig Carsharing-Fahrzeuge anstelle eines eigenen Autos nutzen. [Stimme überhaupt nicht zu/ Stimme sehr zu]	10	0,6%
KV1 (33)	Bist du [weiblich/ männlich]?	9	0,6%
ZWK2 (22)	Ich könnte flexibel und ohne großen Planungsaufwand ein Carsharing-Fahrzeug nutzen. [sehr unwahrscheinlich/ sehr wahrscheinlich]	9	0,6%
WVEK1 (25)	Ein Carsharing-Fahrzeug steht in meiner direkten Umgebung zur Verfügung, wenn ich es tatsächlich benötige. [überhaupt nicht erleichtern/ sehr erleichtern]	8	0,5%

Fortsetzung

AUT4 (11)	Durch den Verzicht auf ein eigenes Auto kann man seinen Alltag nicht mehr selbstbestimmt organisieren. [Stimme überhaupt nicht zu/ Stimme sehr zu]	7	0,4%
PN4 (16)	Aufgrund der für mich wichtigen Werte fühle ich mich verpflichtet, so selten wie möglich ein Auto zu nutzen. [Stimme überhaupt nicht zu/ Stimme sehr zu]	6	0,4%
WMV4 (4)	Möchtest du dir zukünftig ein eigenes Auto anschaffen? [Ja, möglichst bald./ Ja, aber das hat noch Zeit./ Nein, eher nicht./ Nein, auf keinen Fall./ Weiß ich noch nicht.]	6	0,4%
PN1 (13)	Ich fühle mich auf Grund meiner Werte/Prinzipien persönlich verpflichtet, bei meinen Wegen umweltfreundliche Verkehrsmittel wie z.B. das Rad oder Bus und Bahn zu benutzen. [Stimme überhaupt nicht zu/ Stimme sehr zu]	5	0,3%
PN2 (14)	In meinem persönlichen Wertesystem ist der Aspekt Umweltschutz bei der Verkehrsmittelwahl fest verankert. [Stimme überhaupt nicht zu/ Stimme sehr zu]	5	0,3%
STA4 (12)	Durch den Besitz eines attraktiven Autos kann man seinen sozialen Status für andere Personen deutlich sichtbar machen. [Stimme überhaupt nicht zu/ Stimme sehr zu]	5	0,3%
PN3 (15)	Bei der Entscheidung für ein Verkehrsmittel fühle ich mich aufgrund meiner persönlichen Werte verpflichtet, auch auf die Umweltbelastung zu achten. [Stimme überhaupt nicht zu/ Stimme sehr zu]	4	0,3%
STA1 (8)	Ein Auto ist lediglich ein Transportmittel um von A nach B zu kommen und besitzt ansonsten keine tiefere Bedeutung. [Stimme überhaupt nicht zu/ Stimme sehr zu]	4	0,3%
WMV3 (3)	Besitzt du die Möglichkeit einen privaten Pkw zu nutzen? [Ja, ich besitze einen eigenen Pkw./ Ja, ich kann nach Absprache private Pkws von Verwandten/Bekannten nutzen./ Nein.]	4	0,3%
STA2 (9)	Das soziale Ansehen einer Person wird durch den Besitz eines Autos gesteigert. [Stimme überhaupt nicht zu/ Stimme sehr zu]	3	0,2%
AUT1 (5)	Autofahren bedeutet Freiheit. [Stimme überhaupt nicht zu/ Stimme sehr zu]	3	0,2%

Fortsetzung

WMV2 (2)	Möchtest du zukünftig einen Pkw-Führerschein machen? [Nein/ Ja/ Weiß ich noch nicht.]	3	0,2%
STA3 (10)	Ich bewundere Personen, die ihren Alltag so einrichten, dass sie kein Auto besitzen müssen. [Stimme überhaupt nicht zu/ Stimme sehr zu]	2	0,1%
AUT2 (6)	Man kann sein Leben gut ohne eigenes Auto gestalten. [Stimme überhaupt nicht zu/ Stimme sehr zu]	1	0,1%
WMV1 (1)	Besitzt du einen Pkw-Führerschein? [Nein/ Ja]	1	0,1%
KV3 (35)	Welchen Schultyp besuchst du aktuell? [Hauptschule/Werkrealschule, Realschule, (Berufliches) Gymnasium, Berufs(fach)schule, Berufskolleg, Hochschule/Universität, Sonstiges]	0	0,0%

Anhang 4: Deskriptive Statistik der Fragebogen-Items

Item		M[87]	SD[88]	Alpha
Einstellungen gegenüber CS		-0,0224	0,97670	0,734
EIN1 (19_1)	Die Nutzung von Carsharing-Fahrzeugen anstelle eines eigenen Autos ist [unpraktischer/praktischer].	-0,56	1,659	-
EIN2 (19_2)	Die Nutzung von Carsharing-Fahrzeugen anstelle eines eigenen Autos ist [umweltbelastender/umweltschonender].	1,08	1,578	-
EIN3 (19_3)	Die Nutzung von Carsharing-Fahrzeugen anstelle eines eigenen Autos ist [teurer/billiger].	0,51	1,596	-
EIN4 (19_4)	Die Nutzung von Carsharing-Fahrzeugen anstelle eines eigenen Autos ist [uncooler/cooler].	-0,63	1,387	-
EIN5 (19_5)	Die Nutzung von Carsharing-Fahrzeugen anstelle eines eigenen Autos ist [nicht zukunftsfähig/zukunftsfähig].	0,63	1,777	-
EIN6 (19_6)	Die Nutzung von Carsharing-Fahrzeugen anstelle eines eigenen Autos ist [unangenehmer/angenehmer].	-0,88	1,454	-
EIN7 (19_7)	Die Nutzung von Carsharing-Fahrzeugen anstelle eines eigenen Autos ist [besser/schlechter].	-0,30	1,406	-
Subjektive Norm zum CS		-1,6378	1,33290	0,836
SN1 (29)	Die meisten Menschen, die mir wichtig sind, denken ich sollte zukünftig Carsharing-Fahrzeuge anstelle eines eigenen Autos nutzen. [Stimme überhaupt nicht zu/ Stimme sehr zu]	-1,61	1,446	-
SN2 (30)	Die meisten Menschen, die mir wichtig sind, wollen selbst zukünftig Carsharing-Fahrzeuge anstelle eines eigenen Autos nutzen. [Stimme überhaupt nicht zu/ Stimme sehr zu]	-1,67	1,430	-

---

[87] Für nominale Variablen wird in dieser Spalte der Modus abgetragen, für metrische Variablen wird der Mittelwert präsentiert.
[88] In dieser Spalte wird die jeweilige Standardabweichung abgetragen.

Fortsetzung

Wahrgenommene Verhaltenskontrolle zum CS - direkt				
WVK1 (20)	Zukünftig Carsharing-Fahrzeuge anstelle eines eigenen Autos zu nutzen wäre für mich [schwierig/leicht].	-1,10	1,655	-
Wahrgenommene Verhaltenskontrolle zum CS – indirekt				
ZWK1 (21)	Es stände mir ein Carsharing-Fahrzeug in meiner direkten Umgebung zur Verfügung. [sehr unwahrscheinlich/ sehr wahrscheinlich]	-0,53	1,973	-
ZWK2 (22)	Ich könnte flexibel und ohne großen Planungsaufwand ein Carsharing-Fahrzeug nutzen. [sehr unwahrscheinlich/ sehr wahrscheinlich]	-0,82	1,716	
ZWK3 (23)	Ich könnte durch die Nutzung eines Carsharing-Fahrzeuges Kosten einsparen. [sehr unwahrscheinlich/ sehr wahrscheinlich]	0,32	1,703	-
ZWK4 (24)	Ich könnte durch die Nutzung von Carsharing-Fahrzeugen je nach Bedarf einen entsprechenden Fahrzeugtypen (z.B. Kleinwagen, Sprinter) nutzen. [sehr unwahrscheinlich/ sehr wahrscheinlich]	0,08	1,69	-
WVEK1 (25)	Ein Carsharing-Fahrzeug steht in meiner direkten Umgebung zur Verfügung, wenn ich es tatsächlich benötige. [überhaupt nicht erleichtern/ sehr erleichtern]	0,65	1,870	-
WVEK2 (26)	Die Nutzung eines Carsharing-Fahrzeuges ist flexibel und ohne großen Planungsaufwand möglich. [überhaupt nicht erleichtern/ sehr erleichtern]	0,56	1,805	-
WVEK3 (27)	Die Nutzung eines Carsharing-Fahrzeuges bietet mir die Möglichkeit, Kosten einzusparen. [überhaupt nicht erleichtern/ sehr erleichtern]	0,91	1,668	-

Fortsetzung

WVEK4 (28)	Die Nutzung eines Carsharing-Fahrzeuges ermöglicht mir, je nach Bedarf einen entsprechenden Fahrzeugtyp (z.b. Kleinwagen, Sprinter) zu nutzen. [überhaupt nicht erleichtern/ sehr erleichtern]	0,58	1,639	-
Intention zur CS-Nutzung		-1,5037	1,49032	0,920
INT1 (31)	Ich beabsichtige zukünftig Carsharing-Fahrzeuge anstelle eines eigenen Autos zu nutzen. [Sehr unwahrscheinlich/Sehr wahrscheinlich]	-1,54	1,514	-
INT2 (32)	Meine Absicht zukünftig Carsharing-Fahrzeuge anstelle eines eigenen Autos zu nutzen ist [klein/groß].	-1,47	1,580	-
Persönliche Norm		-0,3678	1,52347	0,902
PN1 (13)	Ich fühle mich auf Grund meiner Werte/Prinzipien persönlich verpflichtet, bei meinen Wegen umweltfreundliche Verkehrsmittel wie z.B. das Rad oder Bus und Bahn zu benutzen. [Stimme überhaupt nicht zu/ Stimme sehr zu]	-0,27	1,761	-
PN2 (14)	In meinem persönlichen Wertesystem ist der Aspekt Umweltschutz bei der Verkehrsmittelwahl fest verankert. [Stimme überhaupt nicht zu/ Stimme sehr zu]	-0,25	1,705	-
PN3 (15)	Bei der Entscheidung für ein Verkehrsmittel fühle ich mich aufgrund meiner persönlichen Werte verpflichtet, auch auf die Umweltbelastung zu achten. [Stimme überhaupt nicht zu/ Stimme sehr zu]	-0,06	1,718	-
PN4 (16)	Aufgrund der für mich wichtigen Werte fühle ich mich verpflichtet, so selten wie möglich ein Auto zu nutzen. [Stimme überhaupt nicht zu/ Stimme sehr zu]	-0,90	1,730	-

Fortsetzung

Weitere mobilitätsbezogene Einstellungen – Autonomie/ Status				
Autonomie		0,5432	1,27471	0,718
AUT1 (5)	Autofahren bedeutet Freiheit. [Stimme überhaupt nicht zu/ Stimme sehr zu]	1,87	1,278	-
AUT2 (6)	Man kann sein Leben gut ohne eigenes Auto gestalten. [Stimme überhaupt nicht zu/ Stimme sehr zu]	0,14	1,774	-
AUT3 (7)	Die Abschaffung eines Autos führt zu einem unzumutbaren Verzicht an Lebensqualität [Stimme überhaupt nicht zu/ Stimme sehr zu]	0,20	1,837	-
AUT4 (11)	Durch den Verzicht auf ein eigenes Auto kann man seinen Alltag nicht mehr selbstbe-stimmt organisieren. [Stimme überhaupt nicht zu/ Stimme sehr zu]	-0,05	1,947	-
Status		0,2130	1,28062	0,631
STA1 (8)	Ein Auto ist lediglich ein Transportmittel um von A nach B zu kommen und besitzt ansonsten keine tiefere Bedeutung.	0,37	1,947	-
STA2 (9)	Das soziale Ansehen einer Person wird durch den Besitz eines Autos gesteigert. [Stimme überhaupt nicht zu/ Stimme sehr zu]	0,30	1,896	-
STA3 (10)	Ich bewundere Personen, die ihren Alltag so einrichten, dass sie kein Auto besitzen müs-sen. [Stimme überhaupt nicht zu/ Stimme sehr zu]	-0,55	1,739	-
STA4 (12)	Durch den Besitz eines attraktiven Autos kann man seinen sozialen Status für andere Personen deutlich sichtbar machen. [Stimme überhaupt nicht zu/ Stimme sehr zu]	0,73	1,838	-
STA3 (10)	Ich bewundere Personen, die ihren Alltag so einrichten, dass sie kein Auto besitzen müs-sen. [Stimme überhaupt nicht zu/ Stimme sehr zu]	-0,55	1,739	-

Fortsetzung

STA4 (12)	Durch den Besitz eines attraktiven Autos kann man seinen sozialen Status für andere Personen deutlich sichtbar machen. [Stimme überhaupt nicht zu/ Stimme sehr zu]	0,73	1,838	-
Kontrollvariablen				
KV1 (33)	Bist du [weiblich/ männlich]?	1	0,500	-
KV2 (34)	Wie alt bist du?	19,17	2,889	-
KV3 (35)	Welchen Schultyp besuchst du aktuell? [Hauptschule/Werkrealschule, Realschule, (Berufliches) Gymnasium, Berufs(fach)schule, Berufskolleg, Hochschule/Universität, Sonstiges]	3	1,283	-
KV4 (36)	Wohnst du [in einem Dorf/ im Vorort einer (Groß-) Stadt/ im Zentrum einer (Groß-)Stadt]?	1	0,793	-
KV5 (37)	Sind sowohl deine Mutter als auch dein Vater in Deutschland geboren? [Ja/ Nein]	1	0,452	-
Weitere mobilitätsspezifische Variablen				
WMV1 (1)	Besitzt du einen Pkw-Führerschein? [Nein/ Ja]	2	0,473	-
WMV2 (2)	Möchtest du zukünftig einen Pkw-Führerschein machen? [Nein/ Ja/ Weiß ich noch nicht.]	2	0,185	-
WMV3 (3)	Besitzt du die Möglichkeit einen privaten Pkw zu nutzen? [Ja, ich besitze einen eigenen Pkw./ Ja, ich kann nach Absprache private Pkws von Verwandten/Bekannten nutzen./ Nein.]	2	0,588	-
WMV4 (4)	Möchtest du dir zukünftig ein eigenes Auto anschaffen? [Ja, möglichst bald./ Ja, aber das hat noch Zeit./ Nein, eher nicht./ Nein, auf keinen Fall./ Weiß ich noch nicht.]	2	0,956	-

Fortsetzung

WMV5 (17)	Ist dir das Mobilitätskonzept Carsharing bereits bekannt oder hörst du heute zum ersten Mal davon? [Ja, ich habe bereits davon gehört, mich jedoch noch nicht näher mit Carsharing beschäftigt./ Ja, ich habe bereits davon gehört und mich auch näher mit Carsharing beschäftigt./ Nein, ich höre heute zum ersten Mal davon.]	1	0,695	-
WMV6 (18)	Falls Ja: Bist du bereits Mitglied bei einer Carsharing-Organisation? [Ja/ Nein]	2	0,252	-

Anhang 5: Grafische Darstellung der Häufigkeitsverteilung der zentralen Konstrukte

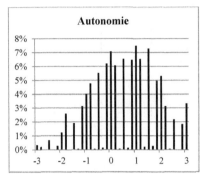

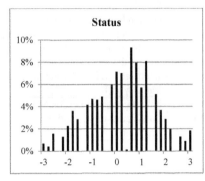

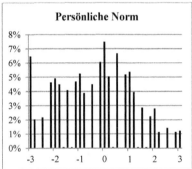

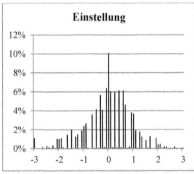

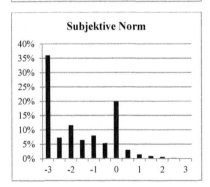

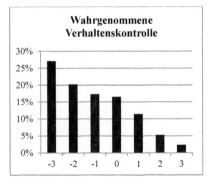

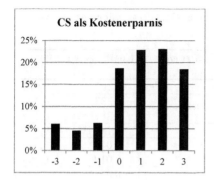

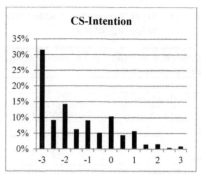

Anhang 6: Regressionsergebnisse auf Basis einer OLS-Regression vor der Annahmenprüfung

Intention, zukünftig CS-Fahrzeuge anstelle eines eigenen Autos zu nutzen	Koeffizienten	Beta
Einstellung	0,107***	0,070
Subjektive Norm	0,333***	0,298
Wahrgenommene Verhaltenskontrolle	0,387***	0,429
Persönliche Norm	0,119***	0,121
Autonomie	-0,048*	-0,041
Status	0,010	0,009
Kostenersparnis	0,072***	0,081
Weiblich	-0,075	-0,025
Alter	-0,006	-0,012
Aktuelle Bildungsinstitution[1]		
Gymnasium	-0,001	0,000
Berufs(fach)schule	0,047	0,015
Universität	0,073	0,019
Wohnumgebung[2]		
im Vorort einer (Groß-)Stadt	0,107*	0,035
im Zentrum einer (Groß-)Stadt	0,069	0,020
Migrationshintergrund	0,028	0,008
Konstante	-0,465	-
N	1460	
R²	0,599	
Referenzkategorie	[1] Realschule [2] in einem Dorf	
Signifikanz	* p<0,10 ** p<0,05 *** p<0,01	

Anhang 7: Regressionsergebnisse auf Basis einer OLS-Regression nach der Annahmenprüfung mit entsprechender Modellanpassung

Intention, zukünftig CS-Fahrzeuge anstelle eines eigenen Autos zu nutzen	Koeffizienten	Beta
Einstellung	0,151***	0,100
Einstellung im Quadrat	0,082***	0,087
Subjektive Norm	0,320***	0,289
Wahrgenommene Verhaltenskontrolle	0,473***	0,530
Wahrgenommene Verhaltenskontrolle hoch drei	-0,014***	-0,124
Persönliche Norm	0,127***	0,131
Autonomie	-0,043*	-0,037
Status	0,002	0,002
Kostenersparnis	0,085	0,096
Weiblich	-0,060	-0,020
Alter	-0,008	-0,017
Aktuelle Bildungsinstitution[1]		
Gymnasium	0,001	0,000
Berufs(fach)schule	-0,014	-0,004
Universität	0,062	0,016
Wohnumgebung[2]		
im Vorort einer (Groß-)Stadt	0,158***	0,051
im Zentrum einer (Groß-)Stadt	0,103	0,031
Migrationshintergrund	0,018	0,006
Konstante	-0,575	-
N	1460	
R²	0,629	
Referenzkategorie	[1] Realschule [2] in einem Dorf	
Signifikanz	* p<0,10 ** p<0,05 *** p<0,01	

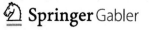